辽宁大学亚洲研究中心资助出版优秀

亚洲研究优秀社会科学专著系列丛书
发展型财税法研究之一

培育和壮大新质生产力的

发展型财税法

闫 海 张楠楠 ◎ 主 编

知识产权出版社
全国百佳图书出版单位
—北京—

图书在版编目（CIP）数据

培育和壮大新质生产力的发展型财税法 / 闫海, 张楠楠主编. — 北京：知识产权出版社, 2025.3. — (亚洲研究优秀社会科学专著系列丛书). — ISBN 978-7-5130-9900-4

Ⅰ. D922.204

中国国家版本馆CIP数据核字第2025FY4635号

内容提要

本书以新质生产力要素投入、研发活动、成果应用、收入激励的全链条为研究路径，通过创业投资政府引导基金、科技创新券、增值税留抵退税、企业研发费用加计扣除、企业研发人员股权激励的所得税优惠、企业技术转让所得税优惠、支持科技创新的政府采购等10项发展型财税工具的基本范畴、制度构建等较为全面、深入地探讨，进而对培育和壮大新质生产力的发展型财税法予以体系化构建。

本书适合经济法学研究、学习的师生，市场监管法治相关工作人员等阅读。

责任编辑：王 辉　　　　　　　　　　　责任印制：孙婷婷

亚洲研究优秀社会科学专著系列丛书

培育和壮大新质生产力的发展型财税法

PEIYU HE ZHUANGDA XINZHI SHENGCHANLI DE FAZHANXING CAISHUI FA

闫　海　张楠楠　主编

出版发行：	知识产权出版社有限责任公司	网　　址：	http://www.ipph.cn
电　　话：	010—82004826		http://www.laichushu.com
社　　址：	北京市海淀区气象路50号院	邮　　编：	100081
责编电话：	010—82000860转8381	责编邮箱：	laichushu@cnipr.com
发行电话：	010—82000860转8101	发行传真：	010—82000893
印　　刷：	北京中献拓方科技发展有限公司	经　　销：	新华书店、各大网上书店及相关专业书店
开　　本：	720mm×1000mm　1/16	印　　张：	16.25
版　　次：	2025年3月第1版	印　　次：	2025年3月第1次印刷
字　　数：	250千字	定　　价：	98.00元

ISBN 978-7-5130-9900-4

出版权专有　侵权必究

如有印装质量问题，本社负责调换。

目 录

绪 论 …………………………………………………………………………1
  一、培育和壮大高科技高效能高质量的新质生产力 ………………………2
  二、以发展型财税法培育和壮大新质生产力 ………………………………5

第一章　保障新质生产力要素投入的发展型财税法 ………………………15
第一节　创业投资政府引导基金 ………………………………………15
  一、创业投资政府引导基金概述 ……………………………………15
  二、创业投资政府引导基金的国外实践 ……………………………28
  三、创业投资政府引导基金的管理体制 ……………………………34
  四、创业投资政府引导基金的投资管理 ……………………………37
  五、创业投资政府引导基金的风险管理 ……………………………42
  六、创业投资政府引导基金的预算管理 ……………………………48

第二节　科技创新券 ……………………………………………………53
  一、科技创新券概述 …………………………………………………53
  二、科技创新券的国外实践 …………………………………………63
  三、科技创新券的应用范围 …………………………………………67
  四、科技创新券的资金保障 …………………………………………70
  五、科技创新券的激励机制 …………………………………………72
  六、科技创新券的监督体系 …………………………………………74

第三节　增值税留抵退税 ………………………………………………77
  一、增值税留抵退税概论 ……………………………………………77
  二、增值税留抵退税的适用条件 ……………………………………85
  三、增值税留抵退税的监督管理 ……………………………………88
  四、增值税留抵退税的资金分担 ……………………………………91

第二章 激励新质生产力研发活动的发展型财税法 ·············· 95

第一节 企业研发费用加计扣除 ·············· 95
一、企业研发费用加计扣除概述 ·············· 95
二、鼓励创新研发税收优惠的国外立法 ·············· 102
三、企业研发费用加计扣除的适用范围 ·············· 107
四、企业研发费用加计扣除的激励措施 ·············· 111
五、企业研发费用加计扣除的监督管理 ·············· 116

第二节 企业研发人员股权激励的所得税优惠 ·············· 118
一、企业研发人员股权激励所得税优惠概述 ·············· 118
二、股权激励所得税优惠的国外立法 ·············· 125
三、企业研发人员股权激励所得税的优惠对象 ·············· 129
四、企业研发人员股权激励所得税的计税依据 ·············· 132
五、企业研发人员股权激励所得税的优惠方式 ·············· 134

第三章 推动新质生产力成果应用的发展型财税法 ·············· 137

第一节 企业技术转让所得税优惠 ·············· 137
一、企业技术转让所得税优惠概述 ·············· 137
二、专利盒税收优惠的域外立法 ·············· 141
三、企业技术转让所得税的优惠范围 ·············· 148
四、企业技术转让所得税的优惠方式 ·············· 151
五、企业技术转让所得税的计税基础 ·············· 153

第二节 支持科技创新的政府采购 ·············· 154
一、支持科技创新的政府采购概述 ·············· 155
二、国外支持科技创新的政府采购立法 ·············· 170
三、支持科技创新的政府采购对象 ·············· 179
四、支持科技创新的政府采购需求 ·············· 183
五、支持科技创新的政府采购方式 ·············· 186
六、支持科技创新的政府采购激励 ·············· 189

第三节　财政资助科技成果的政府介入权·····················192
    一、财政资助科技成果政府介入权概述·····················193
    二、财政资助科技成果政府介入权的域外立法···············197
    三、财政资助科技成果政府介入权的行使对象···············200
    四、财政资助科技成果政府介入权的行使事由···············200
    五、财政资助科技成果政府介入权的行使程序···············204
第四章　强化新质生产力收入激励的发展型财税法·············206
  第一节　高新技术企业所得税税率式优惠·····················206
    一、高新技术企业所得税税率式优惠概述···················206
    二、受惠高新技术企业认定的标准和程序···················211
    三、高新技术企业享受的所得税优惠税率···················218
    四、高新技术企业所得税税率式优惠的监督·················220
  第二节　有限合伙制创投企业所得税制·······················223
    一、有限合伙制创投企业所得税制概述·····················223
    二、有限合伙制创投企业的所得税法地位···················232
    三、有限合伙制创投企业合伙人的税收待遇·················235
    四、有限合伙制创投企业的亏损结转·······················238
参考文献···240
任务分工···254

绪　　论

　　2023年9月，习近平总书记在黑龙江考察调研期间首次提到"新质生产力"，提出要整合科技创新资源，引领发展战略性新兴产业和未来产业，加快形成新质生产力。[1]2023年12月召开的中央经济工作会议系统部署做好2024年经济工作的重点任务，"以科技创新引领现代化产业体系建设"被排在首位，强调"要以科技创新推动产业创新，特别是以颠覆性技术和前沿技术催生新产业、新模式、新动能，发展新质生产力"[2]。2024年1月，习近平总书记在主持中共中央政治局第十一次集体学习时，首次全面系统阐释了新质生产力的重要概念和基本内涵，指出新质生产力是创新起主导作用，摆脱传统经济增长方式、生产力发展路径，具有高科技、高效能、高质量特征，符合新发展理念的先进生产力质态。[3]2024年2月，习近平总书记在天津考察时指出："天津作为全国先进制造研发基地，要发挥科教资源丰富等优势，在发展新质生产力上勇争先、善作为。要坚持科技创新和产业创新一起抓，加强科创园区建设，促进数字经济与实体经济深度融合，推动制造业高端化、智能化、绿色化发展。"[4]2024年3月，习近平总书记在湖南省长沙市主持召开新时代推动中部地区崛起座谈会时强调，要以科技创新引领产业创新，积极培育和发展新质生产力。企业尤其科技领军企业是产业创新的主力军，也是发展新质生产力的重要主体。[5]党

---

[1] 习近平在黑龙江考察时强调　牢牢把握在国家发展大局中的战略定位　奋力开创黑龙江高质量发展新局面[N].人民日报,2023-09-09(1).

[2] 中央经济工作会议在北京举行　习近平发表重要讲话　李强作总结讲话[N].人民日报,2023-12-13(1).

[3] 习近平在中共中央政治局第十一次集体学习时强调　加快发展新质生产力　扎实推进高质量发展[N].人民日报,2024-02-02(1).

[4] 习近平春节前夕赴天津看望慰问基层干部群众[N].人民日报,2024-02-03(1).

[5] 习近平主持召开新时代推动中部地区崛起座谈会强调　在更高起点上扎实推动中部地区崛起[N].人民日报,2024-03-21(1).

的二十届三中全会提出,"健全因地制宜发展新质生产力体制机制"。

一、培育和壮大高科技高效能高质量的新质生产力

党的二十届三中全会提出,"发展以高技术、高效能、高质量为特征的生产力。"有别于传统生产力类型,新质生产力以劳动者、劳动资料、劳动对象及其优化组合的质变为基本内涵,以科技创新为主导,以科技创新推动产业创新,可以实现生产技术的革命性突破、生产要素的创新性配置,以及产业深度转型升级。新质生产力代表一种生产力的形态跃迁,具有高科技、高效能、高质量的特征,其关键在于科技创新,方向在于产业升级,发展主力是企业尤其是科技领军企业。

(一)以科技创新推动新质生产力快速发展

2024年1月,习近平总书记在主持中共中央政治局第十一次集体学习时指出:"科技创新能够催生新产业、新模式、新动能,是发展新质生产力的核心要素。"[1]科技创新之所以能够成为新质生产力的核心要素,在于生产力的历史性、科技创新的引领性、高质量发展的时代性。[2]

人类社会按照历史发展历程,经历了从传统生产力到新兴生产力再到新质生产力的变迁。传统生产力及新兴生产力均主要以投资、劳动力及土地等生产要素为驱动,在生产目标中更多考虑产量的增长,而新质生产力主要依靠创新来驱动,依靠数字经济与原有产业的结合,以信息化、数智化、绿色化、集约化为主要特征,与以往的生产力相比具有新的"质"的飞跃,是一种先进生产力质态,其关键在于科技创新。

习近平总书记在中共中央政治局第十一次集体学习时指出:"必须加强科技创新特别是原创性、颠覆性科技创新,加快实现高水平科技自立自强,打好关键核心技术攻坚战,使原创性、颠覆性科技创新成果竞相涌现,培育发展新

---

[1] 习近平在中共中央政治局第十一次集体学习时强调 加快发展新质生产力 扎实推进高质量发展[N].人民日报,2024-02-02(1).

[2] 张新宁.科技创新是发展新质生产力的核心要素论析[J].思想理论教育,2024(4).

质生产力的新动能。"❶以科技创新能够催生新产业、新模式、新动能,是发展新质生产力的核心要素。新质生产力依赖于科技创新,通过引入新技术、新工艺和新产品,推动生产效率的提高和经济增长的加速。在全球新一轮的科技革命和产业变革中,科技创新可以促进产业技术升级,推动产业结构向高端化、智能化、绿色化的方向发展。

(二)以现代化生产力要素促进新质生产力效能提高

高效能的经济增长方式要求对资源进行优化配置,包括人力资源、资本、技术和自然资源的合理分配和有效利用,以提高生产效率,实现经济的可持续增长。

劳动者、劳动资料、劳动对象,即传统的生产力三要素,随着科学技术的发展也在不断发展。新质生产力的要素包括新型劳动者、新型劳动对象、新型劳动资料等,并且各新型要素之间通过相互作用、相互关联而形成有机统一体。新质生产力作为生产力的新形态,其发挥作用的过程就是具备相应知识、技能和素质的新型劳动者通过新型劳动资料作用于新型劳动对象的过程。"新质生产力的劳动力是掌握数智化精密仪器的劳动者,劳动资料是实现了数智化升级的仪器设备,劳动对象是数据资源、算力资源与其他传统资源的深度融合,劳动形式是人机协作模式,其颠覆了传统劳动形式,压缩了全社会创造出更多物质财富的时间和环节,在此过程中,生产力概念的内涵和外延都被突破和延展。"❷劳动者、劳动资料、劳动对象及其优化组合发挥着重要作用,引领着经济社会不断向前发展,并为生产力发生质变提供了可能性。

新型劳动者是新质生产力的主体要素,通过提升劳动者对自然规律的认识水平,使劳动者掌握先进的劳动技术和劳动资料,为生产力的突变奠定基础。在新质生产力的发展过程中,应当注重加强对人才的培养,提高劳动者素质和技能水平,同时通过合理的激励机制,激发人才的创新潜能,为高效能的经济增长提供智力支持。新型劳动资料是新质生产力的重要标志,新质生产力的

---

❶ 习近平在中共中央政治局第十一次集体学习时强调 加快发展新质生产力 扎实推进高质量发展[N].人民日报,2024-02-02(1).

❷ 黄群慧,盛方富.新质生产力系统:要素特质、结构承载与功能取向[J].改革,2024(2).

发展借助智能化和数字化技术,改善生产流程、提升产品质量,并实现供应链的高效管理,从而提高整体经济效能,实现产业结构的转型和升级。在传统产业向高新技术产业、战略性新兴产业等方向的发展中,提高产业附加值和竞争力,实现经济增长的高效能。新型劳动对象是新质生产力的重要组成部分。在数字化、网络化、智能化时代,大数据、人工智能等新生产技术的发展,使得海量数据和信息可以被有效地收集、处理和利用,从而催生出新型劳动对象。运用数据等新型劳动对象,可动态优化资源要素配置、极大提高生产效率、精准有效满足人民美好生活需要、提升社会现代化治理水平。

新质生产力更加注重创新驱动、资源效率和环境可持续性,通过科技创新、资源优化、产业升级、可持续发展等多方面的协同作用,适应经济发展的新趋势和挑战,实现经济增长方式的高效能发展。

(三)以企业为主体实现新质生产力高质量发展

企业尤其是科技领军企业是产业创新的主力军,也是发展新质生产力的重要主体。党的二十届三中全会提出,"强化企业科技创新主体地位,建立培育壮大科技领军企业机制","构建促进专精特新中小企业发展壮大机制。"发挥企业的科技创新主体地位,是构建创新驱动型经济、加快实现国家高水平科技自立自强的重要着力点。要充分发挥企业特别是龙头企业在创新生态发展中的重要作用,以企业为主导,立足于关键领域创新链的发展和安全,实现产学研的深度融合,持续优化创新发展环境,形成有效的容错激励机制,降低企业创新风险。[1]

党的二十届三中全会提出,"完善推动高质量发展激励约束机制,塑造发展新动能新优势",建立良好的创新创业生态系统,鼓励企业创新,培育新兴产业,有利于提高经济的创新活力和竞争力,实现新质生产力的高质量发展。要重视以科技创新打造核心引擎,强化企业科技创新主体地位和主导作用,以科技创新引领新型工业化和现代化产业体系建设,提升科技创新成果转化效能,释放新质生产力发展的动能,扎实推进高质量发展,有效支撑中国式现代

---

[1] 王小广.发挥好企业科技创新主体作用[J].人民论坛,2024(2).

化。[1]为有效促进新质生产力的高质量发展,应当注重政府服务功能,引导企业积极开展技术改造、设备更新、系统升级,为科技创新推动产业创新、保持国民经济韧性和活力作出更大贡献。建立健全服务保障体系,推动更多创新资源和要素向创新企业流动,支持其快速成长,鼓励科技领军企业和专精特新企业的协同发展,向高端化、智能化、绿色化转型,向产业链、创新链、价值链高端攀升,为发展新质生产力蓄势赋能。

新质生产力是创新起主导作用、科技创新作为核心要素的先进生产力质态,实现了"科技是第一生产力"和"创新是第一动力"的逻辑整合。加快发展新质生产力,需要立足中国式现代化新征程和高质量发展的新要求,从实践逻辑、发展逻辑和理论逻辑深刻遵循发展新质生产力这一时代抉择的内在逻辑。

二、以发展型财税法培育和壮大新质生产力

习近平总书记在2024年中共中央政治局第十一次集体学习时强调:"生产关系必须与生产力发展要求相适应。发展新质生产力,必须进一步全面深化改革,形成与之相适应的新型生产关系。"[2]党的二十届三中全会提出,"健全相关规则和政策,加快形成同新质生产力更相适应的生产关系。"在马克思主义经济学理论中,生产力与生产关系的相互作用是社会经济发展的核心动力。两者之间的相互作用,是生产力的发展推动生产关系的变革,而适应生产力发展所需要的生产关系又反过来促进生产力的进一步发展。新质生产力的出现是科技进步和创新活动不断深入的结果,新质生产力在推动社会经济发展的同时,也对现有的生产关系提出了挑战和改革要求,即新质生产力的跃升,要求一种新型的生产关系与之相适应。以科技创新为核心要素的新质生产力要求新型生产关系深刻认识科学技术的价值作用,既要变革现有生产关系中不适应生产力发展要求的部分,破除阻碍新质生产力发展的制度藩篱,又要利用先进技术赋能产业变革和布局,发挥生产关系对生产力的反作用,促进新质生

---

[1] 尹西明,陈劲,王华峰,等.强化科技创新引领 加快发展新质生产力[J].科学学与科学技术管理,2024(2).

[2] 习近平在中共中央政治局第十一次集体学习时强调 加快发展新质生产力 扎实推进高质量发展[N].人民日报,2024-02-02(1).

产力发展。

生产关系决定了法律的发展,生产关系的不断再生产取得了规则和秩序的固定形式,这种规则和秩序在开始是作为习惯和传统固定下来,后转化为成文的法律。❶同时,伴随法律调整范围的延展,以及作为其调整对象的社会关系日益变动不居,人们会逐渐发现"可以而且不得不创造秩序而不是仅仅接受现成的东西"。❷

面对新一轮科技革命和产业变革,经济社会领域的改革几乎无时无刻不在发生,改革意味着突破既定制度框架,与法治天然存在张力。法律应保持适当的开放性,顺应社会、经济的发展,并能透过制度设计保障和促进经济社会健康有序的发展。❸法律能否发挥实质性作用,在于是否顺应生产力发展,是否有助于理顺生产关系。法律关系是由经济关系生成的,是在特定的经济关系中生成的,但这并不否认法律的积极作用,法律不只确认经济关系,也规范、调整、改变经济关系。法律的制定与实施对于经济活动、经济关系、经济利益、经济发展乃至一切社会活动、社会关系、社会利益、社会发展都会产生影响和作用。❹

习近平总书记强调:"法律是治国之重器,法治是国家治理体系和治理能力的重要依托。"❺在全面依法治国的时代背景下,加快新质生产力的发展,应当以法治化作为重要保障。财税法作为以规制新兴领域为己任的领域法,更倾向于对外部社会关系的积极塑造。一方面,国家以财税为经济诱因,引导市场主体和资金进入鼓励发展的行业或地区;另一方面,国家也可能基于产业转型、区域平衡等方面的考量,直接出台财政扶持政策。与此同时,财税法也会设定惩罚性规则,限制甚至禁止某些有害于社会经济可持续发展的消费行为

---

❶ 邱昭继.法律的社会关系本体论——马克思恩格斯法律本质观的再解读[J].学习与探索,2022(11).

❷ 昂格尔.现代社会中的法律[M].吴玉章,周汉华,译.北京:译林出版社,2008:111.

❸ 刘剑文,侯卓.发展型财税法的理念跃迁与制度构造[J].中国社会科学,2023(5).

❹ 陈培永."法律上层建筑"与"经济基础"关系的再思考[J].社会科学家,2021(2).

❺ 习近平.论坚持全面依法治国[M].北京:中央文献出版社,2020:85.

或行业发展。❶

（一）发展型财税法保障新质生产力要素的投入

党的二十届三中全会提出，"促进各类先进生产要素向发展新质生产力集聚"。发展新质生产力，需要更好地发挥政府的战略导向作用，不断完善新型举国体制，凝聚和强化国家战略科技力量，统筹协调人力、财力、物力、科学技术等各方面的积极因素。财税法蕴含规范理财行为的政治功能、促进社会公平的社会功能、保障经济发展的经济功能❷，全面贯彻要素由市场评价贡献、按贡献决定报酬的激励机制，引导知识、技术、数据等要素向市场主体汇集、向先进生产力集聚，激发市场主体的创新活力。党的二十届三中全会提出，"完善对重点领域和关键环节支持机制"，将研发投入稳定增长和依法增长的要求予以明确，并完善财政、税收、金融等配套法律制度，加速形成多元化、多渠道、多层次的科技投入机制。❸

1. 创业投资：政府引导基金推动市场资源的合理配置

习近平总书记强调："要加大政府科技投入力度，引导企业和社会增加研发投入。"❹企业研发投入是企业科技创新的重要支撑，但研发投入与产出比例并不稳定，加之创业早期风险极高，科技型中小企业面临着信贷和资本市场的"理性歧视"。党的二十届三中全会提出，"更好发挥政府投资基金作用"，"优化重大产业基金运作和监管机制"，创业投资政府引导基金作为市场化的政策性基金，突破了以往政府矫正市场失灵的直接干预模式，充分发挥政府资金带动社会资本的杠杆放大作用，在众多培育和壮大新质生产力的发展型财税法工具中独树一帜。

自2002年起，我国多渠道、多角度尝试推进创业投资政府引导基金的发展，通过参股、融资担保、联合投资、风险补助等方式，鼓励高新技术行业中小企业创业，加快科技创新发展，促进科技成果产业化。为确保创业投资政府引

---

❶ 刘剑文，侯卓. 发展型财税法的理念跃迁与制度构造[J]. 中国社会科学，2023(5).

❷ 刘剑文，等. 财税法总论[M]. 北京：北京大学出版社，2016：183-189.

❸ 谭启平. 习近平科技创新重要论述的法治化意义[J]. 东方法学，2024(2).

❹ 中共中央文献研究室. 习近平关于科技创新论述摘编[M]. 北京：中央文献出版社，2016：59.

导基金的政策性和商业性双重目标的实现,保证创业投资政府引导基金在法治轨道内顺利地运行,应当针对事前、事中和事后三个阶段建立风险管理机制,形成一个全方位、多层级、全过程的风险管理体系。财政资金贯穿创业投资政府引导基金设立、募集、投资、管理、退出的全过程,应当从预算管理入手,建立创业投资政府引导基金出资、执行、公开、绩效的预算管理制度。

2. 科技创新券:为企业科技创新提供公共服务

习近平总书记指出:"要加大基础研究投入,首先是国家财政要加大投入力度,同时要引导企业和金融机构以适当形式加大支持,鼓励社会以捐赠和建立基金等方式多渠道投入,扩大资金来源,形成持续稳定投入机制。"[1]提高科技创新能力不仅关系企业市场竞争力的大小,还是新质生产力发展的重要议题之一。科技创新券是政府为了支持鼓励企业科技创新而免费发行的一项"创新货币",是用以购买各类科技创新服务的权益凭证,是财政科技投入方式的重要创新。党的二十届三中全会提出,"向民营企业进一步开放国家重大科研基础设施",科技创新券能够解决企业科技创新资源不足的问题,推动科技资源开放共享,加速科研机构科技成果转化,激发全社会创新创业活力,也促进政产学研协同创新发展,形成科技创新资源公平分配的新格局,进而营造良好的公平竞争秩序。

科技创新券弥补了中小企业的科技创新资源不足,提高了科技创新资源的配置效率,有效促进政产学研协同创新发展,充分调动各方主体的积极性和创造性,共同推动科技创新及其相关产业升级,进而培育和壮大新质生产力。科技创新券在我国受到越来越广泛的关注,但科技创新券的申领主体、支持项目、跨区域通用通兑等有待进一步提高。我国应提高对于科技创新券的资金保障,注重加强科技创新券的财政支持、差异化科技创新券的财政配比及优化科技创新券的兑付周期。强化科技创新券的制度引领,加强科技创新券相关主体的激励,完善科技创新券与其他项目的衔接。同时,为了真正发挥科技创新券的作用,应当加强科技创新券的信息公开,建立科技创新券的评估体系,以及健全科技创新券的监督问责机制。

---

[1] 习近平.在科学家座谈会上的讲话[N].人民日报,2020-09-12(2).

3. 增值税留抵退税：提升企业生产投入积极性

增值税是我国第一大税种，在税收体系中占有重要地位。依照增值税抵扣机制，在持续经营假设下，纳税人的留抵税额在以后纳税期用于冲抵销项税额，形成"留抵不退"情形，占用了企业的流动资金，影响企业生产经营的积极性和企业创新的活力。为企业提供现金流支持、促进就业消费投资，我国开始大规模实施增值税留抵退税。一方面，留抵退税优化了企业资金流，缓解了企业资金难题，增强了企业短期偿债能力，盘活企业资金，增强企业应对风险能力，为企业持续发展注入新的动力。另一方面，留抵退税也推动企业创新升级，企业获得的留抵退税资金主要用于扩大生产规模、增加科技创新投入、购进生产原材料等方面，企业研发资金投入增多，能够有效提升企业自主创新能力，推动企业转型升级。党的二十届三中全会提出，"完善增值税留抵退税政策和抵扣链条"。

目前，留抵退税的法律规定散见于多部法律及规范性文件之中，导致留抵退税的实施不够顺畅。在适用条件上，留抵退税的限制仍较严格，难以符合减税降费的要求，应当分类适用留抵退税，对破产企业制定差异化留抵退税规则，降低留抵退税对新设企业的适用门槛。在税收征管上，应对于增值税纳税申报和退税申请同步化，加强对骗取留抵退税的风险防范。在留抵退税资金的地区分担上，应当明确留抵退税分担法律规则，健全留抵退税专项资金直达机制。

（二）发展型财税法增强新质生产力的研发活动

组织、管理和分配公共财产是财税法的原初功能，但随着社会经济的发展，以及财税法理念的更新，财税法的功能实现从保障型财税法向发展型财税法的跃迁。[1]财税法作为政府调控经济的主要手段之一，在激励和引导新质生产力发展方面扮演着重要角色，通过对企业研发费用加计扣除和企业研发人员股权激励所得税优惠，能够直接影响企业研发和投资决策，进而促进新质生产力的发展。

---

[1] 刘剑文，侯卓. 发展型财税法的理念跃迁与制度构造[J]. 中国社会科学，2023(5).

1. 企业研发费用加计扣除增强企业研发活力

"在市场经济中,企业直接面向市场,处于创新的第一线,创新需求强烈,是自主创新的主体力量。"[1]习近平总书记强调:"要增强企业创新动力,正向激励企业创新,反向倒逼企业创新。"[2]企业作为市场中最为关键的创新主体,只有持续进行科技创新,才能满足日益多元化的需求、保持市场竞争优势、获取利润并提升社会整体生产力。但是,企业创新研发活动受宏观政策、市场环境和技术导向等外部因素影响,可能发生创新受阻或中断,阻滞企业创新的动力。间接性、普惠性税收优惠虽对企业科技研发的激励作用带有滞后性,但税收优惠比财政补贴的激励效果更显著。

党的二十届三中全会提出,"鼓励科技型中小企业加大研发投入,提高研发费用加计扣除比例。"企业研发费用加计扣除涉及企业研发活动的界定、加计扣除的主体范围、加计扣除的激励措施、加计扣除的监督管理等问题。在企业研发活动界定方面,应当规范研发活动判断标准,适当扩展适格研发活动的外延,确立失败研发、委托研发的认定标准,优化适格的研发主体范围。在加计扣除激励方式方面,应当实行差异化激励措施,对于中小企业、基础研究、重点行业采用高加计扣除比例,也要明确加计扣除的优惠上限,完善加计扣除额的亏损结转和返还。在加计扣除的监督管理方面,应当引入研发项目先行鉴定机制,确立科技行政主管部门与税务机关的职责与协作机制,形成常态化评估与调整机制。

2. 股权激励所得税优惠增强企业研发人员动力

习近平总书记指出,"人才是创新的根基,创新驱动实质上是人才驱动"[3],要"积极实行以增加知识价值为导向的分配政策,包括提高科研人员成果转化收益分享比例,探索对创新人才实行股权、期权、分红等激励措施,让他们各得

---

[1] 谭启平.习近平科技创新重要论述的法治化意义[J].东方法学,2024(2).

[2] 习近平.在中国科学院第二十次院士大会、中国工程院第十五次院士大会、中国科协第十次全国代表大会上的讲话[N].人民日报,2021-05-29(2).

[3] 中共中央文献研究室.习近平关于科技创新论述摘编[M].北京:中央文献出版社,2016:122.

其所"❶。人才是科技创新最重要的生产要素,人才竞争是当今国际科技创新竞争的核心。科技企业为了吸引和稳定科技人才,往往以股权激励、具有竞争力的薪酬等方式加大科技人才的人力资本投入。近年来,我国对科技人才也出台了多项税收优惠规定,其中关于企业研发人员股权激励所得尤其重要。股权激励是公司治理的重要手段之一,对企业研发人员的股权激励所得税优惠有利于吸引和稳定科研人才,助力和促进企业发展,支持和鼓励企业科技创新。

首先,应当明确企业研发人员股权激励所得税优惠的对象,规范享受所得税优惠的股权激励类型,放宽对股权激励持有者的限制。其次,应当优化企业研发人员股权激励所得税的计税依据,明确上市公司和非上市公司股权激励的价值认定。最后,应当完善股权激励所得税优惠方式,完善股权所得的税收优惠,强化对长期持股的税收优惠激励,提升所得税优惠的整体协调性。

(三)发展型财税法推动新质生产力的成果应用

科技成果转化是科技与产业结合的重要途径,是科学技术转化为现实生产力的关键环节,是提高科技创新能力与经济社会发展能力、推动创新驱动发展的重要手段。❷党的二十届三中全会提出,"深化科技成果转化机制改革,加强国家技术转移体系建设。"目前,我国在科技创新成果转化方面取得了一定的进展,但仍存在科技成果转化不顺畅的情形,有必要发挥发展型财税法的调控与促进作用,实现科技创新成果的有效应用。

1. 企业技术转让所得税优惠推进新质生产力成果应用

随着技术的不断发展,企业技术转让越来越成为企业发展和扩宽市场的重要途径,企业技术转让所得税优惠制度作为一种发展型财税法支持手段,是科技创新的关键手段。对企业技术转让实施所得税优惠,将为实现企业技术成果的商业化提供更切实的税收激励,更为直观地减轻企业税负,推动企业科技

---

❶ 习近平.为建设世界科技强国而奋斗——在全国科技创新大会、两院院士大会、中国科协第九次全国代表大会上的讲话[N].人民日报,2016-06-01(2).

❷ 马治国,翟晓舟,周方.科技创新与科技成果转化:促进科技成果转化地方性立法研究[M].北京:知识产权出版社,2019:1.

成果的应用。

目前,企业技术转让所得税的优惠范围较为狭窄,应当纳入技术秘密、专利申请权,并将技术出资方式纳入优惠范围,并明确基于"关联法"的自主研发要求。对于企业技术转让所得税的优惠方式,可以确立比例计算免征额度机制,设置多档次的优惠税率。对于企业技术转让所得税的计税基础,应当扣除给予科技人员的奖励部分,加强对计税基础的税务管理。

2. 支持科技创新的政府采购推动新质生产力成果应用

党的二十届三中全会提出,"加大政府采购自主创新产品力度。"随着政府采购助力经济社会发展目标实现的作用越来越受到重视,政府采购对于促进企业自主创新发挥了重要作用,科技部和财政部等相关部门就自主创新产品的认定和自主创新产品政府采购的预算管理、评审、合同管理以及首购、订购相继作出细化规定,支持科技创新的政府采购在我国得以初步建立。

支持科技创新的政府采购是政府技术采购的延伸与拓展,采购对象认定工作的启动先经由创新主体的申报,申请认定的产品须符合法律法规与国家政策,具有创新程度高、技术先进、质量可靠、有潜在经济效益及较好市场前景等特征。政府采购需求确定的专业性较强,应当明确采购需求的编制要求,完善采购需求的调查规程,对采购需求进行论证与公示,以提高采购需求确定的民主性与科学性。在政府采购方式上,可建立订购方式,引入创新伙伴关系,降低采购成本与谈判成本,保证供货质量始终如一。为支持科技创新的政府采购,应当克服相关规定存在的零碎、滞后问题,构建评审优惠、履约支持及采购人风险补偿等激励机制。

3. 财政资助科技成果政府介入权实现新质生产力成果应用

在科技强国战略、创新驱动发展战略的背景下,我国近年来不断加大对科技成果资助的财政资金投入,《中华人民共和国科学技术进步法》第32条第2款、第3款引入政府介入权,旨在敦促项目承担者在合理期限内对财政资助科技成果及时进行转化,但具体制度在内容上缺乏对财政资助科技成果政府介入权的实体、程序规定,缺乏可行性和威慑力。建立健全一套符合国情、运行有效的财政资助科技成果政府介入权制度成为当务之急。

财政资助科技成果政府介入权兼具公权和私权的性质,法律文件中对于政府介入权规定过于模糊,导致该制度陷入可实施性不足的窘迫境地,有必要对财政资助科技成果政府介入权进行制度完善,使其发挥应有的效用。应当明确政府介入权的行使对象和行使主体,以科技成果的权益分配归属为中心,平衡各主体的利益诉求。政府介入权的设立是为了促进科技成果转化,维护国家和公共利益,应当细化政府介入权的行使事由,细化合理期限内没有实施且无正当理由的情形,明确国家安全、国家利益以及重大社会利益的内涵,增设"境内首先使用"事由,同时构建包括启动程序、实施程序在内的介入权行使程序。

(四)发展型财税法强化新质生产力的收入激励

财税法通过其对人力资本投资的促进、收入分配的调节、研发和创新的激励、资本配置的优化,以及支持就业和地区平衡发展的策略,实现对新质生产力的产出分配效应的调节,从而起到长期可持续的推动作用。财税法通过教育和培训补贴促进人力资本积累,提升劳动力技能,进而推动经济向包容性增长转型。❶

1. 高新技术企业所得税税率式优惠推进新质生产力发展

《国民经济和社会发展第十四个五年规划和2035年远景目标纲要》提出,要实施更大力度的高新技术企业税收优惠等普惠性政策。高新技术企业是科技创新发展的重要载体,政府要利用税收优惠这一重要公共政策激发企业创新热情,引导企业进行自主创新。高新技术企业税率式优惠是科技创新税收政策的重要组成部分。进一步推动高新技术企业所得税税率式优惠的政策完善与贯彻落实,有利于促进科技创新税收体系的完善,更好应对全球新一轮科技革命与产业变革。

目前,高新技术企业所得税税率式优惠的规定散见于《中华人民共和国企业所得税法》《中华人民共和国企业所得税法实施条例》及财政部和国家税务总局发布的规范性文件中,制度规范内容重叠,高新技术企业所得税税率式优惠的实施也产生一系列问题。为进一步完善高新技术企业所得税税率式优惠

---

❶ 刘明慧,李秋.财税政策何以驱动新质生产力发展?[J].上海经济研究,2024(3).

制度,应当优化高新技术企业认定的投入标准、产出标准、管理标准等。完善高新技术企业认定程序,精简申请证明材料、改革认定流程时间、完善企业评审机制,促进高新技术企业认定申报规范化、服务便利化。健全所得税税率式优惠的类型化,应当注意高新技术企业所得税优惠税率与产业性、区域性、中小企业税收优惠的协调。针对高新技术企业在享受所得税税率式优惠的过程中存在大量违法逃税和脱法避税的情况,应当建立资质动态监督机制、反逃避税信息共享机制,加强全过程监督,有效避免高新技术企业逃避税行为。

2. 有限合伙制创投企业所得税制推进新质生产力发展

习近平总书记在党的二十大报告中强调,"营造有利于科技型中小微企业成长的良好环境,推动创新链产业链资金链人才链深度融合。"中小科创企业发展面临一系列问题,融资难是企业初创期遭遇的第一个难题,因此政府支持科创企业的重要方向就是激励和支持投资者,使其在不同的投资领域中选择科技投资。党的二十届三中全会提出,"构建同科技创新相适应的科技金融体制,加强对国家重大科技任务和科技型中小企业的金融支持,完善长期资本投早、投小、投长期、投硬科技的支持政策。"创投企业作为重要的融资方式,有限合伙制创投企业更因其组织形态优势而获得了投资者的青睐。国家为激发投资者对于有限合伙制创投企业的热情,针对有限合伙制创投企业出台税收优惠的规定,但税收优惠政策不够精细,在实践当中有限合伙制创投企业的税收征管制度还存在较大不确定性,影响了相关制度激励创业投资发展的效果。

有限合伙企业所得税制度框架的构建应当兼顾公平和效率,充分发挥有限合伙制创投企业对科技型初创企业的作用,综合考量目前创投企业的发展阶段,构建以准实体论为基础的所得税制。对有限合伙制创投企业的有限合伙人和普通合伙人,应当按照所得的经济实质予以区别的税收待遇,即允许有限合伙人所得性质穿透,但隔断普通合伙人所得形式穿透。基于创投企业高风险和高收益并存的特性,投资退出环节的亏损弥补规定对合伙人的税负存在较大影响,建立健全的亏损弥补机制能够有效降低合伙人投资风险,应当延长向后结转期限,适当采取向前结转,通过亏损的混合结转,分担有限合伙制创投企业的风险。

第一章　保障新质生产力要素投入的发展型财税法

第一节　创业投资政府引导基金

科技型中小企业的研发投入与产出比例不稳定，加之创业早期风险极高，面临着信贷和资本市场的"理性歧视"。创业投资（Venture Capital）作为"合理预期的高收益"机制虽然解决部分资金缺口问题，但投资对象往往限于成长期、独特性、高素质企业，创业早期企业的投资因而呈现严重的"市场失灵"。创业投资政府引导基金作为市场化的政策性基金，通过投资于创投企业将资金投向创业早期企业，突破了以往政府矫正市场失灵的直接干预模式，能够充分发挥政府资金带动社会资本的杠杆放大作用，在众多促进自主创新的财政工具中独树一帜。党的二十届三中全会提出，"更好发挥政府投资基金作用"。近年来，创业投资政府引导基金在我国遍地开花，中央、地方层级的法律规范文件规模庞大，但仍存在一定的问题，亟待引导基金的管理体制、投资管理、风险管理与预算管理等法治建设。

一、创业投资政府引导基金概述

（一）创业投资政府引导基金及其特性

创业投资作为一种特殊的资本形态和投资行为起源于20世纪40年代的美国。1946年成立的美国研究与发展公司针对新兴企业和中小企业的成功投资，开启了创业投资历史，1973年美国创业投资协会的设立则标志创业投资行业的形成。我国对于创业投资概念的认识经历了正本清源的过程。Venture

Capital 的翻译曾经历"创业投资"抑或"风险投资"的分歧：主张直译为"风险投资"的，主要以投资的风险性理解投资行为，并归纳风险性、组合性、长期性、权益性、专业性等特点❶；主张意译为"创业投资"的，认为"风险投资"忽略了资本的逐利性和避险性，Venture Capital 的本质是对创业的投资模式创新，即通过股权投资并提供管理服务而参与初创期未上市企业的创建过程，以期在企业进入相对成熟期后实现高回报的一种资本运作方式。❷我国相关文件的用词也从一开始的偏差逐渐回归概念本质，体现在1985年《中共中央关于科学技术体制改革的决定》到2005年财政部、中国人民银行等十部委联合发布的《创业投资企业管理暂行办法》中的提法。政府可以运用各种工具对创业投资加以引导，矫正创业投资的"市场失灵"，但参与过度又会破坏市场平衡，甚至出现"政府失灵"。创业投资引导基金是解决这一问题的有益探索，将政府的政策性目标与市场化运作予以有机结合，逐渐成为政府矫正创业投资行业"市场失灵"而实现引导创业投资目的的主要财政工具之一。❸

2015年财政部印发的《政府投资基金暂行管理办法》（财预〔2015〕210号）第2条规定，"本办法所称政府投资基金，是指由各级政府通过预算安排，以单独出资或与社会资本共同出资设立，采用股权投资等市场化方式，引导社会各类资本投资经济社会发展的重点领域和薄弱环节，支持相关产业和领域发展的资金"，第7条明确政府投资基金的主要投资以下领域：（1）支持创新创业；（2）支持中小企业发展；（3）支持产业转型升级和发展；（4）支持基础设施和公共服务领域。其中支持创新创业的政府投资基金根据扶持方式的不同，可分为直接扶持模式和间接扶持模式两种类型。与政府直接拨款资助特定创业企业项目的直接扶持模式相对应，间接扶持模式为政府以不同方式设立创业投资基金，其中一种基金为政府出资直接设立专项基金参与具体创业企业投资

---

❶ 靳景玉,曾胜,张理平.风险投资引导基金运作机制研究[M].成都:西南财经大学出版社,2012:1-5.

❷ 李吉栋.创业投资引导基金的理论与实践[M].北京:冶金工业出版社,2011:14.

❸ 樊轶侠.科技财政:从理论演进到政策优化[M].北京:中国金融出版社,2017:97.

项目❶;另一种则为母基金,又称"基金的基金",是指政府不直接参与经营,而是通过母基金下设各项子基金带动社会资本参与市场化运作,以实现对创业投资的间接引导,即为狭义上的创业投资政府引导基金。总之,创业投资政府引导基金是由政府出资设立并按市场化方式运作的政策性基金,是以母基金形式对创业投资企业投资方向实施间接引导的新型财政工具。

创业投资政府引导基金是克服"市场失灵"和"政府失灵"的重要创新,代表着投资领域的"公私合作伙伴关系"新模式❷,基金不以营利为目的,按照市场化方式运作,政府不直接参与经营,其政策性、商业性与间接性三种特性体现了我国财政工具由直接型向间接型的转变。

第一,政策性,不以营利为目的。创业投资政府引导基金是不以营利为目的的政策性基金,而非商业性基金,仅在市场失灵领域开展创业投资,不踏入充分竞争的市场领域,不与市场主体争利,公共资金投向要体现政策意图,引导社会资金流向重点发展的行业部门。❸创业投资政府引导基金主要存在两个政策性目标:一是扶持创业早期企业,充分利用财政资金的杠杆效应,增加对创业早期企业的资金供给,克服创业资源通过市场配置面临的"理性歧视"。政府以设立母基金的形式,鼓励、支持、引导创投企业将更多眼光投向处于种子初创期的创业早期企业,从而为科技创新等重点领域产业发展保驾护航。创业投资政府引导基金所扶持的创业投资企业应主要为符合国家创业创新政策的电子信息、生物与新医药、新能源与节能等8大高新技术行业。二是引导创业投资行业的良性发展。创业投资政府引导基金作为母基金,以阶段参股、跟进投资、融资担保等结合的"组合拳"打法拓展资本渠道,颠覆了以往资金来源单一、财政资金主导的状况,构建国有资本、民间资本、海外资本并行的多主体、多渠道、多方式投资格局,将促进创业投资行业的长远稳定发展。尽管创

---

❶ 聂颖.中国支持科技创新的财政政策研究[M].北京:中国社会科学出版社,2013:61.
❷ 熊维勤,张春勋.财政科技政策与企业技术创新[M].北京:经济科学出版社,2017:138.
❸ 胡卫.自主创新的理论基础与财政政策工具研究[M].北京:经济科学出版社,2008:1-2.

业投资政府引导基金具有双重目标[1],政策性目标是政府设立创业投资引导基金的目的,占主导地位;商业性目标则仅居于附随地位,仅是按照市场化原则有效运行的必然产物,并非其本来目的。

第二,商业性,市场化运作。创业投资政府引导基金具有商业属性,市场化原则主要体现在以下两个方面:一是以有偿方式运作,而非通过拨款、贴息等无偿方式。[2]创业投资政府引导基金所投资的方向为盈利能力强、具有充分商业前景的创业早期企业,此乃有偿运作的必要性条件。二是创业投资政府引导基金本身只负责对创业企业的股权投资,创业投资具体项目的评审、管理等事项均由创投企业根据利益最大化原则实际操作。在市场公平交易秩序下,创投企业等社会资本在创业投资中的收益权,作为出资人之一的政府同样享有,创业投资政府引导基金的特殊之处在于政府事先主动让出一部分收益给社会资本,缩小政府红利份额并扩大社会资本投资获利比例,以高收益吸引更多社会资本投入。相较于传统政府主导型财政工具,这种模式的优点在于,从政府设立母基金到下设的子基金,再到创业企业的整条融资链都建立在现代企业制度的基础上,通过资本运作和市场性调整,获得新的盈利增长点和商业竞争性,依靠其现代化的管理体制和大量人才、市场资源储备,让基金绩效经由市场检验,让社会资本保持市场性营利目的,从而大大提高创业投资的成功率和收益率。总之,其市场化体现在资金来源、投资策略、内部管理、投资退出机制各方面。

第三,间接性,政府不直接参与经营。政府应以何种方式对创业投资进行引导可谓难题,经过长达几十年的理论发展和实践探索,政府间接干预相比于直接干预的科学性、有效性已成为国内外理论与实践共识。[3]政府直接干预创业投资包括政府出资兴办投资机构或者设立创业投资基金、财政补贴、贷款、

---

[1] 李建良.创业投资引导基金参股子基金的管理评价方法[M].北京:社会科学文献出版社,2016:6.

[2] 李红润.创业投资引导基金参股协议研究[M].北京:中国政法大学出版社,2013:43.

[3] CUMMING J D, MACLNTOSH G J. Crowding out private equity: Canadian evidence[J]. Journal of Business Venturing, 2006, 21(5): 569-609.

税收优惠以及政府采购等方式增加资金供给。间接干预是指政府为创业投资创造的一系列体系制度和环境条件,涉及人才供给、资本市场和政策法律等制度建设各方面,从而对创业投资体系产生影响,再通过创业投资传递到创业企业,最终传导到整个国家的经济。在创业投资政府引导基金中,政府自身不直接从事创业投资,着眼于联合多元资本,引导其共同发起设立若干个新的子基金,使之成为财政出资与资本市场的连接点。政府不直接参与引导基金的日常管理,将其委托给专业投资管理机构,受托的投资管理机构须具备充分的专业人才与成熟的创业投资管理经验,由其负责项目的筛选、投资、管理和退出,充分发挥其在管理能力和激励约束机制方面的优势,避免国有资本直接涉足的一系列弊病。政府居于其间仅起杠杆作用,发挥信号传达作用,吸引创业投资资本集聚。

以上创业投资政府引导基金的政策性、市场性和间接性三大特征充分体现了近年来财政工具由直接型向间接型、由政府主导型向政府引导激励型的转变❶,而转变根源于社会主义市场经济体制改革。❷随着改革开放的深入,从党的十四届三中全会通过的《中共中央关于建立社会主义市场经济体制若干问题的决定》到党的十八届三中全会通过的《中共中央关于全面深化改革若干重大问题的决定》,从市场在资源配置中起"基础性"到"决定性"作用❸,昭示着对社会主义市场经济认识的逐渐深化。全面深化改革要摒弃传统以政府为主导的做法,政府放权于民、让位于市场,减少政府干预,让市场决定资源配置。政府既要管、又不能过分管,政府应引导、又不可使企业丧失主体地位,新的间接型财政工具应运而生。战略性新兴产业和高新技术产业的发展是国家实力和国际竞争力的重要标志。发展战略性新兴产业和高新技术产业,不仅要加强科学研究,同时也要加快科技成果转化和科技成果产业化的步伐。近年来,我国高度重视高新技术行业中小企业创业早期的发展,改革财政支出方式,运用

---

❶ 胡卫.自主创新的理论基础与财政政策工具研究[M].北京:经济科学出版社,2008:143.
❷ 熊维勤,张春勋.财政科技政策与企业技术创新[M].北京:经济科学出版社,2017:3.
❸ 张明喜.科技财政:理论与实践[M].北京:经济管理出版社,2016:6.

多元化财政支出手段[1],引导社会资金加大对科技研发和高新技术产业创业早期的投入,形成了一些有效的做法。政府除了以往一贯采用的财政直接拨款方式外,为了优化资源配置结构,提高财政资金使用效益,还灵活运用多种财政政策工具,发挥财政出资"四两拨千斤"的杠杆放大作用和乘数效应,引导社会资本投入并形成多方合力。创业投资政府引导基金作为新型财政工具之一,几十年的摸索实践与经验已充分证明其能够大大提高财政资金的使用效率。财政政策工具引导模式的转变必将更好推进经济发展方式转变和产业结构优化升级,助力建设中国式现代化建设。

(二)创业投资政府引导基金的法律依据

创业投资的外部性和不确定性必然导致市场机制无法自主选择资源配置的最优解,客观上需要政府为其提供有效的制度保障。因此,制度安排在创业投资发展中比资金支持更重要。立法凭借其权威性和国家强制力保障,在提供制度安排上可以降低成本,弥补供给不足的短板,还可以保证制度的规范性和权威性。

我国创业投资政府引导基金立法沿革较短,最早可追溯至2005年国家发改委、科技部、财政部等十部委联合发布的《创业投资企业管理暂行办法》,中央规定可归纳为2005—2007年的萌芽初创阶段、2008—2014年的稳步发展阶段及2015年至今的繁荣发展阶段。在中央立法中,现行有效法律只有《中华人民共和国促进科技成果转化法》提及创业投资政府引导基金,其余各文件均为部门规章及其他规范性文件,总体呈现立法层级较低的特点,且相关具体规则尚不完善(表1-1)。

---

[1] 雷良海.财政科技支出:理论与实践[M].北京:中国财政经济出版社,2013:95-99.

第一章　保障新质生产力要素投入的发展型财税法

表1-1　中央文件有关创业投资政府引导基金的规定

文件名	文号	制定机关	文件层级	文件效力	相关内容
创业投资企业管理暂行办法	中华人民共和国国家发展和改革委员会令第39号	国家发展改革委、科技部、财政部等十部委	部门规章	现行有效	首次提出设立创业投资引导基金以及引导基金的引导方式、退出方式
关于印发实施《国家中长期科学和技术发展规划纲要（2006—2020年）》若干配套政策	国发〔2006〕6号	国务院	规范性文件	现行有效	加快发展创业风险投资事业，强调引导基金负责对社会资金和创业企业风险投资的引导功能
科技型中小企业创业投资引导资金管理暂行办法	财企〔2007〕128号	财政部、科技部	规范性文件	失效	明确创业投资引导基金的支持对象并就阶段参股、跟进投资与投资保障三种引导方式作出专章规定
中华人民共和国科学技术进步法（2007）	中华人民共和国主席令第82号	全国人大常委会	法律	2021年修订，现行有效	国家鼓励设立创业投资引导基金，引导社会资金流向创业投资企业，对企业的创业发展给予支持
关于创业投资引导基金规范设立与运作的指导意见	国办发〔2008〕116号	国务院办公厅	规范性文件	现行有效	涉及引导基金的性质与宗旨、设立与资金来源、运作原则与方式、管理、监督与指导、风险控制等具体制度

21

续表

文件名	文号	制定机关	文件层级	文件效力	相关内容
促进科技成果转化法	中华人民共和国主席令第32号	全国人大常委会	法律	现行有效	国家设立的创业投资引导基金,应当引和支持创业投资机构投资初创期科技型中小企业
关于印发进一步做好新形势下就业创业工作重点任务分工方案的通知	国办函〔2015〕47号	国务院办公厅	规范性文件	现行有效	加快设立国家中小企业发展基金和国家新兴产业创业投资引导基金;鼓励地方设立创业投资引导等基金
国务院关于大力推进大众创业万众创新若干政策措施的意见	国发〔2015〕32号	国务院	规范性文件	现行有效	建立和完善投资引导机制
政府投资基金暂行管理办法	财预〔2015〕210号	财政部	规范性文件	现行有效	面向创业投资投资基金等各类政府投资基金,就其设立、运作和风险控制、终止和退出、预算管理、资产管理和监督管理等制度加以规定

第一章　保障新质生产力要素投入的发展型财税法

续表

文件名	文号	制定机关	文件层级	文件效力	相关内容
财政部关于财政资金注资政府投资基金支持产业发展的指导意见	财建〔2015〕1062号	财政部	规范性文件	现行有效	指出财政资金在政府投资基金中的杠杆放大作用，财政部门应精准定位重点产业并分类施策，规范设立运作，切实履行出资人职责，营造良好营商环境。
国务院关于促进创业投资持续健康发展的若干意见	国发〔2016〕53号	国务院	规范性文件	现行有效	重申创业投资引导基金对创业投资的意义，要求各部委依职责分工负责，鼓励和规范发展市场化运作、专业化管理的创业投资母基金，发挥财政资金的引导和集聚放大作用。

23

地方政府也逐步开展相关省级规范性文件的制定工作,以规范创业投资政府引导基金的设立与运行(表1-2)。截至2024年6月,除黑龙江、湖南、四川、江西、广东、山西、福建以及西藏、宁夏、新疆之外的省(区、市)都出台了地方创业投资政府引导基金制度的省级规范性文件(不包括港、澳、台)。

表1-2 创业投资政府引导基金的省级规范性文件

序号	地区	年份	制定机构	规范性文件
1	陕西	2008	省政府	陕西省创业投资引导基金管理暂行办法
2	内蒙古	2009	自治区发改委、财政厅、商务厅	内蒙古自治区创业投资引导基金管理办法(试行)
3	浙江	2009	省政府	浙江省创业风险投资引导基金管理办法
4	安徽	2009	省政府	安徽省创业(风险)投资引导基金实施办法(试行)
5	云南	2011	省政府	云南省股权投资政府引导基金管理办法
6	河南	2012	省财政厅	河南省股权投资引导基金管理暂行办法
7	海南	2014	省政府	海南省创业投资引导基金设立方案
8	海南	2014	省政府	海南省创业投资引导基金管理办法(试行)
9	山东	2009	省财政厅、省发改委、省科技厅、省中小企业办	山东省省级创业投资引导基金管理暂行办法
10	山东	2014	省政府	山东省省级股权投资引导基金管理暂行办法
11	山东	2014	省政府	山东省人民政府关于运用政府引导基金促进股权投资加快发展的意见
12	山东	2015	省财政厅	山东省省级股权投资引导基金绩效评价管理暂行办法
13	湖北	2011	省政府	湖北省创业投资引导基金管理暂行办法
14	湖北	2015	省政府	湖北省省级股权投资引导基金设立与运作实施方案(试行)
15	湖北	2015	省政府	湖北省省级股权投资引导基金管理试行办法

续表

序号	地区	年份	制定机构	规范性文件
16	北京	2012	市发改委	北京创造战略性新兴产业创业投资引导基金管理暂行办法
17		2015	市财政局、市经济和信息化委员会	北京市中小企业创业投资引导基金管理细则
18	甘肃	2015	省发改委、省财政厅	甘肃省战略性新兴产业创业投资引导基金管理办法
19			省发改委、省财政厅	甘肃省战略性新兴产业创业投资引导基金参股创业投资基金管理办法
20	吉林	2015	省政府	吉林省产业投资引导基金管理暂行办法
21	河北	2009	省科学技术厅、省财政厅	河北省科技型中小企业创业投资引导基金管理暂行办法
22		2016	省发改委	河北省战略性新兴产业创业投资引导基金管理暂行办法
23	天津	2016	市科委、市财政局	天津市创业投资引导基金管理暂行办法
24	上海	2017	市发改委、市财政局	上海市创业投资引导基金管理办法
25	贵州	2018	省政府	贵州省创业投资引导基金管理办法
26	广西	2021	自治区科学技术厅	广西创新驱动发展投资基金管理办法
27	青海	2021	省财政厅	青海省省级地方特色产业中小企业创业投资引导基金管理办法
28	辽宁	2022	省政府	辽宁产业投资基金管理办法
29	江苏	2022	省财政厅	江苏省政府投资基金管理办法
30	重庆	2022	市财政局、市科学技术局、市地方金融监督管理局	重庆市科技创新股权投资引导基金管理办法

(三)创业投资政府引导基金的实践发展

创业投资政府引导基金的发展与创业投资的发展密不可分。1985年起，我国开始探索运用财政工具促进国内创业投资发展，最初以财政出资设立国有创投企业的直接从事创业投资活动模式为主。这一模式的主要问题在于，由于政府并非利润最大化的行为主体，国有创投公司的运作由于缺乏有效的激励约束机制，不可避免地影响了投资项目的选择，进而导致投资效率低下；同时，政府投资会对私人投资形成挤出效应，不利于私人资本进入。

以2002年为起点，我国走上了创业投资政府引导基金间接型模式的探索道路[1]，中关村创业投资引导资金这一国内首个由政府主导的基金正式成立。[2]此项基金的成立主要是受到以色列YOZMA基金经验的启发。2005年，财政部、中国人民银行等十部委联合发布的《创业投资企业管理暂行办法》首次明确了"创业投资引导基金"的定义。此后，《国家中长期科学和技术发展规划纲要(2006—2020年)》等相关政策陆续发布并开始实施。得益于多项政策的鼎力支持，上海浦东新区、北京海淀区和苏州工业园区等地先后建立了政府引导基金。截至2006年年底，全国已建立7个引导基金，总规模超过40亿元。[3]2007年，财政部和科技部推出了国家级创业投资引导基金，阶段参股项目共安排预算1.59亿元，全国共有6家创投机构获得扶持[4]，其主要以国家科技型中小企业创新基金为资金来源，由受聘专家组成的引导基金评审委员会负责评审，由科技部科技型中小企业技术创新基金管理中心负责日常管理。从国家部委到地方各省级、市级甚至县级政府都积极筹划设立创业投资引导基金。除了北京、天津、江苏、浙江等发达地区引导基金不断涌现之外，湖北、陕西、吉林等地区也相继设立。

为了对政府引导基金的设立和运作进行规范指导，2008年《关于创业投资

---

[1] 雷良海.财政科技支出：理论与实践[M].北京：中国财政经济出版社，2013：60.

[2] 2002年我国尚未有"引导基金"这一概念，当时"基金"通常指证券投资基金，为避免概念上的混淆，因此命名为引导资金。

[3] 何国杰.风险投资引导基金研究：促进广东省风险投资基金发展的政策支持与制度保障研究[M].广州：中山大学出版社，2010：39.

[4] 李建良.创业投资引导基金的联合投资[M].北京：社会科学文献出版社，2016：61.

引导基金规范设立与运作的指导意见》进一步明确了引导基金的性质和宗旨，并解决了引导基金运行出现的诸多操作性问题，引导基金发展步入正轨。2010年，国家发改委、财政部首批出资10亿元，与上海、北京及苏州等7省市共同发起设立了20只创业投资引导基金，其中国家发改委、财政部与上海创业投资政府引导基金各出资2.5亿元，投资主要分布在生物医药、新材料、软件和信息服务业、新能源、集成电路等领域。江浙地区政府引导基金的数量急剧上升、规模迅速扩大，随后，上海、内蒙古、辽宁等地区也涌现出了30亿元规模的大型引导基金。❶据统计，截至2022年年末，各级政府共成立1531只引导基金，自身规模累计达27 378亿元（表1-3）。❷

表1-3 我国创业投资政府引导基金的地区分布情况

地区	创业投资政府引导基金数量/个	创业投资政府引导基金自身规模/亿元
华东	677	9892
华北	239	5881
华南	212	4508
华中	149	3050
西南	128	2442
东北	57	635
西北	69	971
合计	1524	27 268

数据来源：投中研究院《2022政府引导基金专题研究报告》。

根据投中研究院统计，2022年华东和华南地区创业投资政府引导基金规模稳步增加，西南地区和东北地区创业投资政府引导基金实现较大突破。结合过往三年的创业投资政府引导基金自身规模增长率变化趋势，由于中西部地区招商引资效果显著、产业结构加速升级，创业投资政府引导基金地域分布

---

❶ 何国杰.风险投资引导基金研究：促进广东省风险投资基金发展的政策支持与制度保障研究［M］.广州：中山大学出版社，2010：110-124.

❷ 刘璟琨，胡宇佳，李铄.2022年政府引导基金专题研究报告［EB/OL］［2023-10-16］.https：//chinaventure-static.obs.cn-north-1.myhuaweicloud.com/reportFiles/7020659553075200.

体现了从东南部向中西部延伸的趋势,但中西部地区的基础设施、产业配套仍与东部地区具有一定差距。同时,创业投资政府引导基金汇聚于江苏、广东(不含深圳)、浙江、北京、上海和深圳六大热点辖区,其自身规模占整体规模的37.28%。其中,深圳市的创业投资政府引导基金数量最少,但是平均规模达38亿元,远高于六大热点辖区之外的其他地区。从级别来看,国家级创业投资政府引导基金数量最少但平均规模最大,市级创业投资政府引导基金规模及数量占比呈双高局面,创业投资政府引导基金的设立有向区县级下沉的趋势。❶区县级创业投资政府引导基金往往需要省级或市级政府的支持,例如海南省新设15亿元规模的儋州洋浦发展投资基金和产业引导基金即是从省级战略层面,统筹财力资源,带动和引导社会投资设立的,旨在促进洋浦地区智能化发展。❷从新设数量来看,2022年新增各级创业投资政府引导基金数量均超2021年水平近1倍。省级新增创业投资政府引导基金共24只,其中50%在华东地区,集中于福建和安徽两省,江西省新设创业投资政府引导基金规模突出,单只认缴规模达600亿元。❸创业投资政府引导基金设立数量和规模稳步提升,新设基金呈回升态势,各募资渠道中创业投资政府引导基金占18.33%。❹

二、创业投资政府引导基金的国外实践

(一)美国SBIC计划

1958年,为解决美国小企业融资难问题,美国国会通过了《小企业投资法》,组织建立小企业投资公司(Small Business Investment Companies,SBIC)专门投资小企业。美国SBIC计划具有较为严密的管理体系:美国小企业管理局

---

❶ 投中研究院. 2022年政府引导基金专题研究报告[EB/OL]. [2023-08-31]. https://baijiahao.baidu.com/s?id=1755330245396100410&wfr=spider&for=pc.

❷ 清科研究中心. 清科2022年度盘点:新设立政府引导基金120支,整合优化成常态[EB/OL]. [2023-11-30]. https://free.pedata.cn/1440998437411184.html.

❸ 刘璟琨,胡宇佳,李铄. 2022年政府引导基金专题研究报告[EB/OL]. [2023-10-16]. https://chinaventure-static.obs.cn-north-1.myhuaweicloud.com/reportFiles/7020659553075200.

❹ 中国创业投资发展报告2022[EB/OL]. [2023-09-10]. http://2022.casted.org.cn/channel/newsinfo/9244.

(Small Business Administration,SBA)是独立的美国小型的联邦政府机构,由国会小企业委员会每年划拨预算资金;SBIC是独立的法人实体,可自行制定规章制度并决定有关投资行为。SBIC经SBA批准设立,SBA通过其属下的投资部门管理SBIC计划,主要职责是决定私人资本能否加入SBIC计划以及是否匹配财政资金,同时要定期检查SBIC的运作是否服从SBA的规定,保证其投资活动能够有效地服务于公共政策目标。此外,SBA投资部要求每家SBIC有标准、详细的报告(包括注册会计师的年度审计报告),投资部门的分析师通过其提交的报告和与公司管理层的面谈来跟踪每家SBIC的业绩表现,并通过对每家SBIC的年度现场审核保证其报告的准确性。

SBIC计划的资金来源分为3个部分:(1)自有资金主要来源于个人、州发展基金、机构投资者、养老基金等,这些构成了SBIC的常规资本。❶绝大多数的SBIC由资金规模相对较小的私人投资者所有,但还有一部分由商业银行所有,在总资本中占比约63%,此部分不受美国银行法对银行从事大规模权益投资的限制,且一般不利用SBA的担保杠杆。(2)杠杆融资是通过SBIC计划补充的资金。SBIC可以通过发行信托凭证进行债权融资,由机构投资者购买,SBA以美国政府信用对本息偿还作担保。SBA基于SBIC所进行投资的类型提供两种形式的杠杆融资,一是进行可转债投资的SBIC通过担保债券杠杆资金能够获得最高3倍的杠杆资金;二是在创业早期企业进行股权投资的小企业投资公司通过参与式证券杠杆资金(一种可赎回的具有优先权的权益型证券)可获得最高2倍于私人缴付资金的杠杆资金。(3)政府提供的优惠贷款针对资本等级不同的SBIC采取不同政策,政府贷款金额与私人资本的比例从3:1至2:1不等,对于特殊的SBIC还有额外的优惠贷款。

在1958年《小企业投资法案》实施后的5年中,先后建立了629家SBIC,私人资本高达4.64亿美元。47家公众持股的SBIC通过公开上市筹得的资金为3.5亿美元,而同为上市公司的美国研究开发公司ARD在1946年至1958年的13年间才融资740万美元,这显示了政府扶持的巨大作用。❷根据SBA的统计,截至2002年,SBIC计划通过近14万个项目向约9万家小企业提供了400亿美

---

❶ BOWMAN B A. SBICs:pioneers in organized venture capital[J]. Bus. Law.,1970,26:1793.

❷ 王安安. 美国SBIC的投资策略研究[J]. 财贸经济,2001(4).

元以上的资金。❶与此同时,SBIC 计划也获得了惊人的投资回报。

在 SBIC 计划推出的初期,由于创业投资市场的不成熟以及股市的低迷,也出现投资方向偏离的问题。一些 SBIC 从政府得到低息贷款后,并未向创新型中小企业进行股权投资,而是大量投入成熟的、相对风险较小的企业,有的甚至通过向企业提供债权性融资以获取利差。一个重要原因就在于 SBIC 资金来源中债权性融资比例较高,而创新型中小企业股权投资风险大、投资期限长、收益不确定,这类投资的比例过高会导致其资产负债与风险不匹配。此外,一些 SBIC 由于缺少经验丰富的职业投资家,不敢向高风险高收益的创业早期企业投资。由于 SBIC 计划由政府直接参与管理,这一模式也被认为缺乏对有经验的专业管理人才的吸引力。

SBIC 计划专门针对那些规模偏小以及尚未表现出迅猛发展趋势的早期企业(通常要求这些企业的净资产小于 600 万美元以及净税后收入小于 200 万美元),进而设定并不断调整投资对象的产业规模标准和财务标准,确保美国创业资本的可获得性。❷在《2009 美国复苏与再投资法案》修订了相关标准后,SBIC 计划对小企业的投资明显增加,尽管其创业投资金额在总金额中占比较小,但由于一般性创业投资机构更多投资于处于成长期的中小型企业,而SBICs 关注处于种子期、起步期等创业前期、步履维艰的小企业,其已成为种子期融资的主要资金来源。❸美国 SBIC 计划早期以提供优惠利率贷款为主要的扶持方式,后因立法准许银行进入创业投资领域而改为提供融资担保,既为创业早期企业提供了资金支持,又免去了其短期偿还贷款的压力。❹

尽管到 20 世纪 60 年代后期,SBIC 的规模和数量都有所减少,但其孕育了一种新的投资方式,即小型私人合伙制创业投资企业,在政府的支持下全力以赴地为小型创业企业提供股权融资。正是在 SBIC 计划的引导和支持下,美国

---

❶ SBA. Small business lending in the United States [EB/OL]. [2023-12-20]. https://data.sba.gov/dataset/small-business-lending-in-the-united-states.

❷ HORNSBY J S, KURATKO D F. Human resource management in US small businesses: A replication and extension [J]. Journal of Developmental Entrepreneurship, 2003, 8(1): 73.

❸ 刘健钧. 境外创业投资引导基金运作模式与启示 [J]. 中国科技投资, 2006(10).

❹ 李建良. 创业投资引导基金的引导模式 [M]. 北京: 社会科学文献出版社, 2016: 15-20.

培养和锻炼了一批富有经验的创业投资家,他们在SBIC的投资经验为之后80年代美国创业投资行业大发展奠定了很好的人才基础。美国政府实施的SBIC计划是成功的,但这种成功经验并没有被世界其他国家复制。因为美国拥有完善的金融体系和成熟的证券市场,也拥有世界上较好的创业环境和创业投资环境,美国模式在世界其他国家不一定能够成功。

(二)以色列YOZMA基金

以色列政府于1993年正式设立YOZMA基金,拨款1亿美元。YOZMA基金以处于起步阶段的高新技术企业为创业投资对象,是一只典型的政府发起的创业投资母基金(Government Sponsored Venture Capital Fund of Funds),参与发起创业投资子基金,而非直接投资于项目。❶YOZMA基金通过参股引导,共设立10只商业性创业投资子基金,每只资金规模约为2000万美元,对子基金的出资比例最高可达40%,其余60%的资金则分配给私人投资者。❷YOZMA基金一般基于有限合伙组织形式,以有限合伙人的身份履行出资义务,有权选择重点投资领域,但并不涉足子基金运作的具体事务,相关投资决策由其设立阶段委托的管理机构自主决定。其中,重点投资领域按照以色列政府的高新技术产业发展规划确定,通常为发展基础设施和有专利技术的创业早期企业。除了以参股方式设立YOZMA基金外,以色列政府还设立Heznek种子基金,通过联合投资引导私人资本投向与YOZMA基金的投资方向相较更为早期的企业,即"创立不超过6个月且设立以来的总开销低于25万美元"的种子期企业,两者皆取得了良好引导效果。

YOZMA基金中最值得称道的是政府让利机制。为了发展创业投资行业,以色列政府决定"舍弃利益,共担风险",即政府在合作设立创业资本基金之前就与合作方投资者达成协商,投资风险由政府与投资者共担,但政府可以不享

---

❶ ALON-BECK A. The coalition model, a private-public strategic innovation policy model for encouraging entrepreneurship and economic growth in the era of new economic challenges[J]. Washington University Global Studies Law Review, 2018, 17(2):267.

❷ 李万寿.创业资本引导基金:机理、制度与中国视野[M].北京:中国财政经济出版社,2006:173.

受投资收益,[1]将蛋糕留给社会资本吃,真正做到让利于民。同时,设置6年为期的分界线,创业投资基金若获成功,则政府以股份出让的方式退出,所得盈利归其他投资方享有。在激励机制方面,YOZMA基金允许私人投资者以事前协商的优惠价格(一般为回报的5%)购买YOZMA出资份额的期权并承诺让渡7%的未来利润,优惠期限为子基金设立5年内。[2]

以色列具备建立创业资本基金的客观成熟条件,再加上科学的管理机制作为助力,从而促进了创业投资行业在以色列的发展壮大。YOZMA基金塑造了高效发达的创业投资市场,多层次的资金供给主体为促进企业自主创新增加底气,为高新技术产业的迅速发展保驾护航。

(三)澳大利亚IIF基金

1997年成立由澳大利亚产业研究与开发委员会负责的澳大利亚创新投资基金(Innovation Investment Fund,IIF),以处于发展早期的小企业为投资方向,成为澳大利亚自主创新成果商业化的孵化器。IIF基金注重财政对创业投资的间接介入,通过设立子基金广泛吸纳社会资本共同参与创业投资,解决一直以来的小企业融资渠道狭窄难题。

IIF对于参股基金的设立申请与评审规定了严密程序:(1)发布《IIF计划指南》,对准备申请的标准以及计划的管理信息书予以指导,包括如何提出申请、评估申请的标准等;(2)申请者编制参股基金申请书,须按《IIF计划指南》列示的程序按纲目加以简要说明并列出详细的商业计划书,以展示其管理创业投资基金以及处理相关核心事宜的经验;(3)参股基金评审,分初次评估、全面评估和中标决策3个步骤,由外部评估人对申请者进行全面的尽职调查等。[3]

IIF参股基金相关的所有投资决策由获得执照的基金管理人自主制定,但

---

[1] BREZNITZ D,ORNSTON D. The revolutionary power of peripheral agencies: explaining radical policy innovation in Finland and Israel[J]. Comparative Political Studies,2013,46(10):1219-1245.

[2] CHAIFETZ L R. The promised land: an examination of the israeli high-tech industry[J]. University of Pennsylvania Journal of International Economic Law,2002,23(2):385.

[3] 靳景玉,曾胜,张理平.风险投资引导基金运作机制研究[M].成都:西南财经大学出版社,2012:154.

前提条件是遵循产业研究与开发委员会的许可协议以及关于投资者文件的要求。具言之,IIF参股基金对投资对象主要是处于发展早期的小企业,要求符合以下要求:(1)开启研发成果商品化进程;(2)首次投资时,企业的雇员和资产应大部分在国内;(3)从事技术商品化的企业年收入不得超过400万澳元,且过去两年的平均年收入须低于500万澳元等。在划定投资对象范围的基础上,IIF对参股基金的设立及运营方面明确设置了政府资金与私人资金的出资比例不超过2∶1、存续期不超过10年、以权益性投资于小型新技术企业形式进行、首投须为早期投资、对一家企业的投资额不得超过基金总额的10%或400万澳元(两者中取小者)等要求。❶除了实施参股引导的IIF计划,澳大利亚政府还设立了政府创新投资跟进基金,由11名已参与过第一轮和第二轮投资的创新投资基金、前种子基金和ICT孵化器计划的基金管理人分别管理,基金对其投资过的早期项目进行跟进投资。

(四)英国RVCF基金

1998年,英国政府在《英国竞争力白皮书》中宣布投入1亿英镑设立创业投资基金。2000年发生管理机构更替,由贸工部中小企业政策理事会转为新设的小企业服务局,❷并通过参股、资本损失补贴、管理/交易成本补贴等多种方式引导建立区域性创业投资基金(Regional Venture Capital Funds,RVCF),间接壮大中小企业资金流。❸

英国政府要求RVCF基金须实行商业化运作,由经监管部门授权且具有成熟经验的基金管理人进行日常管理。RVCF基金的投资方向较为宽泛,其范围包括所有中小企业。RVCF基金应向小企业服务管理局报送基金损益表、基金及其合伙人的现金流量表、资产负债表、各项投资的价值评估信息等报表,报告的频率一般为半年1次。

---

❶ 李建良.创业投资引导基金的引导模式[M].北京:社会科学文献出版社,2016:25-29.

❷ 何国杰.风险投资引导基金研究:促进广东省风险投资基金发展的政策支持与制度保障研究[M].广州:中山大学出版社,2010:44.

❸ Lin L. Engineering a venture capital market: lessons from China[J]. Columbia Journal of Asian Law, 2016, 30(1):160.

英国对于市场监管注重行业自律机制的塑造,致力于通过宏观政策为创业投资营造较为宽松的市场与制度环境,实践中因而表现出与本土情况相适应的灵活多样组织结构。其中,信托机构最早踏入创业投资领域,除此之外还包括有限合伙制等其他组织形式。1995年英国政府颁布的《创业投资信托法》为"创业投资信托"提供全面税负豁免与优惠等利好政策。❶

RVCF基金对区域商业性创业投资基金主要采取参股方式和风险补偿方式两种引导方式,后者又包括资本损失补贴和管理/交易成本补贴两类,即由政府创业投资基金对符合标准的私人投资者提供20%的资本损失保障或给予基金管理人一部分管理/交易成本补贴。❷政府享有较大的裁量权,决定是否给予出资者一定支持以及支持方式、条件或条款。RVCF基金激发了各地方政府发起区域性创业投资基金的热情,并通过政府参股的信号传递作用吸引了民间资本的广泛聚集,英国位居欧洲创业投资发达程度的榜首,规模已超过整个欧洲的1/2。

三、创业投资政府引导基金的管理体制

(一)创业投资政府引导基金的管理机制

创业投资政府引导基金的组织形式与管理模式的选择直接决定引导基金的运作效率。❸在引导基金这一新型财政工具产生前,政府通常设立创业投资企业进行直接创业投资活动,以扶持创业投资市场,与之对应的直接管理模式则以是否实现国有资产的保值增值为考核目标。政府的创业投资以政策性为主要目标,由此存在政策性目标与国有资产保值增值的营利性目标之间的冲突,造成直接管理模式下的财政资金运作效率较低。鉴于此,我国《关于创业投资引导基金规范设立与运作的指导意见》明确规定,"引导基金应以独立事业法人的形式设立,由有关部门任命或派出人员组成的理事会行使决策管理

---

❶ 何国杰.风险投资引导基金研究:促进广东省风险投资基金发展的政策支持与制度保障研究[M].广州:中山大学出版社,2010:44.

❷ 鲁育宗.产业投资基金导论:国际经验与中国发展战略选择[M].上海:复旦大学出版社,2008:64.

❸ 李建良.创业投资引导基金参股子基金的管理评价方法[M].北京:社会科学文献出版社,2016:47.

职责,并对外行使引导基金的权益和承担相应义务与责任。""事业法人制"的确立有效解决了以往直接管理模式下国有资本保值增值要求与政策性目标之间的矛盾冲突,扫清了政府创业投资市场化运作的障碍。但是,与之相匹配引导基金管理模式的选择,却还悬而未决,许多创业投资政府引导基金仍沿用以往直接管理模式下的管理机制(表1-4)。

表1-4 直接管理模式下的部分创业投资政府引导基金管理机构设立情况

序号	基金名称	管理机构	管理机构设立方式
1	天津滨海新区创业引导基金	天津滨海新区风险投资引导基金有限公司	天津滨海新区管委会与国家开发银行共同组建
2	中关村创业引导基金	北京中关村创业投资发展中心	中关村管委会与海淀区政府共同组建
3	重庆市科技创业风险投资引导基金	重庆市科技创业风险投资引导基金有限公司	重庆市政府批准设立

创业投资政府引导基金管理具有较强的专业性,但政府所属事业单位受限于管理体制,无法建立适应创业投资行业的激励约束机制,因而对优秀的创业投资专业人才缺乏吸引力。建立在"事业法人制"上的创业投资政府引导基金的间接引导模式决定了不应由事业法人自行管理,应当采取委托管理机制,即政府将引导基金委托给专业机构进行管理运作。在委托管理机制中,作为出资人的政府和受托管理机构是两个相互独立的主体,组织架构合理,双方权责分明。政府作为创业投资政府引导基金的出资人,若同时承担引导基金的管理职能,出资人和管理人的角色混同无异于为政府提供了权力寻租与腐败滋生的温床。分权制衡的委托管理机制将引导基金独立于政府管理,可以充分发挥受托管理机构的专业能力并调动其积极性。委托管理机制有利于在政府与受托管理机构之间以及受托管理机构内部建立并运行激励约束机制,从而有效防范化解因信息不对称所导致的各类风险。

委托管理机制的主要缺陷在于,受托管理机构作为企业以天然逐利性为特征、以追求利润最大化为主要目标,引导基金运作可能偏离政府目标,且受托管理机构与政府的联系不够紧密,双方信息不对称程度较直接管理机制更高,会提高引导基金运作中的委托代理成本。根据国内外引导基金的运作现状及受委托机构的性质,委托管理机制可分为两类:一是委托给国有独资或控股企业管理,例如新西兰NZVIF计划由皇家新西兰创业投资有限责任公司管理,新加坡技术创业投资基金由经济发展局独资成立的科技创业私人有限责任公司管理;二是委托给商业性创业投资机构管理,例如上海杨浦区人民政府引导基金的委托管理机构为美国SVB金融集团❶,但商业性创业投资机构以利润最大化为目标,与引导基金不以营利为目的的运营宗旨冲突,因此采用此种委托管理方式的数量较少。在我国,创业投资政府引导基金的受托管理机构主要以国有独资或控股企业为主,承载着较多的社会责任,且企业主管人员的职务晋升通常由政府决定,因此委托管理机制的主要弊端受到抑制,反而具有独特的优势。

(二)创业投资政府引导基金的章程制定

章程是法人的"自治法",若无章程,法人就无法形成统一的意志,也就不存在所谓法律上的独立人格。法人章程规定了法人组织机构存在和活动的基本准则,可谓法人组织体的"宪法性文件"。❷

我国《关于创业投资引导基金规范设立与运作的指导意见》明确规定,创业投资政府引导基金为独立事业法人。按照《民法典》第三章关于法人的分类,创业投资政府引导基金应属于非营利法人,但性质又较为特殊,在于其按照市场化原则运行,因商业性目标又具有市场有偿性,双重目标导致其有偿性特征与非营利法人的属性定位存在冲突。我国应当坚持创业投资政府引导基金的非营利法人定位,因为在相关政策文件的字里行间都强调其作为政策性基金的定位,政策性目标具有优先性,商业性目标的附随性乃是按照市场化原则运行的必然结果,却非引导基金的主要目标,其所具有的商业性色彩并不足以淡化其本质属性。创业投资政府引导基金的有偿性特征与非营利法人性质定位之间存在的交叉性,实际上有利于更好发挥其引导作用,吸引社会资本投

---

❶ 熊维勤.创业引导基金运作中的激励机制研究[M].北京:经济科学出版社,2013:5.
❷ 屈茂辉,熊婧.论居民委员会法人章程的法律化[J].湖南大学学报(社会科学版),2022(6).

入,以实现财政出资的公共财政职能。创业投资政府引导基金作为"独立事业法人"而具有制定章程的法律权利与义务。依据《关于创业投资引导基金规范设立与运作的指导意见》,引导基金章程应当明确,"运作、决策及管理的具体程序和规定,以及申请引导基金扶持的相关条件。"除以上几方面事项外,信息披露与定期汇报、绩效评价管理、同股同权条款等也应预先规定在章程中。

章程条款是一种技术性处理。当法律短时间内无法制定或者无法作以统一性规定,需要各地根据本地实际加以调整,在立法技术上可允许各地在创业投资政府引导基金的章程上作特殊、具体规定。

四、创业投资政府引导基金的投资管理

(一)创业投资政府引导基金的投资方向

创业投资政府引导基金的政策性目标在于克服创业投资行业"市场失灵",解决种子期等创业前期企业的"融资难"问题,因此各国引导基金成功的关键就在于能抓准投资方向。创业早期企业对于一个国家创新能力的提高意义重大,而创业早期企业和成熟大企业的发展路线是截然相反的。[1]冒险是创业早期企业的优势,创新是创业早期企业的生命线[2],大企业是不愿意冒险的。在一国经济体系中,技术性和商业性创新等高风险经济活动主要集中在创业早期企业,申言之,要想促进科技创新发展、促进科技成果产业化,必须扶持创业早期企业。但是,创业早期企业面临资金缺口的市场失灵,传统信贷、证券直接融资以及严格意义上的创业投资都无能为力,创业投资政府引导基金应运而生。毫无疑问,创业投资政府引导基金的投资方向应当是处于种子期、起步期的创业早期企业。相关法律文件对此类"创业早期企业"前后表述也并不一致,例如2005年我国《创业投资企业管理暂行办法》将创业企业定义为,"处于创建或重建过程中的成长性企业"且不含上市企业;2006年《国务院关于印发实施〈国家中长期科学和技术发展规划纲要(2006—2020年)〉若干配套政策》在加快发展创业风险投资事业部分提及要引导创业风险投资企业投资,

---

[1] 阿玛尔·毕海德.新企业的起源与演进[M].魏如山,马志英,译.北京:中国人民大学出版社,2018:69.
[2] 李建良.企业有效成长阶梯:"瓶颈"剖析及解决之道[M].北京:企业管理出版社,2003:44.

"处于种子期和起步期的创业企业";2007年财政部、科技部印发的《科技型中小企业创业投资引导基金管理暂行办法》(财企〔2007〕128号)首次明确创业投资引导基金的投资方向应为,"初创期科技型中小企业";2008年《关于创业投资引导基金规范设立与运作的指导意见》称其为"处于种子期、起步期等创业早期的企业",《政府投资基金暂行管理办法》则沿用相关表述。总之,在相关政策文件中,"创业早期企业"的界定标准不明确,对何为"种子期"、"起步期"说法不一,处于较为混乱的状态。尽管地方各级创业投资政府引导基金均要求全部出资额按一定比例投向初创期和早中期企业,但因对"创业早期企业"的定义普遍比较宽松,引导效果大打折扣,甚至实证研究发现,当前引导基金激励下的创业投资行为仅是创业投资机构为迎合政策而做出的一种策略性行为,最终几乎都投向了创业中后期企业。[1]创业投资政府引导基金投资方向应为处于创业早期(种子期和起步期)的高新技术行业中小企业,关于其界定应当注意以下方面。

第一,关于中小企业的认定标准。2002年《中小企业促进法》是我国第一部关于中小企业的专门法律,其第2条规定:"本法所称中小企业,是指在中华人民共和国境内依法设立的,人员规模、经营规模相对较小的企业,包括中型企业、小型企业和微型企业。中型企业、小型企业和微型企业划分标准由国务院负责中小企业促进工作综合管理的部门会同国务院有关部门,根据企业从业人员、营业收入、资产总额等指标,结合行业特点制定,报国务院批准。"基于法律授权,2003年国家经贸委、国家计委、财政部、国家统计局出台了《中小企业标准暂行规定》,2011年工业和信息化部、国家统计局、发展改革委、财政部又出台《中小企业划型标准规定》(原《中小企业标准暂行规定》同时废止),其中软件和信息技术服务业中小微型企业的划定为,"从业人员300人以下或营业收入10 000万元以下",适用至今。鉴于2011年《中小企业划型标准规定》距今已十几年,相关部门有必要更新标准。

第二,关于高新技术企业的认定标准。2016年科技部、财政部、国家税务总局修订《高新技术企业认定管理办法》,其第2条规定,"本办法所称的高新技

---

[1] 李善民,梁星韵.创投机构响应政策还是迎合政策?——基于政府引导基金激励下的投资视角[J].证券市场导报,2020(9).

术企业是指:在《国家重点支持的高新技术领域》内,持续进行研究开发与技术成果转化,形成企业核心自主知识产权,并以此为基础开展经营活动,在中国境内(不包括港、澳、台地区)注册的居民企业。"另外,第8条规定,"各省、自治区、直辖市、计划单列市科技行政管理部门同本级财政、税务部门组成本地区高新技术企业认定管理机构。"

第三,关于处于创业早期的认定,即所谓种子期、起步期,一般认为是"成立期限在5年以内"。[1]总之,创业投资政府引导基金对创业早期企业的界定标准可以立法表述为,"创业早期企业是指成立期限在5年以内,从业人员300人以下或营业收入10 000万元以下的高新技术企业。"

(二)创业投资政府引导基金的投资决策

依据《关于创业投资引导基金规范设立与运作的指导意见》,"引导基金应当设立独立的评审委员会,对引导基金支持方案进行独立评审,以确保引导基金决策的民主性和科学性。评审委员会成员由政府有关部门、创业投资行业自律组织的代表以及社会专家组成,成员人数应当为单数。其中,创业投资行业自律组织的代表和社会专家不得少于半数。引导基金拟扶持项目单位的人员不得作为评审委员会成员参与对拟扶持项目的评审。引导基金理事会根据评审委员会的评审结果,对拟扶持项目进行决策"。评审委员会有利于增强创业投资引导的专业性和政策性。在对候选投资项目开展尽职调查后,评审委员会负责对基金所支持的创业投资项目进行评审,向理事会提出评审意见,以供理事会作出是否投资的决策。评审委员会决策程序应体现以下两方面特征:一是专业性,除政府工作人员外,评审委员会成员应包括一定比例的创业投资行业自律组织和相关领域的社会专家,且不得少于半数;二是独立性,评审委员会不是政府部门的隶属机构,其评审决策独立于政府行政行为,评审结果不需要政府职能部门的审批,避免政府对创业投资政府引导基金投资决策的干预和影响。

评审委员会的评审意见是基金理事会做出决策的基础性依据,评审委员会必须精准考察投资方向,即创业企业的成立期限、人员配置和营业收入、行业

---

[1] 李吉栋.创业投资引导基金的理论与实践[M].北京:冶金工业出版社,2011:119.

领域等指标是否真正符合创业投资政府引导基金的政策性定位。为保证科学民主决策,参考各地实践,评审委员会应通过评审会议程序完成评审过程:[1](1)评审会议通常由基金理事会召集,并由基金理事会负责人主持[2];(2)引导基金的执行机关须于评审会议召开前5天完成评审会议的通知和评审材料的送达工作[3];(3)评审会议的表决方式是"署名票决制"[4]。

(三)创业投资政府引导基金的引导方式

关于创业投资政府引导基金的引导方式,在中央层面来看,国家发改委、财政部联合实施"国家新兴产业创投计划专项资金"和财政部、科技部联合实施"科技型中小企业创业投资引导基金"的引导方式存在差异:前者主要是参股,后者则包括阶段参股、跟进投资、风险补助和投资保障等。在地方层面来看,以苏州工业园区创业投资引导基金、天津滨海新区创业风险投资引导基金、北京市中小企业创业投资引导基金、成都银科创业投资有限公司等为典型,主要引导方式包括参股、融资担保、联合投资、风险补助等。我国应构建创业投资政府引导基金多元化引导方式,综合运用多种手段打好"组合拳",加强杠杆效应,激发引导效能。

1. 坚持参股方式为主

参股方式是指以股权投资的方式投资于创业投资商业性母基金,国外一般称其为参股FOFs(Fund of Funds)方式,也是我国创业投资政府引导基金的主流引导方式。能够实现资金的倍数放大是参股母基金方式的最大优点,投向创业早期企业的资金规模借助杠杆效应机制得以翻倍增长。[5]资本经过参股投资商业性母基金这一支点传导于子基金,实现了专项资金的二级放大,杠杆比率大大提高。同样的资金额和参股比例在参股母基金引导方式下的放大倍数与参股基金模式相比,差距可能高达5~25倍。[6]参股FOFs方式的缺点是显性

---

[1] 李红润.创业投资引导基金参股协议研究[M].北京:中国政法大学出版社,2013:111.

[2] 《黑龙江省科技创业投资政府引导基金管理办法》第29条、第38条。

[3] 《杭州市创业投资引导基金业务流程》第1条第2款第3项。

[4] 《吴江市创业投资引导基金业务流程(试行)》第2条。

[5] 李建良.创业投资引导基金的引导模式[M].北京:社会科学文献出版社,2016:82-84.

[6] 李朝晖,孟繁华.融资担保模式对地方政府创投引导基金的适用性分析[J].商业时代,2010(18).

管理成本较高。由于母基金实行委托管理,投资对象亦是实行委托管理的子基金,随之而来的是两道程序产生的两级管理费用和业绩奖金支出。

2. 配套融资担保方式

融资担保方式是指通过公开市场发行证券或者从特定金融机构融通资金,由受托担保机构对其资金的还本付息部分予以担保。一旦创业投资机构到期不能还本付息,将由政策性担保资金代偿,而受托担保机构会向创业投资机构收取一定比例的担保费以对冲风险。融资担保方式不需要占用创业投资政府引导基金内的资金份额,法定担保额最高可达10倍,杠杆比率更大,增大对创业早期企业的扶持力度。此外,融资担保方式也有利于激励约束机制的建立:(1)在融资担保方式下,创业投资政府引导基金就债务担保承诺须支付承诺费以及对已发生的担保债务支付利息和担保费等,大额成本费用会引发创业投资机构对项目筛选及资金合理使用问题的高度警惕,倒逼受托管理机构提高财政资金的使用效率;(2)创业投资政府引导基金承担的风险虽大,但其潜在的杠杆收益更大,从而实现预期的激励约束效果;(3)创业投资政府引导基金作为担保人对创业投资机构资产的代偿追索享有优先权,且事前收取的承诺费、担保费等收入可以部分抵补代偿损失,因此引导基金可能承担的风险处于可控范围内。虽然《关于创业投资引导基金规范设立与运作的指导意见》明确指出创业投资政府引导基金"对历史信用记录良好的企业可通过债权融资增强投资能力",受法律、法规和政策的限制较为明显。债券融资方式受到严格管制,贷款担保方式受《贷款通则》第23条限制,即借款人使用贷款不得"增资扩股",我国应当对政府引导基金融资担保方式予以政策性豁免。

3. 用好联合投资方式

联合投资引导方式是指由符合条件的天使投资人和创业投资政府引导基金向受托管理机构共同发起申请,经评审核准后确定两个及以上合作伙伴而进行联合投资的引导方式。联合投资的资金委托专项资金受托管理机构受托管理,由专项资金托管银行托管。❶联合投资方式能够精准引导社会资本流入真正需要扶持的早期企业:(1)政府在联合投资中以"分担风险"为前提,给予

---

❶ 李建良. 创业投资引导基金的联合投资[M]. 北京:社会科学文献出版社,2016:61.

合作伙伴按"原始出资额+资金成本"购买政府所持股权的期权激励;(2)政府在联合投资方式中扮演"跟投者"的角色,出资比例低于合作伙伴,在同股同权原则的基础上,一旦投资成功,合作伙伴的购股期权将导致其潜在收益远超政府❶,联合投资合作伙伴承担的高风险和预期的高收益对等,使之激励约束机制更具质效。联合投资引导方式下引导基金的放大比例较低❷,但共担风险是合作方愿意参与联合投资的主要原因,引导基金的出资比例与风险分担比例呈正相关,若其一味地追求放大倍数,高风险会导致引导基金对社会资本的吸引力下降。

4. 明确风险补助方式

风险补偿方式是指由创业投资政府引导基金发起设立专款专户专用的风险补偿专项资金,对符合条件的基金项目投资损失进行一定额度的补偿。风险补偿专项资金由政府引导基金和商业性创业投资机构缴纳的风险准备金组成。风险补偿方式对申请项目明确限制为早期创新型企业,可以精准引导创业投资资本的流向。2011年《国家科技成果转化引导基金管理暂行办法》将"风险补助"转为"风险补偿",同时规定转化基金的引导方式包括创业投资子基金、贷款风险补偿和绩效奖励等,并设专章详细规定了贷款风险补偿。地方性文件与中央规定有所差异,例如《辽宁省产业(创业)投资引导基金管理办法(试行)》第22条提出,创业投资政府引导基金应有偿使用,但"扶持主要投资初创期企业的创业投资基金"情形被排除在外,导致风险补偿实际效果有限。我国应当完善创业投资政府引导基金的风险补偿引导方式规定,但为确保引导基金的可持续发展,应对风险补偿的资金总额设定一定比例的限制。

五、创业投资政府引导基金的风险管理

为确保创业投资政府引导基金的政策性和商业性双重目标的实现,针对其设立、运营、退出全过程须建立相关风险识别、预警与防范机制。《关于创业投资引导基金规范设立与运作的指导意见》仅在宏观上要求"引导基金章程应当

---

❶ 李建良.创业投资引导基金的引导模式[M].北京:社会科学文献出版社,2016:68-69.
❷ 李建良.创业投资引导基金的联合投资[M].北京:社会科学文献出版社,2016:10.

具体规定引导基金的风险控制制度",但仅是笼统的指导性规定,具体针对性、可操作性不强,若以事前、事中、事后三个阶段为划分,存在前置程序不完善、激励约束效果不强、退出机制不畅通三方面问题。为保证创业投资政府引导基金在法治轨道内顺利地运行,应当针对事前、事中和事后三个阶段建立风险管理的具体程序或机制,形成一个全方位、多层级、全过程的风险管理体系。

(一)尽职调查的风险事前管理

尽职调查应属事前风险管理体系防范的关键一环,是创业投资政府引导基金能否实现预期收益的关键所在。创业投资政府引导基金的尽职调查是指以创业投资政府引导基金的政策目标为导向,按照其总体执行流程的要求,对其意向出资的创业投资子基金所做的全面、翔实、审慎地调查与评估,主要调查内容是基金管理团队的能力、业绩、与其所从事业务的匹配度、与母基金意愿的匹配度,调查结果服务于基金的定量评估和定性评估,以得出基金评级结果,并最终按评级结果在候选基金中筛选出优胜者,构造基金组合,以实现母基金的预期收益目标。[1]在创业投资政府引导基金采取委托管理设立模式的情况下,尽职调查通常由受托管理机构来执行。目前,创业投资政府引导基金尽职调查的政策法规乏善可陈,主要是各地在实践中慢慢摸索经验,造成创业投资政府引导基金双重目标的实现遇到重重障碍。

合理设计的尽职调查内容和程序,能够确保风险管理控制效果发挥到最大程度,应当与创业投资引导基金所采取的引导方式相适应,不宜在立法上采取"一刀切式"规定,应允许各地根据投资政府引导基金的引导方式加以灵活调整。由于我国私募股权基金相对创业投资政府引导基金较为成熟,可以参考其经验,将尽职调查分为以下诸环节:(1)项目开发和筛选,对国内外资本市场动态以及发展趋势进行行业调研,根据所得信息确定可投资的项目;(2)初步尽职调查,对投资项目的价值进行初步评估,了解行业壁垒、行业集中度、市场份额、竞争环境、发展模式以及盈利能力等;(3)组建尽职调查团队进行现场调查,这是全面了解拟投资项目风险和价值的关键环节,尽职调查团队须进行全面、详细的研究,重点在于业务、财务和法律等方面。创业投资政府引导基金

---

[1] 李建良.创业投资引导基金运作的尽职调查与风险防控[M].北京:社会科学文献出版社,2016:12.

作为一类特殊的私募股权投资,由于出资人是政府且具有引导创业投资行业的政策性目标,在尽职调查中还须衡量是否能够实现政策性目标置于商业性目标之前的优先地位,尽职调查内容必须考虑除商业风险之外的其他外部性因素,即投资项目除经济效益外对生态环境、当地民生及整体经济发展等长远影响应纳入考量范畴。创业投资政府引导基金的意义是避免市场天然的逐利性所带来的市场失灵,从而引导创业投资行业以及新兴高新技术等领域的创业企业健康发展,因而应对构成尽职调查前置程序的统一性、强制性的调查内容加以明确规定。

(二)激励机制的风险事中管理

商业性创业投资机构的参与主体主要有私人投资者、创业投资家和创业企业家,他们之间形成了委托代理关系,但政府这一参与人加入创业投资政府引导基金后,委托代理链条更长,创业投资过程中的信息不对称及其引发的激励缺失问题将更加严重。[1]创业投资政府引导基金的目标是为创业企业带来充足的资金流,引导社会资本投向符合本地发展规划的行业,保障创业企业在早期阶段的茁壮成长;创业投资机构出于追求收益最大化,往往选择处于成熟期的、风险相对较低的行业企业,因此两者之间的不一致、不协调以及信息不对称是创业投资政府引导基金运作的重大风险隐患。目前,政府发起创业投资政府引导基金的积极性很高,但具体运作也存在激励不足的问题,例如对创业投资机构和私人投资者的限制性规定较多,却甚少涉及其激励补偿机制,社会资本参与程度较低;明确规定了产业政策目标方向,但贯彻执行力度不强;着重考虑规避财政出资风险,却忽略了对受托管理机构的风险约束。在创业投资政府引导基金中,政府作为创业资本供应者之一,将财政资金委托给管理机构进行运作管理,受托管理机构作为政府的代理人选择合适的创业投资机构,并与其签订投资协议共同成立创业投资基金,负责对创业投资基金的运作进行监督管理,由此在政府与受托管理机构之间形成了第一层委托代理关系。

激励机制对于创业投资政府引导基金运行过程中的风险控制具有关键性意义,通过激励性手段引导创业投资过程中不同参与主体的行为,规避因信息

---

[1] 熊维勤.创业引导基金运作中的激励机制研究[M].北京:经济科学出版社,2013:144.

不对称导致的逆向选择和道德风险,以提高创业投资政府引导基金的资金使用效率,避免财政资金的闲置浪费。创业投资政府引导基金的激励机制建设应当从以下方面入手:(1)激励目标。与商业性创业投资机构不同,创业投资政府引导基金追求双重目标,单纯基于投资回报率的激励模式会强化受托管理机构追求收益最大化的动机,从而忽视创业投资政府引导基金的政策性目标。(2)激励手段。在委托管理机制中,鉴于受托管理机构追求经济目标,应当采取物质激励,即按其管理的创业投资子基金的资本管理总额按固定比例收取管理费,并在此基础上限定私人资本占募集资本总额的比例、投资于政府规定产业或早期阶段创业企业的投资比例等指标。若是相关指标未达成,可在基金管理费中扣除相应比例。这一物质激励手段的目标不含投资收益率,可以避免受托管理机构盲目、片面追求利润最大化,而资本管理金额可以有效激励受托管理机构选择高质量创业投资机构作为合作伙伴,并以政策性指标完成度作为惩罚依据,还能实现引导基金的政策性目标。激励与惩罚相结合的激励手段符合激励机制设计的基本原则,从而降低政府激励成本。❶(3)激励指标。根据不同情况,激励指标的设定可以采用绝对指标和相对指标相结合的方式。绝对指标是设定每一指标的具体数值,但可能存在设定过高或设定过低的问题,难以依据统一、精确的判定标准进行衡量,因此可采用相对指标进行补充,即以其他地区相关指标的完成情况作为基准,再根据本地情况设定相应的对比指标。利用相对指标进行考核在本质上是对受托管理机构实施"比赛式"激励,可以剔除经济环境因素(运气)对基金运作绩效的影响,从而使激励机制的设计完全基于受托管理机构的努力程度。(4)激励补偿。为了不对商业性创业投资产生挤出效应以及实现引导基金的政策目标,引导基金应当对私人资本予以补偿,主要包括亏损保底、亏损补偿、收益补偿、政府收益固定补偿4种方式❷,激励补偿方式应当区分不同的补偿对象而予以选择。

(三)退出机制的风险事后管理

在创业投资政府引导基金的"募集—投资—管理—退出"4大环节之中,退

---

❶ 熊维勤.创业引导基金运作中的激励机制研究[M].北京:经济科学出版社,2013:232.
❷ 熊维勤.创业引导基金运作中的激励机制研究[M].北京:经济科学出版社,2013:172.

出是关键一环。广义上的退出包括项目退出、母基金从子基金中退出以及母基金清算解散三个层面。所谓"功成身退",退出的实质即在于,政策性目标实现后回收财政资金,以实现财政资金的滚动投入、循环使用,这不仅是创业投资政府引导基金按照市场化原则运行的本质要求,更是实现政策性目标避免与民争利的必然选择。财政部《政府投资基金暂行管理办法》除了强制退出情形规定外,只有"适时退出"笼统性规定,各地亦未制定具有针对性的退出方案,例如《辽宁省产业(创业)投资引导基金管理办法》仅规定了出资人强制退出的3种情形。❶2016年《企业国有资产交易监督管理办法》第2条要求企业国有资产的退出应当进场交易,❷但第66条又允许创业投资政府引导基金中国有资产的退出依照有关法律法规的规定予以执行。❸我国应当加强创业投资政府引导基金退出机制的法治建设,废止过时法律文件,解决法律评价冲突、指引作用不强的问题。

目前,我国创业投资政府引导基金主要有通过市场交易所或场外市场退出的公开上市退出和股权转让、清算退出等非公开上市退出两大类退出方式。研究显示,在共计910件政府引导基金退出事件中,以IPO方式实现退出的占比达60%以上;以并购、股权转让以及回购方式实现退出的约占1/3;以借壳、上市后减持、清算方式实现退出的仅占1%左右。❹通过市场交易所退出,即IPO上市,是一种较为理想的退出方式,这充分说明创业投资政府引导基金所筛选项目的价值具有市场认同度,引导基金可"功成身退"。但是,多层次资本

---

❶《辽宁省产业(创业)投资引导基金管理办法》第18条规定,"有下述情况之一的,引导基金可无需其他出资人同意直接退出:(一)投资基金方案批复后超过1年,未按规定程序和时间完成设立的;(二)引导基金出资资金拨付投资基金账户1年以上,投资基金未开展投资业务的;(三)投资基金未按协议约定投资的;(四)其他不符合协议约定情形的。"

❷《企业国有资产交易监督管理办法》第2条规定,"企业国有资产交易应当遵守国家法律法规和政策规定,有利于国有经济布局和结构调整优化,充分发挥市场配置资源作用,遵循等价有偿和公开公平公正的原则,在依法设立的产权交易机构中公开进行,国家法律法规另有规定的从其规定。"

❸《企业国有资产交易监督管理办法》第66条规定,"政府设立的各类股权投资基金投资形成企业产(股)权对外转让,按照有关法律法规规定执行。"

❹清科研究中心.清科2022年度盘点:新设立政府引导基金120支,整合优化成常态[EB/OL].[2023-11-30]. https://free.pedata.cn/1440998437411184.html.

市场体系尚未成熟,创业投资政府引导基金所扶持的企业难以达到上市门槛。2023年开始的股票发行注册制改革正是契机,应借此明确主板、中小板、科创板、创业板等各自定位,使资本市场层次更加清晰分明,为创业投资政府引导基金投资的不同类型创业企业匹配合理的公开上市退出渠道。

此外,我国还应当拓宽并规范创业投资政府引导基金的非公开上市退出渠道:(1)股权转让退出应当健全科学合理的产权评估制度,借力区域性股权交易市场,以保障退出的公开透明。(2)回购退出是指社会资本购入股权以及被投资的企业回购股权,这体现引导基金的引导、扶持产业目的已经实现,目标企业已能够吸引社会资本,应当设立引导基金股份协议回购的准许性条款,允许引导基金投资人为代表的股东与受让方达成股权回购合意,或者允许创业投资政府引导基金在章程中对股份转让另行规定,避免《公司法》第84条❶、第162条❷规定情形的限制。(3)破产清算应当明确政府作为引导基金股东的破产申请主体资格,使政府在濒临破产时能够掌握主动权,减少财政资金亏损。

---

❶《公司法》第84条规定,"有限责任公司的股东之间可以相互转让其全部或者部分股权。股东向股东以外的人转让股权的,应当将股权转让的数量、价格、支付方式和期限等事项书面通知其他股东,其他股东在同等条件下有优先购买权。股东自接到书面通知之日起三十日内未答复的,视为放弃优先购买权。两个以上股东行使优先购买权的,协商确定各自的购买比例;协商不成的,按照转让时各自的出资比例行使优先购买权。公司章程对股权转让另有规定的,从其规定。第71条规定了有限责任公司股权外部转让中,其他股东享有的同意权和优先购买权。同时又允许章程作出另行规定。"

❷《公司法》第162条规定,"公司不得收购本公司股份。但是,有下列情形之一的除外:(一)减少公司注册资本;(二)与持有本公司股份的其他公司合并;(三)将股份用于员工持股计划或者股权激励;(四)股东因对股东会作出的公司合并、分立决议持异议,要求公司收购其股份;(五)将股份用于转换公司发行的可转换为股票的公司债券;(六)上市公司为维护公司价值及股东权益所必需。公司因前款第一项、第二项规定的情形收购本公司股份的,应当经股东会决议;公司因前款第三项、第五项、第六项规定的情形收购本公司股份的,可以按照公司章程或者股东会的授权,经三分之二以上董事出席的董事会会议决议。公司依照本条第一款规定收购本公司股份后,属于第一项情形的,应当自收购之日起十日内注销;属于第二项、第四项情形的,应当在六个月内转让或者注销;属于第三项、第五项、第六项情形的,公司合计持有的本公司股份数不得超过本公司已发行股份总数的百分之十,并应当在三年内转让或者注销。上市公司收购本公司股份的,应当依照《中华人民共和国证券法》的规定履行信息披露义务。上市公司因本条第一款第三项、第五项、第六项规定的情形收购本公司股份的,应当通过公开的集中交易方式进行。公司不得接受本公司的股份作为质权的标的。"

六、创业投资政府引导基金的预算管理

管好国家的"钱袋子"是国家治理的重要抓手,预算管理对财政资金管理具有关键意义。财政资金贯穿创业投资政府引导基金设立、募集、投资、管理、退出的全过程。鉴于预算法在财政法中的宪法性地位,从预算管理入手,建立创业投资政府引导基金出资、执行、公开、绩效的预算管理制度。

(一)创业投资政府引导基金的预算出资管理

财政出资在设立阶段的预算管理缺位将造成"输在起跑线",无法发挥其应有作用。长期以来,预算编制缺乏关于创业投资政府引导基金财政出资的款(项)级科目设计。目前,较为普遍的做法是依照创业政府引导基金对口的行政主管部门编制部门预算,将其财政资金纳入一般公共预算开支,并且不在开支明细中单独列出。《政府收支分类科目》和各级地方政府的财政预算、决算均无反映创业投资政府引导基金出资的科目设置,例如《关于河南省2019年预算执行情况和2020年预算草案的报告》明确显示,河南省2019年新设立了两支规模分别为35亿元和160亿元的政府引导基金,但在河南省政府公开的《2019年省本级一般公共预算支出预算明细表》相关类、款、项等科目均无两个政府引导基金的信息。《政府投资基金暂行管理办法》第3条规定:"本办法所称政府出资,是指财政部门通过一般公共预算、政府性基金预算、国有资本经营预算等安排的资金。"但创业投资政府引导基金中财政出资处于预算监管的真空地带。人大、公众等无法及时有效地获取创业投资政府引导基金的预算公开信息,预算管理的缺位诱发了创业投资政府引导基金的秩序紊乱和功能异化。

以科学的预算编制为基础,细化、透明化、专门化创业投资政府引导基金的预算编制科目设计,配套人大预算审批制度,才能从源头上避免寻租腐败现象的产生和政府财权的滥用。我国应当从以下方面加强创业投资政府引导基金的预算出资管理:(1)采用"零基预算"编制方法。与传统的"增量预算"相比,"零基预算"根据本年度财政需要、经济发展情况等变量进行预算编制,上一年度已形成的预算基数不纳入本年度预算安排的考虑[1],有助于提高预算编

---

[1] 刘醒亚,高静娟,刘守清,等.财政学通论[M].沈阳:辽宁大学出版社,1989:367.

制的科学性和准确度。编制创业投资政府引导基金预算,将财政部门每年财政资金的投入情况、使用情况等清晰地体现在各级政府年度预决算报表和政府引导基金运行报告中,能够督促其加快创业投资战略部署,避免大量财政资金冗余闲置,提高财政资金的使用效率。(2)增加预算编制科目专门化设计。预算编制是政府对财政收支的计划安排❶,引导基金作为一种财政工具,理应细化相关预算编制科目以满足财政民主需要。在现有政府收支分类科目的基础上,按照政府引导基金资金来源,分别在"一般公共预算预算支出功能分类科目项下""国有资本经营预算预算支出功能分类科目项下"增加项级预算科目设计,即根据创业投资政府引导基金的投资领域,在"一般公共预算支出"中与"科学技术支出""文化旅游体育与传媒支出"等类级科目并列的兜底性质"其他类支出"款级科目下,增加"政府引导基金支出"的项级科目,用于统筹安排包括创业投资政府引导基金在内的各类政府引导基金的财政出资。另外,针对具有国有资本背景的投资公司,可在现有"国有资本经营预算支出功能分类科目"中"其他国有资本经营预算"款级科目下,增设针对引导基金的项级科目,将其与财政出资的预算编制区分开而形成政府资本与社会资本的分而治之格局。通过预算款(项)级科目设计,使得政府引导基金中的每笔财政投资在预算体制当中显现出来,从根源上彻底摆脱长久以来引导基金预算管理"真空"的窘境,也为后续民主监督缔造可能。(3)重申人大预算审批职权。人民代表大会制度是我国的根本政治制度,人民代表大会代表人民行使各项民主权利,预算审批权则是人大法定权力之一。引导基金作为引导社会资本流入特定领域的财政资金使用方式,人大对其预算的审批权与对其他财政预算的审批权相同,都是人大预算审批权的组成部分。因此,对于创业投资政府引导基金设立阶段的财政出资,应落实各级人大预算审批制度。

(二)创业投资政府引导基金的预算执行监督

创业投资政府引导基金运行应当接受人大监督,确保预算的贯彻执行及财政资金的合理使用。我国《预算法》第79条规定:"县级以上各级人民代表大会常务委员会和乡、民族乡、镇人民代表大会对本级决算草案,重点审查下列内

---

❶ 刘剑文,熊伟.财政税收法[M].八版.北京:法律出版社,2017:139.

容:(一)预算收入情况;(二)支出政策实施情况和重点支出、重大投资项目资金的使用及绩效情况;(三)结转资金的使用情况;(四)资金结余情况;(五)本级预算调整及执行情况;(六)财政转移支付安排执行情况;(七)经批准举借债务的规模、结构、使用、偿还等情况;(八)本级预算周转金规模和使用情况;(九)本级预备费使用情况;(十)超收收入安排情况,预算稳定调节基金的规模和使用情况;(十一)本级人民代表大会批准的预算决议落实情况;(十二)其他与决算有关的重要情况。县级以上各级人民代表大会常务委员会应当结合本级政府提出的上一年度预算执行和其他财政收支的审计工作报告,对本级决算草案进行审查。"进而确立人大预算监督权的重要地位,明确人大执行监督的内容范围。创业投资政府引导基金中的财政资金作为公共财政体系的组成部分,应当属于人大预算监督的对象。但是,人大预算监督存在专业性不足的问题。人大对创业投资政府引导基金的预算执行监督主要依赖隶属于政府的审计部门提供的相关审计报告,造成人大预算监督权难以发挥的应有作用,容易滋生权力寻租和腐败。

加强创业投资政府引导基金的预算执行监督,重点是人大预算监督能力建设,应当建立人大监督与审计监督的协调机制,做好人大监督与审计监督的动态衔接:一方面,人大要提前参与创业投资政府引导基金的预算审计,人大有权参与预算从编制到执行、决算的各个环节,进而将人大监督的重点落实到审计中;另一方面,审计机关应当加强对人大工作的配合性,注重与人大监督工作相对接,不能使预算"监督列车"的两节"车厢"脱节而越出轨道。提升人大对创业投资政府引导基金的长远之策是优化人大内部组织结构,即在人大内部设立审计机构,由部分具有相关专业能力的人大代表组成,并可以吸纳审计行业专业能力强的高素质人才,专门负责包括创业投资政府引导基金在内的各项预算执行监督,从根源上改变人大预算监督权难以落实的尴尬处境。

(三)创业投资政府引导基金的预算公开管理

"没有预算的政府是看不见的政府",❶预算的公开透明程度是评价国家治理现代化的重要指标,也是预算生命力的源泉。党的二十届三中全会提出"完

---

❶ 刘剑文,侯卓.论预算公开的制度性突破与实现路径[J].税务研究,2014(11).

善预算公开和监督制度"。创业投资政府引导基金出资在预算中编列专门化科目,可以依据《预算法》关于预算公开的规定对引导基金予以预算公开管理。此外,针对创业投资政府引导基金的特殊性可以政府财务报告为载体,对创业投资政府引导基金予以信息公开。政府财务报告是人大行使预算监督权最重要的信息来源,创业投资政府引导基金在政府财务报告中客观、真实、全面的信息披露为人大监督提供了有效机制。目前,政府财务报告普遍存在仅直接给出结果性数据,缺少对中间过程性数据以及数据之间关联性的阐述,且重支出、轻成本倾向较为严重,造成政府财务报告的参考性、清晰度大打折扣。2021年财政部出台《中央部门项目支出核心绩效目标和指标设置及取值指引》中,将"成本指标"层级由二级指标上升为一级指标,"预算成本"的重要性日益凸显。按照政府财务报告编制的权责发生制原则,创业投资政府引导基金的预算成本信息将得到较为清晰明了地公开,成本明细、实际支出等信息有利于人大预算监督权更好发挥作用。

此外,创业投资政府引导基金还可以借助政府信息公开机制实现预算公开管理。阳光是最好的防腐剂,政府信息公开是广泛听取民意、建设民主法治政府的绝佳"助推器"。目前,创业投资政府引导基金的第一手数据被政府掌握,仅有一些零散的信息被公开,创业投资政府引导基金的政府信息公开制度建设较为滞后。在大数据时代,我国应当依托互联网平台推进创业投资政府引导基金信息的透明化,及时、便捷地获取信息有助于社会主体参与监督。相关平台还可以专门开辟公众意见反馈通道,让社会主体可以直接向政府、人大反映创业投资政府引导基金涉及的现实问题或提出专业意见,进而加强对引导基金的预算管理。❶

(四)创业投资政府引导基金的预算绩效管理

2020年修订的《预算法实施条例》第20条对《预算法》中的"绩效评价"予以定义,并且要求预算编制将其结果作为参考依据。❷多个领域的中央与地方财

---

❶ 杨志安,邱国庆.数据开放、社会参与和政府预算监督[J].青海社会科学,2017(6).
❷《预算法实施条例》第20条规定,"预算法第三十二条第一款所称绩效评价,是指根据设定的绩效目标,依据规范的程序,对预算资金的投入、使用过程、产出与效果进行系统和客观的评价。绩效评价结果应当按照规定作为改进管理和编制以后年度预算的依据。"

政事权与支出责任划分方案均明确要求对专项资金进行预算绩效管理,以实现对各级财政资金的全过程预算绩效管理。党的二十届三中全会提出,"加强公共服务绩效管理,强化事前功能评估。"我国预算绩效管理的制度框架已初步形成,但存在预算绩效评价指标体系不完善、绩效自我评价定位不清、内部预算绩效评价客观性不足等问题。预算绩效管理是创业投资政府引导基金法治建设的突破口和风向标,基于预算绩效对于预算管理的引导和塑造功能❶,优化引导基金的预算绩效管理乃是当务之急。

创业投资政府引导基金在本质上是引导创业投资企业为创业早期企业提供资金的政策性基金,相应的绩效指标的设置应注重考虑政策效果❷,坚持以政策性效果为第一本位,例如引入或支持创业早期企业数量、促进科技成果转化量、带动企业创新创业发展程度等指标。同时,作为市场化运行方式的产物,部分商业性、经济性指标当然也应纳入体系,作为吸引社会资本投资的"投名状",但切不可本末倒置,将政策性指标与商业性指标的上下主次位置颠倒。

目前,预算绩效评价体系分为单位自评、部门评价和财政评价三级,创业投资政府引导在实践中往往误用,将单位自评和项目评价等同。我国应当明确单位自评的作用并强化结果应用,以更好发挥其在创业投资政府引导基金绩效评价体系中的先导性作用。与项目评价不同,单位自评是政府部门对创业投资政府引导基金运行的整体性绩效评价,并非针对某一具体投资项目,重点在于对创业投资政府引导基金的预算管理,而非项目价值评估。同时,单位自评结果发挥实效,还必须做好评价结果与第三方绩效评估的动态衔接。第三方绩效评估机构作为独立于政府部门的社会主体,评估过程、结果的客观公正性毋庸置疑,创业投资政府引导基金专门立法应当引入第三方绩效评估,为客观中立的预算绩效评价体系提供强有力的法律支撑。政府部门不可干预第三方绩效评估机构的评价行为与结果;反之,第三方绩效评估机构也要尊重政府部门在绩效评价中的主导地位,二者相互配合,互为补充,共同提升引导基金绩效管理的科学合理性。

---

❶ 刘剑文.财政监督制度变革的法治进路——基于财政绩效的观察[J].中国法律评论,2021(3).

❷ 李建良.创业投资引导基金参股子基金的管理评价方法[M].北京:社会科学文献出版社,2016:20.

第二节　科技创新券

提高科技创新能力不仅关系企业市场竞争力的大小,还是创新驱动发展战略的重要议题之一。科技创新券(InnovationVouchers)是政府为了支持鼓励企业科技创新而免费发放,用以购买各类科技创新服务的权益凭证。科技创新券是财政科技投入方式的重要创新方式,能够解决企业科技创新资源不足的问题,推动科技资源开放共享,加速科研机构科技成果转化,激发全社会创新创业活力,也促进政产学研协同创新发展,形成科技创新资源公平分配的格局,进而营造良好的公平竞争秩序。

一、科技创新券概述

(一)科技创新券的界定

1. 科技创新券的概念

科技创新券,又称"研究券""知识券""科技券"等,作为政府发行的一项"创新货币",是专门用以购买各类科技创新服务的一种权益凭证。[1]江苏省宿迁市最早在国内运用"创新券"。2012年宿迁市政府办公室印发的《宿迁市科技创新券实施管理办法(试行)》第2条规定:"创新券是针对本市企业创新资源缺乏、创新能力不足而设计发行的一种'有价证券',由政府向企业发放创新券,企业用创新券向高校科研院所购买科研服务或购置研发设备后,高校科研院所或企业持创新券到财政部门兑现。"2022年上海市科学技术委员会和上海市财政局印发的《上海市科技创新券管理办法》第2条第1款规定:"本办法所称科技创新券,是指利用市级财政科技资金,支持科技型中小企业、创新创业团队向服务机构购买专业服务的一种政策工具。创新券采用电子券形式,由企业(团队)申领和使用。"总之,经由企业向有关部门提出申请,有关部门对具备相应条件的企业发放科技创新券,企业再以科技创新券方式向科技服务机构购买科技服务,科技服务机构提供科技服务后向政府有关部门申请兑付科

---

[1] 郭铁成.中小企业创新中的市场失灵问题之解——"创新券"政策运行机制与工具构成[J].人民论坛·学术前沿,2013(24).

技创新券。

2. 科技创新券的类型

按照使用的企业数量,科技创新券可分为单一券和联合券,爱尔兰、荷兰就采取此种分类。单一券面额较小,又称小额券,提供给以研究为基础的商业发展项目,用来解决单个企业的技术创新问题。联合券面额较大,又称大额券,主要提供给较大型研发合作项目,用来解决若干企业共性的技术创新问题。爱尔兰一份单一券的价值是5000欧元,联合券采取若干单一券联合使用的方式,最多可将10家公司的单一券合并起来,最高价值可达5万欧元;荷兰单一券的最高面值为2500欧元,联合券针对的是一个较大项目,参加的企业联合填写一张表格提交申请,最高价值也为5万欧元。

按照科技创新的任务性质和出资比例,科技创新券可分为基本券和扩展券,丹麦就采取此种分类。基本券确保知识从研究阶段转移到中小企业,促进技术向企业转移,全部或较大部分由财政拨款;扩展券主要提供给较大型的研发合作项目,用于找到现有产业技术问题的新的解决方法,需要企业提供一定配套投入。

按照支持领域的不同,科技创新券可分为一般券和专项券。一般券面向所有技术领域;专项券面向特定技术领域。瑞士联邦创新促进机构为促进本国清洁技术的发展,在2010年推出了专项券,专门用于"清洁技术"领域的科技创新。❶我国还推出了专门针对新技术、新产业、新业态、新模式创新的"四新券"。❷

根据支持服务内容的不同,科技创新券可分为奖补类创新券和服务类创新券。宿迁市采取此种分类。奖补类创新券针对全市涉企政策中对科技创新的奖补;服务类创新券主要面向国家高新技术企业、农业产业化重点龙头企业、市工业企业50强企业,支持建设省级及以上研发机构和购买高新技术、高科技成果、高价值专利、柔性引进高层次人才以及与科技创新直接相关的实验、检测、咨询、审计等服务。

---

❶ 郭铁成,郭丽峰.创新券:以用户为导向[J].高科技与产业化,2012(10).

❷ 倪晓杰,胡京慧,陶凌峰,等.科技创新券在新技术、新产业、新业态、新模式上的应用[J].中国科技论坛,2017(11).

3. 科技创新券的特征

科技创新券作为一项政府支持企业科技创新的政策工具,呈现主体普惠性、范围广泛性、需求导向性等特征。

第一,主体普惠性。科技创新券的主体普惠性体现在发放对象和服务主体两个方面。科技创新券的发放对象具有普遍适用性。科技创新的传统扶持对象是大型企业,即便科技扶贫资金也往往投放给落后地区的较强企业,主要解决的是科技创新的重点突破、跨越发展问题,但由此产生大企业越来越强、中小企业生存越来越艰难的局面。科技创新券要解决的是普遍创新、全面发展问题,是推动大众创业、万众创新的重要举措,主要发放对象是科技型中小企业以及创新创业团队。2017年科技部、财政部、国家税务总局发布的《科技型中小企业评价办法》第6条[1]较为详细地规定了科技型中小企业须同时满足的条件,而创新创业团队一般要求仅为入驻科技企业孵化器、大学科技园或众创空间,且尚未在注册成立企业的创新创业团队。科技创新券的服务主体也具有普遍适用性,承接科技创新券服务的机构一般为高等院校、科研院所、企业研发机构、检测机构等公共研究机构和具有一定研发能力的大企业,并且随着科技创新券服务范围的不断扩大,提供科技创新服务的主体相应也越来越多。

第二,范围广泛性。科技创新券的服务范围具有广泛性。早期的科技创新券仅是企业购买科研部门的研发活动,主要围绕科技创新的测试检测、技术研发、技术解决方案等"硬"创新领域。随着各国各地区科技创新券的广泛应用,服务范围上也从"硬"创新逐渐扩展至"软"创新。例如,新加坡在2009年推出的科技创新券仅包括技术创新领域,2012年后扩展至生产率、人力资源和财务

---

[1]《科技型中小企业评价办法》第6条规定,"科技型中小企业须同时满足以下条件:(一)在中国境内(不包括港、澳、台地区)注册的居民企业;(二)职工总数不超过500人、年销售收入不超过2亿元、资产总额不超过2亿元;(三)企业提供的产品和服务不属于国家规定的禁止、限制和淘汰类;(四)企业在填报上一年及当年内未发生重大安全、重大质量事故和严重环境违法、科研严重失信行为,且企业未列入经营异常名录和严重违法失信企业名单;(五)企业根据科技型中小企业评价指标进行综合评价所得分值不低于60分,且科技人员指标得分不得为0分。"

管理等领域,基本囊括了企业从科技竞争到市场竞争全链条的关键要素,全面提升企业的核心竞争力。[1]在我国,科技创新券的应用范围也在不断扩大,逐渐覆盖技术、知识和技能等领域,例如2022年《上海市科技创新券管理办法》第2条第2款明确列举了科技创新券的服务范围包括了科技创新过程中所需要的战略规划、技术研发、技术转移、检验检测、人才培养、资源开放等服务。

第三,需求导向性。因为政府掌握着科技创新资源,中小企业若想获得科技创新资源必须考虑政府偏好,只有符合政策导向的企业或项目才可能获得资金支持,这种传统科技创新资源分配方式具有明显的供给导向性。与其他财政拨款、政府外包合同不同,科技创新券发放对象只基于自身需求而购买科技创新服务,不再将精力过度放在政府偏好上,"购不购买""何时购买""购买什么服务"均由企业自主决定。科技创新券设计的使用主导权掌握在企业手中,具有需求的导向性,充分体现了企业科技创新的主体地位,能够真正满足企业对科技创新的需求。

(二)科技创新券的功能

1. 弥补中小企业的科技创新资源

对一个国家自主创新能力的评价不取决于长板,而决定于短板。中小企业量大面广,但准入门槛较低,鱼龙混杂,存在产权过度集中、创新资源明显不足、经济实力较为有限、信用观念较差、创新管理能力较弱、创新支撑体系不健全等问题,在市场竞争难以获得政府以及科技服务机构的科技创新资源支持。为了更好发挥政府对科技创新的推动作用,不仅要关注大企业、大项目,更要关注中小企业的科技创新的发展。党的二十届三中全会提出,"向民营企业进一步开放国家重大科研基础设施",科技创新券发放对象主要以中小企业为主,且申请门槛较低,往往经申请即可获得。中小企业更容易获得科技创新券支持,以此向相关科技服务机构购买科技创新服务或购置科技创新设备,有助于企业激发创新活力和提高市场竞争力。

---

[1] 郭铁成,骆庆生.新加坡的创新券实践[J].高科技与产业化,2014(2).

2. 提高科技创新资源的配置效率

政府的传统科技创新资源配置主要体现以政府意志的导向为主,而科技创新券是以需求为导向的,能够有效优化科技资源配置各个环节,实现科技创新资源的最大化利用。一方面,科技创新券避免了科技创新资源的浪费。科技创新券的项目基于企业科技创新的现实需求,具有明显的针对性,几乎不会产生闲置的科研成果,从而在根本上解决了科技创新成果转化难的问题。另一方面,科技创新券能够提高政府出资的研发资金使用效率。科技创新券作为一种权益凭证,专款专用,不能流通、交易或让渡,只能用于购买科技创新服务或购置科技创新设备,解决科研经费使用存在的虚假发票、虚假报销的问题,避免财政科技投入的流失❶,确保财政资金落到实处,更好地发挥财政资金的杠杆作用。如果中小企业未在规定期限内使用科技创新券,也不会造成财政科技投入的浪费。❷此外,科技创新券因其申请时间较短,申请程序较为简单,资金兑现较易实现等特点,能够直接实现政府、企业和科技服务机构之间的良性互动,也在一定程度上提高了科技创新资源配置的效率。

3. 促进政产学研协同创新发展

政产学研协同创新一直都是各国提高自主创新能力的重点。政产学研协同创新要求快速凝聚政府、产业、高校和科研机构的各类科技创新资源,推动从知识生产到知识商业化各环节相互耦合,有效解决科技创新与经济发展"两张皮"的问题。❸科技创新券实现政府对科技创新资源投入方式的变革,改变了科技创新体系中各方主体之间的关系,具体来说:(1)政府与企业之间由原来的政府直接财政补贴和企业被动接受的关系转变为政府鼓励企业根据自身需要购买科技创新服务的关系,进而充分发挥了政府在鼓励、支持、引导企业

---

❶ 张玉强.创新券对科技资源配置的优化研究——基于体系、机制和效果的视角[J].科技管理研究,2015(23).

❷ 郭铁成.中小企业创新中的市场失灵问题之解——"创新券"政策运行机制与工具构成[J].人民论坛·学术前沿,2013(24).

❸ 石琳娜,陈劲.基于知识协同的产学研协同创新稳定性研究[J].科学学与科学技术管理,2023(9).

科技创新上的作用;(2)政府与科技服务机构之间由原来的政府支持科技服务转变为政府购买科技服务的关系,政府在企业与科技服务机构之间搭建市场的桥梁,提高了科技服务机构主动向企业提供科技服务的积极性,也使科技服务机构更加关注应用研究,注重自身科研成果的转化;(3)企业与科技服务机构双方民事主体因科技创新券的发放、兑现和保障,彼此了解更为透彻,研究更为契合,合作更为紧密,有效地促进了科技成果创新、转化及产业化。科技创新券使得政府、企业、高校、科研机构发挥各自的能力优势、聚集更多的科技资源并予以互补整合,充分调动各方主体的积极性和创造性,共同推动科技创新及其相关产业升级,进而提高科技创新能力和核心竞争力。[1]

(三)我国科技创新券的法律现状

1. 科技创新券的有关规定

2023年9月27日,世界知识产权组织(WIPO)发布的《2023年全球创新指数》显示,中国在全球最具创新力的经济体中排第12名,也是全球创新指数前30名中唯一的中等收入经济体。虽然我国科技创新能力建设在近年来取得重大成就,但创新驱动发展面临科技成果转化率不高的瓶颈。科技创新券作为突破这一瓶颈的重要措施,受到越来越广泛的关注,中央和地方各级政府出台了大量的科技创新券相关规定。

在中央层面上,2015年《国务院关于大力推进大众创业万众创新若干政策措施的意见》(国发〔2015〕32号)提出"研究探索创业券、创新券等公共服务新模式。有条件的地方继续探索通过创业券、创新券等方式对创业者和创新企业提供社会培训、管理咨询、检验检测、软件开发、研发设计等服务,建立和规范相关管理制度和运行机制,逐步形成可复制、可推广的经验"。为推动县级科技创新发展,2017年《国务院办公厅关于县域创新驱动发展的若干意见》(国办发〔2017〕43号)提出,"鼓励有条件的县(市)采取科技创新券等科技经费后补助措施,支持小微企业应用新技术、新工艺、新材料,发展新服务、新模式、新业态,培育一批掌握行业'专精特新'技术的科技'小巨人'企业"。2017年《国

---

[1] 陈劲,阳银娟.协同创新的理论基础与内涵[J].科学学研究,2012(2).

务院关于印发"十三五"促进就业规划的通知》(国发〔2017〕10号)提出,"研究探索通过'创业券''创新券'等方式提供创业培训服务"。为促进科技资源共享,2018年《国务院关于全面加强基础科学研究的若干意见》(国发〔2018〕4号)提出,"发挥创新券在促进科研设施与仪器开放共享方面的作用,强化法人单位开放共享的主体责任和义务"。为推动科技创新券跨区域使用,《国务院关于印发进一步深化中国(广东)自由贸易试验区改革开放方案的通知》(国发〔2018〕13号)提出,"创新粤港澳科技合作机制。推动地方创新券和科研经费跨粤港澳三地使用"。此外,2021年全国人大通过《国民经济和社会发展第十四个五年规划和2035年远景目标纲要》在"完善城镇化空间布局"一章明确提出,"推动科技创新券通兑通用、产业园区和科研平台合作共建"。

在地方层面上,在2012年江苏省宿迁市率先实施科技创新券并取得良好效果后,各省市陆续出台科技创新券相关政策文件(表1-5),主要体现为两种形式:(1)颁布覆盖科技创新券运行全过程的综合性文件,例如《上海市科技创新券管理办法》(沪科规〔2022〕11号)、《黑龙江省科技创新券管理办法(试行)》(黑科规〔2022〕6号)等;(2)颁布科技创新券部分内容的地方工作文件,例如《上海市科学技术委员会关于兑付2023年度第五批科技创新券(技术服务类)的通知》(沪科〔2023〕440号)、《南宁市科学技术局关于印发南宁市科技创新券第九批创新服务提供机构入库名单的通知》(南科通〔2022〕168号)等。

截至2023年12月,共计23个省、自治区、直辖市出台了现行有效的130个地方规范性文件,31个省、自治区、直辖市出台了现行有效的470个地方规范性文件。其中,2022年出台的科技创新券地方规范性文件最多,达24个;山东省出台的科技创新券地方规范性文件最多,达22个。在内容上,科技创新券地方规范性文件大多包含了科技创新券的指导思想、定义、基本原则、运行模式、申领对象与服务机构、支持范围与额度、申领、使用与兑付、管理与监督等内容,并根据自身实际情况予以不同规定。

表 1-5 科技创新券的地方规范性文件

文件名	发文文号	制定机关	施行日期
安徽省科技创新券管理办法（试行）	皖科资〔2023〕12号	安徽省科学技术厅、安徽省财政厅	2023年10月24日
首都科技条件平台与科技创新券实施办法（修订版）	京科发〔2023〕16号	北京市科学技术委员会、北京市中关村科技园区管理委员会	2023年10月1日
贵阳贵安科技创新券管理办法	筑科通〔2023〕22号	贵阳市科学技术局、贵安新区科技创新局、贵阳市财政局、贵安新区大数据和信息化局、贵州贵安新区管理委员会工业和信息化局、贵安新区管理委员会财政金融工作局	2023年7月24日
陕西省科技创新券工作指引（检验检测类）（试行）	陕科办发〔2023〕17号	陕西省科学技术厅	2023年2月1日
上海市科技创新券管理办法	沪科规〔2022〕11号	上海市科技委员会、上海市财政局	2023年1月1日
关于促进长三角科技创新券发展的实施意见	沪科合〔2022〕19号	上海市科学技术厅、江苏省科学技术厅、浙江省科学技术厅、安徽省科学技术厅	2022年8月22日
海南省科技创新券管理办法	琼科规〔2022〕9号	海南省科学技术厅、海南省财政厅	2022年4月8日
宿迁市科技创新券实施管理办法修订版	宿科发〔2022〕2号	宿迁市科学技术局、宿迁市财政局	2022年1月11日
宁夏回族自治区科技创新券管理办法	宁科规发〔2021〕8号	宁夏回族自治区科学技术厅、宁夏回族自治区财政厅	2021年7月9日

2. 科技创新券的实施现状

2012年,江苏省宿迁市率先推出了科技创新券,并出台了《宿迁市科技创新券实施管理办法(试行)》,对管理机构及职责、资金来源及科技创新券形式、支持对象与方式、申请与发放、兑现程序与要求以及绩效考核等作了专门规定。在管理机构上,宿迁市政府设立了宿迁市创新券管理委员会作为全市科技创新券的最高管理机构,并在宿迁市科技局下设创新券管理委员会办公室,负责管理委员会的日常事务等工作,同时成立了宿迁市创新券营运管理中心,挂靠在宿迁市生产力促进中心,负责科技创新券日常营运和管理。宿迁市财政局则是全市科技创新券资金的监管部门。在资金来源上,科技创新券资金来源于宿迁市科技创新专项资金、宿迁市新兴产业引导资金、新型工业化专项资金以及县区财政配套资金。区财政按与宿迁市财政5∶5的比例进行资金配套,县财政按与宿迁市财政8∶2的比例进行资金配套。科技创新券的应用范围限于本市企业向高校科研院所购买技术服务和技术成果及企业建设研发机构添置研发设备等。科技创新券的面额为1万元,有效期为2年,逾期不可兑现。创新券管理委员会对骗取科技创新券的企业和科研机构,注销其科技创新券,追回骗取资金,在3年内不再给予各级科技项目和政府各类奖补资金支持,并保留进一步追究法律责任的权利。在科技创新券开展第一年,宿迁市分三批向1016家企业、园区、服务机构下发了6372.4万元科技创新券,共137个项目兑现了科技创新券1026万元,带动科技投入1.32亿元,取得良好的成效。[1]

自2012年江苏省宿迁市引入科技创新券并取得成效后,科技创新券在全国范围内逐渐推广开来。2013年浙江省湖州市长兴县开始实行科技创新券,并首创了国内科技创新券的跨区域流通。长兴县科技局与上海市研发公共服务平台管理中心主动对接并签署合作协议,确定区域科技资源共享战略,充分利用上海及整个长三角地区丰富的研发资源,解决长兴县本地中小企业科技创新资源不足等问题。长兴县成立长兴科技服务中心,负责上海研发公共服务平台、浙江省科技创新云服务平台和江苏省大型科学仪器设备共享服务平台的企业需求受理反馈、业务数据对接、专家指导培训、平台资源拓展等工作。

---

[1] 彭春燕,郭铁成,曹爱红.创新券在我国首次实践的经验和启示[N].中国科学报,2013-10-28(8).

长兴县针对科技经费存量、增量的不同情况将科技创新券分为申请类创新券和奖补类创新券,并将大型科学仪器设备共享使用、租用、文献检索查新、产学研合作、产品标准制定、工业设计、企业高层次科技人才引进、研发设备及配套软件购置等科技活动产生的费用都纳入了使用范围。[1]

2015年,上海科学技术委员会正式推出科技创新券,最大亮点在于上海科学技术委员会开发上海研发公共服务平台,科技创新资源汇集整合到互联网平台上,采取"互联网+科技服务+创新券"市场化的模式运行,即上海研发公共服务平台把增值业务外包给第三方科技电商服务平台——牵翼网(https://www.qwings.cn),该网站负责对科技创新券实施标准化管理。针对供给端的上海研发公共服务平台,牵翼网从企业需求的角度具体描述科技服务项目的相关内容,解决了服务项目标准不规范、信息不对称、价格不透明等问题。针对需求端的企业,牵翼网提供信息检索、咨询、下单、交易、评价等全过程的服务,大幅度提高供需双方磋商效率。此外,上海科学技术委员会将大型仪器和科技研发技术服务纳入科技创新券的服务范围。

在扩大科技创新券辐射范围上,长三角地区发行的科技创新券具有代表性。2021年,上海市科学技术委员会、江苏省科学技术厅、浙江省科学技术厅、安徽省科技厅以及长三角生态绿色一体化发展示范区执委会等五部门发布《关于开展长三角科技创新券通用通兑试点的通知》,依托长三角科技创新券通用通兑平台(http://kjq.csjpt.cn/),在上海市青浦区、江苏省苏州市吴江区、浙江省嘉善县、安徽省马鞍山市试点地区探索实行长三角区域创新券通用通兑。《长三角科技创新共同体建设发展规划》也提出了鼓励三省一市共同设立长三角科技创新券,支持科技创新券通用通兑,实现企业异地购买科技服务,提升科技创新券服务系统信息化与智能化服务水平,加强各省市科技资源共享服务平台联动。在资金兑付上,分为两种办法供试点区域选择:一是通用模式,由企业申领、企业兑付,即企业先期全额支付服务费用,待服务履行完成后按核定金额兑付给企业;一是通兑模式,由企业申领、机构兑付,即企业支付部分服务费用,剩余部分以科技创新券方式兑付给服务机构。截至2023年12月20

---

[1] 袁永.国内外科技创新券制度分析及对策建议研究[J].决策咨询,2016(3).

日,在长三角科技创新券通用通兑平台上共开展了11 942项科技创新服务,提供了34 953台大型仪器,有1380家符合要求的服务机构,企业在平台上共计下单金额已经达到259 361 815.44元。❶

二、科技创新券的国外实践

(一)荷兰的创新券实践

荷兰是最早实行科技创新券的国家。1997年,荷兰林堡省出台了"研究券"(Research Vouchers)用于鼓励企业参加知识转移。2004年,为了推动中小企业与公共科研机构之间的知识转移与知识开发,荷兰经济事务部(Dutch Ministry of Economic Affairs)推出了创新券试验计划(Subsidy Scheme Pilot Innovation Vouchers 2004),由其下属的创新与可持续发展局负责管理全国范围内的创新券申领和兑现。

申请创新券的企业必须符合欧盟对中小企业定义的要求,此外除了从事初级农业、渔业、水产业的生产加工或销售的企业外,中小企业在3年内须未接受超过92 500欧元的财政补贴。❷提供服务的科研机构仅限于公共或者半公共的科研机构、部分研发投入超过6000万欧元的大公司以及国外公共科研机构,应当具有提供高质量科研服务的实力。创新券分为单一券和联合券:单一券用来解决单个中小企业发展的技术问题,最高面值为2500欧元;针对较大型项目的联合券由参与企业联合填写一张表格申请补助金,最高面值为50 000欧元。中小企业向创新与可持续发展局提交申请材料,创新与可持续发展局按照"先到先得"的原则将创新券分配给符合条件的企业。为了吸引中小企业的参与,提供服务的科研机构也会采取更多优惠措施,例如荷兰代夫特理工大学、爱因霍芬科技大学和文特大学宣布提供奖券面值1倍及以上的服务。

荷兰中央计划局在2004年从1044家申请创新券的中小企业中随机抽取了600家企业进行调查,从知识产业化项目数量的影响(创新券在一定时期内是

---

❶ 长三角科技创新券通用通兑平台[EB/OL].[2024-03-02]. http://kjq.csjpt.cn/.

❷ 王韧,吴瑶,黄明焕,等.国外政府支持中小企业创新的制度研究——以荷兰创新奖券制度为例[J].科技管理研究,2008(10).

否激励了中小企业委托公共科研机构中开展更多的项目)、知识转换项目规模的影响(创新券能否激励中小企业委托公共科研机构开展更大的项目)、知识产业化速度的影响(创新券能否推动公共科研机构运用知识解决应用型问题的项目的实施)等方面对科技创新券制度进行全面评估❶。通过专项评估后,得出"创新券整体实施效果良好"的结论。❷

(二)新加坡的创新与能力券实践

为了促进中小企业的发展,新加坡政府在2000年制定《新加坡中小企业21世纪10年发展计划》。其中,最具代表性的是2009年新加坡标准、生产力与创新局(Standards, Productivity and Innovation Board, SPRING)在试点地区推出了创新券(Innovation Vouchers Scheme, IVS)政策。随着应用领域的不断扩大,2012年"创新券"正式更名为"创新与能力券"(Innovation and Capability Voucher, ICV),旨在全面提升中小企业经营的效率和生产力。

新加坡的创新与能力券的应用领域极其广泛。创新券在2009年刚推出时,应用范围仅包括技术创新领域。为全面提升中小企业的能力,创新与能力券的应用范围从"硬"创新领域,即技术创新领域,在2012年扩展至生产率、人力资源和财务管理等"软"创新领域:(1)购买生产率领域的创新与能力券主要包括ISO9001认证、危害分析及关键点控制、中小企业能力改进、服务诊断、暗访调查、服务改进、生产率诊断和检测、生产率提高项目、标杆管理、能源效率检测等10项服务;(2)人力资源领域的创新与能力券具体包括人力规划、人才招聘与评选、员工薪酬与福利、企业绩效管理、员工培训与发展、员工职业生涯管理等6项服务;(3)财务管理领域的创新与能力券具体包括计划与预算、资金流动与营运资金管理、财务控制、财务评估和发展规划等4项服务。❸能够申请创新与能力券的企业遍布生物医学、化学材料、环境保护、信息工程、物流和交通运输等各行各业,中小企业可以根据自身企业发展有针对性地选择相关服

---

❶ 王韧,吴瑶,黄明焕,等.国外政府支持中小企业创新的制度研究——以荷兰创新奖券制度为例[J].科技管理研究,2008(10).

❷ 江永清.创新券:发达国家购买服务支持创新创业的重要举措[J].中国行政管理,2017(12).

❸ 郭铁成,骆庆生.新加坡的创新券实践[J].高科技与产业化,2014(2).

务项目,以弥补自身的差距。

新加坡的创新与能力券在运行上也较为完善。新加坡对创新与能力券申请者的资格和条件采取较为宽松的政策,给予普惠性扶持。满足"在新加坡注册,且在新加坡经营,拥有30%以上本地股权、年销售额不超过1亿新元或全体雇员不超过200名"的中小企业,均可向SPRING申请创新与能力券。SPRING在网站上公布提供科技服务的知识机构名录,中小企业与服务项目的提供者协商一致,通过创新与能力券门户网站在线提交申请。在项目结束之后,由中小企业与服务项目的提供者共同向标新局提交结项材料,且双方签字才生效。为了配合创新与能力券的有效实施,新加坡制定了一些辅助计划:(1)成长企业科技提升计划,帮助中小微企业能够利用到公共部门的研发资源和人才,协助其提升科研能力;(2)科技创新计划(Technology Innovation Program,TIP),企业可以申请政府津贴开展科技创新项目,协助提升应用科技的能力;(3)能力发展计划(Capability Development Scheme,CDS),旨在对中小微企业在流程改善、能力提升以及新业务开拓等领域提供资助;(4)科技企业商业化计划(Technology Enterprise Commercialization Scheme,TECS),协助中小微企业与科技"配对",中介将与科技研究局的研发机构及其他政府机构合作,通过技术转移,协助企业采用科技提高生产力。❶

企业在一个领域只可以申请2张创新与能力券,若是在此领域仍有需求,则可申请SPRING出台的其他资助项目❷,例如工具包项目。工具包项目包括了顾客服务工具包、财务管理工具包以及生产力工具包等,企业能够获得更专业、更有针对性的服务。此外,在创新与能力券完成后,一些知识机构需要提供项目跟踪服务,例如在人力资源领域,按照结项要求,企业在项目完成后的3个月内能够获得5个小时以上的跟踪服务;在技术创新领域,根据结项要求,服务提供者要为企业制定跟踪服务计划。❸

---

❶ 肖久灵,汪建康.新加坡政府支持中小微企业的科技创新政策研究[J].中国科技论坛,2013(11).
❷ 郭铁成,骆庆生.新加坡的创新券实践[J].高科技与产业化,2014(2).
❸ 郭铁成.中小企业创新中的市场失灵问题之解——"创新券"政策运行机制与工具构成[J].人民论坛·学术前沿,2013(24).

(三)爱尔兰的创新券实践

为了在公共知识提供者和小企业之间建立联系,创造创新文化的交互途径,支持小企业提高创新能力,创新知识经济的发展,爱尔兰国家企业发展局(Enterprise Ireland)推出了创新券。

除农业和运输业外,规模小于50人或年营业额或资产总额不超过1000万欧元,或者不超过250人的规模但营业额小于5000欧元,资产不超过4300万欧元,同时在过去的5年没有受到相关投资研发项目的资助,在爱尔兰注册的企业均可以申请创新券。可以由单个企业申请,也可以由多个企业共同申请。国家企业发展局提供并发布申请时间表,一个企业一次只能申请一项创新券,企业在规定的时间内提交申请书后由国家企业发展局最终确定创新券的发放。❶申请书上需要载明企业的详细信息、要解决的技术问题、对技术提供者的要求以及技术领域等内容。其中,企业应当声明项目研发经费总量没有突破过去3年内收到20万欧元的最低援助限制。

爱尔兰单一券式的创新券面额为5000欧元,联合券最高面额为50 000欧元,最多可将10家企业的单一券合并起来使用。爱尔兰创新券涵盖了新产品设计或者开发、新研究或改善生产过程、新服务开发、新服务交付和客户界面、初期研究或者文献调研、新的商务模式策划、创新管理专门训练、创新或技术审核、试验测试或者测量等10个领域。政府支付创新券的费用中不包含培训费、实习费、软件购买费、广告销售活动费用等。爱尔兰国立艺术设计学院表示,企业可以通过若干持续性的创新券得到学院提供的持续性改进方案,并在网上向企业展示其可以提供创新服务的具体领域,为中小企业寻求服务提供详细信息。❷

为确保创新券的公平公正,在创新券确定之前,国家企业发展局会联系申请创新券的中小企业讨论有关信息内容,除了1997年和2003年《信息自由条例》另有规定外,企业发展局不发布申请书中涉及的保密或商业敏感的信息内

---

❶ 王咏红,郑加强,朱长会.爱尔兰创新券分析及基于需求创新券探讨[J].科技与经济,2009(5).

❷ 郭铁成.中小企业创新中的市场失灵问题之解——"创新券"政策运行机制与工具构成[J].人民论坛·学术前沿,2013(24).

容。若是企业发展局考虑公布相关信息,企业有权要求该决定须经信息委员会审阅,国家企业发展局也会定期公布完成创新券项目的企业名单。❶

三、科技创新券的应用范围

相对于企业对于科技创新服务的需求越来越广,科技创新券存在应用适用范围较窄的问题,亟待拓宽科技创新券的申领主体、支持项目,并推进跨区域通用通兑。

(一)科技创新券的申领主体

目前,科技创新券的申领主体一般规定为科技型中小企业和创新创业团队。例如,《上海市科技创新券管理办法》第6条规定:"申领创新券的企业,应当是注册在本市的法人或非法人组织,符合《科技型中小企业评价办法》(国科发政〔2017〕115号)中关于科技型中小企业的评价要求。申领创新券的团队,应当是已入驻本市科技企业孵化器、大学科技园或众创空间,尚未在本市注册成立企业的创新创业团队(核心成员不少于3人)。"但是,对科技创新服务的需求不仅只有上述主体,一些非科技型中小企业因无法申领科技创新券,而无法享受政府支持科技创新带来的福利。

我国可以参考国外实践经验,放宽科技创新券申领条件,纳入非科技型中小企业,即中小企业只要有科技创新需求的,无论是否属于科技型中小企业,均可以申领科技创新券。对于中小企业认定具体可以参考《中小企业划型标准规定》关于中小企业的相关标准。凡是符合条件且有创新需求的企业均可以在科技共享平台上提交申请,相关部门在平台上对科技创新券申报材料及相关证明材料进行核准,采取电子券形式发放科技创新券,以减少申请程序、加快申请审核。但是,对于通过虚报、冒领等手段骗取科技创新券,或者违反科技创新券其他法律规定的主体,将纳入失信企业黑名单中,不得再次申领科技创新券项目。

---

❶ 王咏红,郑加强,朱长会.爱尔兰创新券分析及基于需求创新券探讨[J].科技与经济,2009(5).

(二)科技创新券的支持项目

目前,我国绝大部分地区的科技创新券支持项目较少,难以满足中小企业科技创新的需求。例如,2022年《湖北省科技创新券管理办法(试行)》第8条规定,"支持范围。大型科学仪器共享、检验检测、研发服务等科技创新服务活动。具体服务事项应与科技创新活动密切相关,主要包括:(1)大型科学仪器设施共享:委托分析、测试服务、委托实验、验证服务等。(2)检验检测:依照法律法规或者强制性标准要求开展的强制检测和法定检测等其他商业活动除外的产品性能测试、材料性能测试、指标测试、标准系统定制、软件测评、集成电路封装测试等。(3)研发服务:工业产品、工艺设计与服务、集成电路设计、计算服务等,已获得上年度省级科技项目资金支持的项目不得重复申请支持。"但是,中小企业对于科技创新服务的需求已局限于研究开发、科技咨询、检验检测、认证服务等"硬"创新领域。

我国可以参考新加坡创新与能力券做法,将科技创新券的服务范围拓宽至"软"科技创新领域,将生产率、人力资源和财务管理等领域纳入支持项目,科技创新券的支持项目具体为以下3个方面:(1)以《国务院关于加快科技服务业发展的若干意见》(国发〔2014〕49号)规定的科技服务9大领域,即研究开发、技术转移、检验检测认证、创业孵化、知识产权、科技咨询、科技金融、科学技术普及等专业科技服务和综合科技服务为参考,各省市主管部门根据本地区经济发展、产业水平的实际情况从中选取并适当拓宽科技创新券的支持项目;(2)依据《技术合同认定登记管理办法》(国科发政字〔2000〕063号)、《技术合同认定规则》(国科发政字〔2001〕253号)相关规定,将技术开发、技术转让、技术咨询、技术服务等纳入科技创新券的支持项目;(3)依据《国家重大科研基础设施和大型科研仪器开放共享管理办法》(国科发基〔2017〕289号),将科研设施和科研仪器开放共享服务纳入科技创新券的支持项目。

由于中小企业的科技创新需求多种多样,若是为满足中小企业多样化需求而将支持项目扩得太泛,管理成本、运行风险都会随之升高,也违背了科技创新券设立的初衷。对于检验检测、研究开发等与企业科技创新活动关联性较强、已标准化、易于管理的科技服务,可以直接纳入支持项目;对于企业需要但难以标准化的科技服务,可以根据实践情况,通过服务清单形式合理纳入支持项目,并对其予以较为明确地界定。❶不易管理的科技创新服务,不应当纳入科技创新券的资助项目,而是采取其他财政补贴方式。此外,对于一个项目已获得过其他财政资金资助的,也不再纳入科技创新券的申领范围内。

(三)科技创新券的跨区域通用通兑

目前,大多数科技创新券具有较强的属地限制,即中小企业及服务机构须在本区域内注册,服务过程与补贴资金的管理也须在本区域内进行,仅有长三角地区、京津冀地区等少部分地区采取了科技创新券跨区域使用。这极大地限制了中小企业异地获取科技创新服务的需求,也降低了科技创新券的使用效能,甚至可能存在地方保护主义,严重妨碍市场公平竞争。即使在可以跨区域通用通兑科技创新券的地区,虽然出台了《关于开展长三角科技创新券通用通兑试点的通知》《关于促进长三角科技创新券发展的实施意见》等地方规范性文件,但仍停留在互认互通的阶段,存在各地审核标准不一致、使用和兑付的管理流程不统一等问题,有的地区还受财政限制,不支持跨区域兑付。为了方便科技创新券的管理,各地大多自行建立了地区性科技创新服务平台,但各地区平台之间衔接并不通畅。

我国应当借助科技创新券跨区域通用通兑,推动跨行政区域的科技资源共享,实现科学技术转移的服务一体化、政策协同化、流程标准化,可以采取以下措施:(1)建立跨区域科技创新券通用通兑工作领导小组,并下设管理办公室。领导小组负责顶层设计以及总体协调部署,管理办公室负责落实解决通用通兑过程中的其他重点难点问题。(2)针对跨区域科技创新券实行标准化管理。科技创新券跨区域通用通兑的地区对同一服务类别的科技创新券作出明确具体可操作的标准化规定,即规范各类别服务内容、服务机构资质、服务标准及价格、服务效果、申请、使用及兑付的审核标准等,进而实现用户互认、数据互通、流程融通。❷同时,在确保同一服务类别基础规定统一的条件下,保留各地

---

❶ 罗祥,谢丹.基于政府管理视角的科技创新券政策研究[J].科技管理研究,2020(18).

❷ 赵志娟,俞云峰,陈盼.长三角科技创新券通用通兑协同推进机制与发展对策[J].科技管理研究,2022(23).

根据不同发展情况对此项服务类别支持力度的差异性。(3)统一科技创新券的共享平台,充分发挥其统筹协调职能。一方面,要求平台能够及时准确地将科技资源和科技服务信息全方位展示,并提供线上交易等服务,不断提高自身服务能力,最大限度降低由于信息不对称导致的交易风险;另一方面,要求平台不断加强与其他地区共享平台之间的合作,逐步实现科技创新券跨区域、跨平台的自由流通与使用。同时,我国也应当对平台服务加强监管,防止出现非法集资、侵害用户个人信息权和知情权等风险,为科技创新券各类主体提供公平竞争的良好环境。

四、科技创新券的资金保障

良好的科技创新券离不开资金的保障,目前存在科技创新券资金支持不足的问题,我国亟待加强科技创新券的财政支持、差异化财政匹配以及优化科技创新券兑付周期。

(一)加强科技创新券的财政支持

目前,科技创新券的资金一般来源于市级、县区级财政科技资金,其大多为地方财政的支持,缺少中央财政强有力的保障。例如,北京市科技创新券资金来源于市财政科技经费,上海市科技创新券资金也来源于市级财政科技资金,贵安科技创新券所需资金来源于贵阳市财政科技资金和贵安新区财政科技资金。

我国应当进一步完善科技创新券的财政支持政策,加大中央财政对地方科技创新券的支持力度,建立科技创新券的三级管理体系,即省级政府、市级政府及县区级政府对科技创新券进行共同管理。科技创新券的财政资金原则上以省市财政资金为主,按1∶1比例予以配套支持,对于经济较为发达、财政较为雄厚的地区,省级财政专项资金与市级财政专项资金可以按照1∶3比例予以配套支持。我国应当改革科技创新券的财政投入方式,设立科技创新券专项资金,并采用定期拨付方式,实现对中小企业科技创新服务的有效支持。[1]这不

---

[1] 王宏起,李佳,李玥,等.基于创新券的区域科技资源共享平台激励机制研究[J].情报杂志,2017(9).

仅能够解决了财政资金预算管理问题,也能够避免科技创新券预算不能按时完成时出现资金占用成本过高或者突击花钱的现象。

(二)差异化科技创新券的财政配比

目前,各个地区科技创新券的发放一般采取"先到先得""随机发放"等模式,并未完全覆盖申请科技创新券并符合条件的中小企业。例如,《广东省科学技术厅关于组织开展2019年度省级科技创新券申领和兑付工作的通知》规定,"省创新券兑付以本年度补助资金总额为限,科技型中小企业或创业者申领到的创新券先用先得"。在这些发放模式下,有的企业忽略本企业实际需求,为了申请而申请,也有的企业有高质量项目但申请不到科技创新券。

由于申请对象的资质、地域范围、支持领域的不同,科技创新券的发放也应不同,例如爱尔兰、荷兰按照使用科技创新券企业数量发放的单一券和联合券,丹麦按照科技创新的任务性质和出资比例发放的基本券和扩展券。我国应当借鉴国外科技创新券的实践经验,对科技创新券的财政配比予以差异化处理,将重点行业、支柱企业与其他企业补助金额标准加以区分,以达到资金分配的实质公平,更好地提高整体科技资源的配置效率,例如针对转型升级关键期、迫切需要大力孵化新业态、新模式的科技创新券,在财政资金支持上予以倾斜分配。

(三)优化科技创新券的兑付周期

目前,大多数地区科技创新券兑现资金由管理部门下达,兑现周期一般为半年或一年,兑现频次低、审批流程烦琐,难以满足中小企业和科技服务机构的需求。例如,北京市在上下半年可以各兑现一次,上海市只是在下半年兑现一次,杭州市在每年第三季度才对上一年度第三季度至本年度第二季度使用的科技创新券予以兑现。而且兑付环节时间极为紧凑,大体上为一周,还存在信息滞后的时间差,即使符合条件的科技服务机构也会面临着错过兑付时间的尴尬局面。有些地区为了解决财政资金的预算管理问题,将兑现资金纳入下一个年度的预算,以致科技服务机构只能等到下一年度才能拿到兑付资金。由于科技创新券兑现间隔时间太长,科技服务机构现金流受到严重影响,对其发展造成了一定程度的阻碍。

我国应当优化科技创新券兑现周期,资金兑付要摆脱"一年兑付一次"的束缚,将科技创新券兑付周期由当前的"每年度兑现"向"每季度兑现""每月度兑现"转变,以解决各方主体资金周转压力较大、垫付资金时间过长的问题。由于科技创新券一般采取"事前申请、事后补助"方式,会存在一些企业申领创新券后又放弃使用的情形,导致每年度实际兑现金额存在不确定性,因此造成预算编制的困难。我国可以考虑在科技创新券有效期内采取分多次兑现的方式,按照企业的科技创新券项目实际需要兑现阶段性资金,从而实现科技创新券的"即时申请、即时报销、即时兑现"的目标。为保证财政资金切实发挥作用,财政资金应当依托科技创新共享平台公开透明兑现,打通科技创新券落实的"最后一公里",以真正发挥财政激励企业科技创新的作用。

五、科技创新券的激励机制

目前,一些企业、科技服务机构尤其高校和科研院所的科技创新券参与积极性不高,难以发挥科技创新券促进政产学研协同发展的作用。我国应当强化科技创新券的制度引导,加强科技创新券相关主体的激励,完善科技创新券与其他项目的衔接。

(一)强化科技创新券的制度引领

科技创新券涉及中小企业、科研院所、高校等多个主体,其运行也是国家政策、政府资金、知识产权、技术人才、创新成果等多个因素相互交叉。为推进科技创新券的应用,应当加强科技创新券的制度引导。

在全国层面上,我国尚未制定科技创新券的相关法律法规,管理办法基本上是地方各级政府自行制定,未能给予中小企业及科技服务机构等制度提供良好的制度保障。我国应当加强科技创新券顶层设计,明确科技创新券支持对象和范围,设立统一规范的科技创新券申领、使用与兑付规则,完善科技创新券的评价监督机制。同时,鉴于各地方的科技创新资源条件、财政实力、企业创新基础等存在较大差异,各级政府应当深入调研企业现状、企业需求以及科技服务机构的研发过程等,结合本地区实际情况有针对性地制定各地方科技创新券管理办法及实施细则。

(二)加强科技创新券相关主体的激励

为加大科技创新券的推广力度,我国应当为首次参与科技创新券的企业提供申报、培训、指导等服务,并对企业完成科技创新券项目的情况予以考核,对于评价优秀的项目追加财政奖补。

鼓励各高校、科研院所、重点实验室等科研机构注册并参与科技创新券的项目。目前,高校、科研院所相关科研人员的职称及绩效考评主要以论文、课题、知识产权的成果为主,科技创新服务难以获得直接或间接收益,严重影响其参与科技创新券的积极性。我国应当加强科技服务机构的服务成果、科技成果转化等考核,将项目成果纳入对相关科研人员的绩效评价。对于在科技创新券项目中表现突出的,特别是开展相关科技创新服务次数多、企业满意度高、产出效果好的科研人员,应当按其上年度实际获得科技创新券金额给予一定比例的奖补。科研设施与仪器开放共享服务取得的收入,扣除相关成本费用后的结余部分,可以不低于70%比例作为对科研人员的绩效奖励,一次性计入单位工资总额且不受当年单位工资总额的限制。

加强对科技共享平台的奖励。政府每年年末可以对共享平台申请发放科技创新券的数量、兑现审核周期、信息公开时效等予以考核评价,同时将中小企业和科技服务机构对共享平台的满意度作为参考,适当地对共享平台给予资金奖励,以增强共享平台提供服务的动力,提升共享平台服务创新的能力。

(三)完善科技创新券与其他项目的衔接

在完成科技创新券项目后,为了激励优秀项目的发展,我国应当加强科技创新券与其他项目的衔接。企业在完成科技创新券项目后,效果较好的科技创新项目存在进一步科技创新需求的,可以向相关部门提出申请,经由相关部门推荐到其他国家支持的项目,使之持续获得更专业、更有针对性的服务。在科技创新券与其他项目进行衔接时,可以从缩短项目的申请时间、简化材料的申报或者提供其他便利条件上给予企业优惠,进而达到节约公共资源、提高实施效率的目的。

六、科技创新券的监督体系

为了真正发挥科技创新券的作用,有效的监督是必不可少的,目前科技创新券监督体系并不完善。我国应当加强科技创新券的信息公开,建立科技创新券的评估体系,以及健全科技创新券的监督体系。

(一)加强科技创新券的信息公开

由于信息不对称的问题,科技创新券相关信息传达得不够及时、准确、完整,造成中小企业与科技服务机构对合作的可预期性较低,因而预设了过高的风险成本,甚至出现机会主义行为。

为确保科技创新券运行的公平公正,我国应当依托科技创新共享平台加强科技创新券的信息公开,实现科技创新券相关信息公开的制度化、常态化:(1)在科技创新券申领之前,企业可以通过平台查看是否符合申领资格,同时也可以根据自身需求查询是否存在与之相符的科技服务机构及项目;(2)在项目进行中,平台应当披露科技创新券各项信息,包括平台内注册的企业及科技服务机构的资质、申请科技创新券的内容、项目当前进展情况及项目评估结果等,以保证项目信息公开的及时性、真实性和准确性,最大程度上消除因信息不对称引发的运行风险,进而营造一个公平有序的市场竞争环境;(3)在项目结束后,平台也应当公示项目的各项完成指标及项目效果评价。

(二)建立科技创新券的评估体系

目前,大多数科技创新券的管理机构和服务平台一般通过自行调查的方式进行绩效评估,且评估多侧重于企业是否按照规定申领、使用和兑付科技创新券,乃至有些地方仅在管理办法中标明"进行绩效考核"的字样,但未有进一步细化的可操作规定。

各国科技创新券制度基本上都对科技创新券实施予以评估,主要采用访谈法、问卷调查法、自我评定法、前后对比法、实验法、标杆分析法和案例研究法等评估方法[1],从以下4大方面展开评估:(1)对政策实施过程的评估,具体考察

---

[1] 徐侠,姬敏.创新券项目实施效果的动态评估框架构建[J].中国科技论坛,2015(9).

项目涉及的科技创新活动范围、申请方式、选择方式等;(2)对企业反映进行评估,包括申请企业的数量,项目完成或成功兑现的数量,企业对政策实施过程的评价与满意度等方面;(3)对知识提供者反映进行评估,包括参与项目的知识提供者的数量、知识提供者对实施过程的评价与满意度等;(4)成果评估,即是否有效促进了产学互动与合作,以及提升企业的创新绩效。

我国应当借鉴国外经验,建立科技创新券效果评估的制度体系:(1)为确保评估结果的客观公正,科技创新券应当坚持第三方评估。遴选出政府、企业及科技服务机构等各方主体均认可的专业能力强、公信力高的第三方评估机构,对科技创新券实施效果予以评估。同时,我国也应当健全对评估机构的资格认定,确保评估机构有能力针对不同科技创新券项目制定相应的评估方案。(2)建立科学规范的科技创新券效果评估指标体系。针对参与科技创新券的企业、服务机构、科技创新共享平台等各类主体制定一套评估指标体系,涵盖企业的科技创新需求内容、自主创新能力等,科技服务机构的科技资源、科研能力、提供科技服务能力等,科技创新共享平台的运营能力、推广工作等方面。同时也应当将企业实际使用与兑现率、服务机构服务效果和平台服务满意度等因素纳入到评估范围中,并根据不同类别的科技创新券选择相应的评估方法,规范评估程序,以保证评估结果的独立性、科学性、公正性、客观性。(3)开展科技创新券效果的动态评估。在科技创新券的具体实施过程中,基于科技创新券投入、分配、使用、兑现等多个环节,设计出动态的科技创新券评估制度,对项目实行定期考核、评价,保证和提高项目运行的质量,并将评估结果作为科技创新券激励及惩罚措施的实施依据。[1]

(三)健全科技创新券的监督问责

一些地方的科技创新券管理办法明确规定对套取科技创新券资金的行为给予惩戒,例如《上海市科技创新券管理办法》第16条规定:"创新券的申领、使用和兑付不得弄虚作假,不得有关联交易,服务内容不得转包。市科委定期组织对一定比例和范围的服务订单开展随机抽查,并将服务诚信、服务质量等抽

---

[1] 王宏起,李佳,李玥,等.基于创新券的区域科技资源共享平台激励机制研究[J].情报杂志,2017(9).

查结果向社会公示。企业(团队)和服务机构应当积极配合市科委和市财政局组织的监督检查。对于拒不配合监督检查,或在申领、使用和兑付中有弄虚作假行为经查实的,市科委不予兑付或追回已兑付资金,并将相关单位和个人纳入本市科技信用记录;情节严重的,依法追究法律责任。"但是,一些企业和科技服务机构仍抱着侥幸心理,相互勾结,通过编造科技服务合同、成果证明材料或者大幅度抬高服务价格来套取科技创新券资金,对科技创新券的实施造成恶劣的影响。

为保障科技创新券政策目标得以高效实现,我国要加强科技创新券的监督检查及法律责任:(1)建立科技创新券管理服务风险防控机制,具体包括制定科技创新券考核规则、资金管理办法、异议处理方案等管理制度,做到监管过程有据可依、有章可循。同时加强审核人员业务培训,确保审核人员严格掌握标准、严格遵守有关程序,不断提升管理效能和审核质量。对科技创新券的申请、受理、审核、评估进行常态化监管,发现问题立刻整改,并进行总结。此外,对科技创新券服务合同关于提供科技创新服务的质量、时间、价格水平等条款加强监管,防止出现暴利或低价扰乱正常经营秩序。(2)完善科技服务机构准入制度。对科技服务机构的申请材料严格核查,吸纳服务水平高、能力强、信誉好的单位进入科技服务机构名录,并督促科技服务机构对管理规范、服务质量等进行立规定标,确保每一次科技服务质量可预期、标准可量化、结果可考核,实现同类别的科技服务事项同一标准办理,最大限度地降低违规套现的风险。(3)建立科技创新券黑名单制度,防止弄虚作假、恶意骗取财政资金的行为。在资金兑现时,要严格掌握标准,只有通过科技创新券项目评估并合格后,才可予以财政资金兑现。凡是不符合国家财务规定和科技创新券项目要求的,一律不予报销。同时,监督部门应当定期对科技创新券工作情况开展绩效考核,并随机抽查,对骗取科技创新券资金的企业、科技服务机构等,注销其科技创新券项目,追回资金,3年内不再给予各类财政资金支持,对相关责任人员情节严重的,予以法律责任的追究。

第三节　增值税留抵退税

增值税作为世界普遍征收的税种,具有税基广阔、收入稳定、避免重复征税等优势,各国增值税征收一般采取链条抵扣机制,以纳税人当期销项税额抵减去进项税额后的余额为应纳税额,当期销项税额小于进项税额就会形成留抵税额。对于留抵税额,存在当期退税和结转抵扣两种方式。❶在我国,增值税是第一大税种,在税收体系中占有重要地位。依据《增值税暂行条例》第4条第2款"可以结转下期继续抵扣"的规定,留抵税额在持续经营假设下采取结转抵扣方式处理。在经济下行和企业经营困难情形下,留抵税额只结转不退税造成进项税额累积,无法滚存抵扣❷,虽然缓解了财政压力,但占用了企业资金,影响企业的生产经营积极性和创新活力。自2011年以来,我国逐渐放开特定行业留抵退税限制,特别是2022年启动大规模增值税留抵退税。2022年《增值税法(草案)》(以下简称《增值税法草案一审稿》)提请全国人大常委会审议,第16条第1款规定留抵税额可以结转下期抵扣或者予以退还,被认为留抵退税作为一项常态化制度进入立法。❸2023年《增值税法(草案)》(以下简称《增值税法草案二审稿》)第二次提请全国人大常委会审议,第20条留抵退税表述发生重大变化,规定纳税人对于留抵税额可以选择结转抵扣或者申请退还,并授权国务院规定具体办法。健全增值税留抵退税制度,有助于更好发挥政府在市场经济中引导企业生产经营的作用,缓解企业现金流压力,激励创新驱动,保障财政资金区域性公平性。

一、增值税留抵退税概论

(一)增值税留抵退税额及其处理

在增值税的抵扣链条上,若当期销项税额小于进项税额,就会产生留抵税

---

❶ 汪虎生.大规模增值税留抵退税的制度面向与法律优化[J].财政科学,2022(12).

❷ 胡怡建,周静虹.我国大规模、实质性减税降费的历史动因、现实逻辑和未来路径[J].税务研究,2022(7).

❸ 陈开东.逐步实现增值税留抵税额全面退税[J].经济研究导刊,2022(31).

额,其在本质上是纳税人在生产经营过程中因进项税额不足以抵扣销项税额产生的抵扣缺口,对应的是纳税人在上一个生产经营环节中已提前缴入国库的增值税。❶留抵税额的产生可以归结为政策性因素和非政策性因素。政策性因素包括以下3个方面:(1)政府价格管制。政府价格管制可能导致特定商品或服务的销售价格低于购进价格,从而导致销项税额不足以抵扣进项税额。(2)进项税率倒挂。一国增值税若采取多档税率,当销售商品或服务适用的税率低于购进成本的税率,进销项税率倒挂,则会产生留抵税额。(3)国家战略储备。出于国家安全的考虑,国家对某些商品进行长期战略储备,则会产生大量留抵税额。非政策性原因与企业生产经营相关,主要包括两方面:一是企业集中大量购进生产资料使得进项税额高于销项税额;二是以农副产品为原料的加工企业季节性大量采购生产资料,进项税额猛增,形成留抵税额。

对于留抵税额,世界各国主要采取结转抵扣和留抵退税两种处理方式:前者是指对于企业的当期留抵税额用于抵扣今后纳税周期的销项税额;后者是指对于企业的当期留抵税额予以当期退税。换言之,留抵退税在企业尚未完成流转增值就将其中代收的税费从国库予以提前返还,从而为企业提供现金流支持。

(二)增值税留抵退税的法律性质

留抵退税的法律性质对于其现实运用具有重要的指导意义,进而解决实践中留抵退税的适用条件、程序申请等争议,成为留抵退税法律制度构造的理论基础,目前关于增值税留抵退税的法律性质主要包括以下3种观点。

1. 税收优惠论

税收优惠论将留抵退税视为政府为应对经济运行面临的需求收缩、供给冲击、预期转弱三重压力而实施的组合式税收优惠政策。❷理由主要包括以下:(1)2017年修订《增值税暂行条例》第4条第2款仅规定留抵税额可以结转下期继续抵扣,并未规定留抵退税。(2)增值税属于流转税,增值税应当体现为流转和增值的完成,在企业尚未完成销售而实现增值的情况下,留抵税额本不应当

---

❶ 朱江涛.增值税留抵退税政策探析与建议[J].税务研究,2022(8).

❷ 俞杰,万陈梦.增值税留抵退税、融资约束与企业全要素生产率[J].财政科学,2022(1).

予以退还。(3)增值税留抵退税的实施之初仅适用集成电路、装备制造和研发等特定行业,用于促进相关产业发展,即使2022年实行大规模留抵退税也针对的是小微企业和先进制造业等13个行业,留抵退税具有较强的针对性和特定性。

2. 纳税人权利论

纳税人权利论将留抵退税视为纳税人的一项独立的基本权利——留抵退税权。❶增值税是间接税,增值税通过环环抵扣,将税负最终转嫁给消费者承担。纳税人的法定纳税义务是缴纳应纳税额,留抵税额不应由纳税人负担,因而构成纳税人对政府的公法上债权请求权,纳税人有权要求税务机关退还税款。❷《增值税法草案二审稿》第20条规定,对于留抵税额纳税人既可以申请结转抵扣,也可以申请退税,即纳税人对留抵税额享有结转抵扣或留抵退税的选择权,税务机关应当尊重纳税人的权利。申言之,留抵退税权作为纳税人的一项基本权利,原则上对所有纳税人应一视同仁,不宜限定适用范围、不同退税比例和区分存增量留抵等设定的退税申请诸多限制条件,只要企业存在留抵税额就应予以退还。❸

3. 宏观调控论

宏观调控论认为,留抵退税既不是一项临时性税收优惠政策,也不是纳税人的一项权利,而是宏观调控工具,在宏观调控法定化背景下体现为宏观调控权和纳税人权利的复合型权利(力)配置。

首先,留抵退税本质上并不属于税收优惠政策。随着增值税法治化建设逐步推进,留抵退税将作为常态化制度存在增值税法之中。2022年实施的大规模增值税留抵退税就呈现较为明显的制度面向,受益主体范围更广,退税规模更大,相关的实体和程序更为明确,体现法律制度的指导性、约束性、规范性和程序性。❹

其次,留抵退税也不是纳税人的一项基本权利。留抵退税若是一项纳税人

---

❶ 滕文标.增值税留抵退税政策的理论基础与完善机制[J].税收经济研究,2022(5).
❷ 金超.增值税纳税人留抵退税权的证成与规则完善[J].中国流通经济,2022(10).
❸ 朱江涛.增值税留抵退税政策探析与建议[J].税务研究,2022(8).
❹ 汪虎生.大规模增值税留抵退税的制度面向与法律优化[J].财政科学,2022(12).

的基本权利,则不应受任何限制,即纳税人享有留抵退税债务履行方式的选择权,根据自身利益作出债务抵销或接受清偿的决定,国家根据纳税人选择对留抵退税债务予以履行。[1]但是,我国留抵税额存量大、差异性强,依据纳税人选择而对留抵额予以退税,会给财政支出带来空前压力,乃至加剧地方债务危机。《增值税法草案一审稿》第16条第1款规定,"具体办法由国务院财政、税务主管部门规定";《增值税法草案二审稿》第20条规定,"具体办法由国务院规定"。换言之,纳税人申请留抵退税依赖于立法授权制定的相关规定。在尚未完成流转和增值环节的情况下,纳税人能否当然享有请求退还留抵税额的权利,也存在税理争议。

最后,留抵退税应当是一个宏观调控工具,为发挥其助企纾困、推动产业升级和保障基本民生的作用,应当由国家根据宏观经济予以运用,进而对适用条件加以设定,主要包括以下三方面理由:(1)对留抵税额负担较轻的行业全额退税,不能显著助推企业生产经营,还造成财政资金的低效利用,影响留抵退税的实施效果;(2)税负机制的重要功能是优胜劣汰,部分企业因生产经营决策失误,盲目购进生产资料造成的留抵税额负担重,属于生产经营的市场风险,应由企业自身承担;(3)虽然世界各国存在逐渐降低留抵退税限制条件的趋势,但仍对留抵退税申请人的身份和门槛作出一定限制,并未彻底放开留抵退税。但是,留抵退税宏观调控论并不完全否定纳税人的权利。在国家行使宏观调控权而明确留抵退税实体和程序要件后,纳税人享有次级权利,可以依据有关规定申请留抵退税,税务机关应当对符合条件的纳税人及时、充分予以退税。纳税人依据相关规定,有权根据生产经营状况选择留抵退税或者结转抵扣,政府不得将留抵退税作为计划指标,强制要求纳税人申请留抵退税。

(三)增值税留抵退税的意义

1. 强化税收中性原则

税收中性原则是指征税行为应尽可能不给纳税人造成额外负担,避免干扰市场经济的正常运行。增值税属于消费型增值税,本质上不对生产经营过程

---

[1] 滕文标.增值税留抵退税政策的理论基础与完善机制[J].税收经济研究,2022(5).

中的商品和服务征税,仅对最终消费品征税,税负在理论上最终转嫁给消费者承担。在增值税链条抵扣机制中,增值税以销项税额与进项税额的差额作为计税依据,纳税人通过多环节抵扣方式最终将税负转嫁给消费者承担,既解决了重复征税,也不会给纳税人造成额外的税收负担,是税收中性原则的生动体现。我国之前长期实行结转下期抵扣的方式,在持续经营假设下对留抵税额形成"留抵不退",将本应由消费者承担的留抵税额转嫁为企业承担,在企业注销或者破产无法继续抵扣的情况下,企业成为税负的最终承担者。这种设计中断了增值税链条抵扣机制,扰乱了市场经济的正常运转。留抵税额对应的是企业生产经营过程中购进的固定资产和原材料,在上一环节已代征入国库,若提前缴纳的留抵税额不返还给企业,意味着国家对这部分生产资料投入在同一生产周期仍进行征税,不符合增值税只对最终消费品进行征税的本质。留抵退税将留抵税额及时充分地返还给企业,避免在同一纳税环节对留抵税额重复征税,增加企业流动资金,凸显消费型增值税本质,保障税收中性原则在我国税制的全面落实。

2. 夯实财税收入基础

对于税务机关而言,对留抵税额提前征收的税款具有较大不确定性,仅是暂时性收入。一方面,留抵税额的大量存在会使当前财政收入与实际相比虚高,误导政府做出不符合财政收入要求的支出规划,尔后发生财政收支不平衡的问题,不利于保障财政收支稳定;另一方面,在企业注销或者破产的情况下,留抵税额无法转嫁给消费者,企业成为税负的承担者,入库的留抵税额则是财税收入的提前征收,不具有财税收入的真实可靠。❶留抵退税能够及时将留抵税额退还给企业,使得财政收入更加真实,便于政府做出科学的财政支出计划,保障经济社会建设的有序进行。

3. 促进经济高质量发展

留抵退税作为一项重要的宏观调控工具,发力在国家重点支持行业,无论试行初期的装备制造业、集成电路制造业、电网,还是大规模实施的制造业等

---

❶ 朱江涛.增值税留抵退税政策探析与建议[J].税务研究,2022(8).

13个行业,均聚焦国家战略需求和民生基础,在稳定经济运行大盘中发挥"四两拨千斤"作用。通过留抵退税的实施,营造了良好的营商环境,提振了企业等市场主体信心,刺激市场需求,有效缓解经济下行压力,促进经济高质量发展。

4. 推动企业持续发展

留抵退税优化了企业资金流,缓解企业资金难题。企业因前期购进设备、原材料等而产生的进项税额占用了大量资金,若企业只有完成增值才能够抵扣进项税额,环节长且具有较大不确定性,造成企业资金周转的困难。资金对企业的生产经营、销售拓展具有重要意义,长期"结转不退"严重阻碍资金的有效运转。2018年,我国开始对先进制造业、现代服务业和电网等重点行业试行留抵退税,有效地缓解企业资金压力,解决资金短缺的燃眉之急。2022年,我国开始实施大规模增值税6留抵退税,对制造业等13个行业的留抵税额予以退还,盘活企业资金,增强了短期偿债能力,提高应对风险的能力,为企业持续发展注入新的动力。留抵退税的实施也推动企业的创新升级,企业将获得的留抵退税资金用于扩大生产规模、科技创新投入、生产原料购进等研发投入,有效提升自主创新能力,推动新质生产力的发展。

(四)增值税留抵退税的法律现状

关于留抵退税的法律规定散见于《增值税暂行条例》以及财政部、国家税务总局发布的规范性文件。在最初阶段,我国实行留抵结转,《增值税暂行条例》第4条第2款规定:"当期销项税额小于当期进项税额不足抵扣时,其不足部分可以结转下期继续抵扣。"《增值税暂行条例》历经2008年、2016年、2017年修订,此项规定均未发生变化。此种模式会影响企业的资金周转效率,不利于创新融资。2011年,我国开始在特定行业试点增值税存量留抵退税,财政部、税务总局发布《关于退还集成电路企业采购设备增值税期末留抵税额的通知》(财税〔2011〕107号),对集成电路企业因购进设备形成的增值税期末留抵税额予以退还。2018年,为助力经济高质量发展,财政部、国家税务总局发布

《关于退还部分行业增值税留抵税额有关税收政策的通知》(财税〔2018〕70号),对装备制造等先进制造业、研发等现代服务业增值税期末留抵税额予以退还。2019年起,我国开始实行增值税增量期末留抵退税制度,退还比例分为60%和100%两档。2022年,财政部、国家税务总局发布《关于进一步加大增值税期末留抵退税政策实施力度的公告》(财税〔2022〕14号),自4月1日起,按月全额退还增值税留抵税额的行业范围进一步扩大,具体包括符合条件的微型企业、小型企业以及制造业等13个行业,同时允许一次性退还企业存量留抵税额,我国开始进入大规模留抵退税阶段,留抵退税须满足以下条件:(1)纳税信用等级为A级或B级;(2)申请退税前36个月未发生骗取留抵退税、出口退税或虚开增值税专用发票情形;(3)申请退税前36个月未因偷税被税务机关处罚两次以上;(4)2019年4月1日起未享受即征即退、先征后返政策(表1-6)。

表1-6 我国增值税留抵退税历史阶段表

阶段	法律文件	适用范围
特定行业试行存量留抵退税(2011—2018)	关于退还集成电路企业采购设备增值税期末留抵税额的通知(财税〔2011〕107号) 关于2018年退还部分行业增值税留抵税额有关税收政策的通知(财税〔2018〕70号)	集成电路重大项目企业;装备制造等先进制造业;研发等现代服务业;电网企业(仅适用存量留抵税额)
特定行业试行增量留抵退税阶段(2019—2022)	关于明确部分先进制造业增值税期末留抵退税政策的公》(财政部、税务总局公告2019年第84号)	生产销售非金属矿物制品、通用设备、专用设备及计算机、通信和其他电子设备(增量留抵税额退还比例60%); 疫情防控重点保障物资生产企业(增量留抵税额退还比例100%)

续表

阶段	法律文件	适用范围
大规模留抵退税阶段(2022至今)	关于进一步加大增值税期末留抵退税政策实施力度的公告(财政部、税务总局公告2022年第14号); 关于扩大全额退换增值税留抵税额政策行业范围的公告(财政部、税务总局公告2022年第21号)	微型企业、小型企业、制造业、科学研究和技术服务业、电力、热力、燃气及水生产和供应业、软件和信息技术服务业、生态保护和环境治理、交通运输仓储和邮政业; 批发和零售业、农林牧渔业、住宿和餐饮业、居民服务修理和其他服务业、教育、卫生和社会工作、文化体育和娱乐业; 一次性退还企业存量留抵税额; 按月全额退还增量留抵税额

2022年政府工作报告提出,综合考虑为企业提供现金流支持、促进就业消费投资,今年实施新的组合式税费支持政策,全年退税减税约2.5万亿元,主要措施是留抵退税,规模约1.5万亿元。❶面对国际经济下行压力和疫情双重冲击,各行业企业普遍存在融资贵、资金缺、贷款难的发展困境。大规模留抵退税的实施助力企业纾困解难,为市场主体发展注入信心。留抵退税直接将税款退还给企业,增加企业流动现金,降低企业运营成本,直接为企业纾困解难,提振企业发展信心。特别是对于小微企业,留抵退税资金的退还不亚于雪中送炭。截至2022年11月10日,增值税留抵退税合计已达23 097亿元,超额完成目标。❷此外,大规模留抵退税也是顶住经济下行压力、促进经济平稳健康发展的关键之举,是对经济运行跨周期和逆周期调控的重要工具。本次留抵退税聚焦小微企业以及制造业等行业,让退税资金直达企业,有效帮助企业顶

---

❶ 曾金华.新的组合式税费支持政策力促稳增长——1.5万亿元留抵退税惠及市场主体[J].经济日报,2022-03-25(1).

❷ 中国政府网.今年增值税留抵退税合计已达23097亿元[EB/OL].(2022-11-16)[2023-11-12]. https://www.gov.cn/xinwen/2022-11/16/content_5727291.htm.

住经济下行压力,稳定宏观经济大盘。企业将获得的退税资金用于扩大生产规模、科技创新投入、购买原材料等生产性方面,提高企业自主创新能力,助推产业结构升级。

为保障留抵退税的持续有效实施,我国也积极做好留抵退税各项保障工作。在资金保障上,2022年3月,财政部向地方下达首批支持小微企业专项转移支付4000亿元。与此同时,中央财政承担九成以上的实际退税资金,切实缓解地方财政困难。在优化税收服务方面,税务机关提高审核效率,加快留抵退税办理进度,对符合条件、低风险的纳税人最大程度优化留抵退税流程,简化退税审核程序,高效便捷办理留抵退税程序。大规模留抵退税实施以来,骗取留抵退税案件也层出不穷。不法分子通过隐匿销项、虚增进项、虚开增值税发票、虚假申报等方式骗取留抵退税,税务机关会同公安机关依法予以严厉打击。一方面加大骗取留抵退税典型案件曝光力度,对违法行为"零容忍",另一方面加强审核把关,完善内控系统,着力防范骗税风险。

留抵退税作为一项增值税常态化的制度工具,将不断发挥宏观调控作用,持续释放经济红利,为企业发展保驾护航,培育和壮大新质生产力。

二、增值税留抵退税的适用条件

目前,留抵退税的适用包括行业和信用两项基本条件,前者主要限定在小微企业以及制造业等十三个行业;后者则要求纳税人信用等级为A级和B级,相关留抵退税适用条件限制仍较严格,不符合留抵退税的宏观调控工具定位,欠缺对于新设企业和破产企业的特殊性的考量,未能通过留抵税额活用的方式,削弱纳税人退税意愿。

(一)留抵退税的分类适用

若是对留抵退税不设行业限制予以一次放开,既会加大财政支出压力,不符合当前财政收入的现状,也与宏观调控工具的定位相悖。我国应当继续对留抵退税予以分类使用,进行分批次退税等精准施策:(1)制造业、服务业等行业应予以细分,对细分的子行业采取不同的退税比例,诸如集成电路制造业等留抵退税负担较重的子行业实施留抵退税全额返还;对于旅游业等留抵税额负担较轻的子行业可以适当降低留抵退税比例。(2)对于暂未实施留抵退税的其他行业,应当根据留抵税额规模和负担率,结合国家战略需求和民生需要,对其按照一定比例予以退税。❶(3)对于个别留抵税额大、负担重的企业,可以建立特殊退税渠道,对经营困难企业予以全额退税。

我国应当坚持依法宏观调控,充分尊重纳税人行使次级权利,即留抵退税采取自愿原则,允许纳税人结合自身生产经营的实际选择是否退税以及退多少税,不得强制。部分纳税人考虑到留抵退税的成本、时间等程序复杂性因素,往往不选择留抵退税,而选择加计抵减、延缓缴纳等税收优惠政策。

(二)留抵退税的特殊适用情形

新设企业是指新成立尚未开始经营的企业,依据税收信用管理规定,新设企业不满1个评价年度的纳税信用级别仅能评为M级,因而无法享受留抵退税。但是,新设企业在初创阶段需要购买大量的生产设备和原材料,会产生大量留抵税额,若不允许申请留抵退税,无疑加重企业的生产经营负担,不利于鼓励大众创业、万众创新。我国应当加大对新设企业的激励力度,降低留抵退税对新设企业的适用门槛,将信用等级为M的新设企业纳入适用范围,根据企业规模、经营能力、留抵税额负担能力,分为全额退税、按比例退税和不符合退税三个等级,以满足部分新设企业的贷款融资、投资生产的需求。

企业一旦进入破产程序,往往无法继续开展生产经营活动,难以持续产生销项税额,以致前期缴纳的进项税额无法结转下期抵扣。破产属于课税特区,留抵退税等税法规则应当对破产企业作出特别调整❷,主要理由包括但不限于以下:(1)企业破产意味着生产经营面临重大困难,商品销售和服务提供不顺,可能产生大量留抵税额,且无法通过结转方式抵扣,破产企业因税收信用等级不佳而不能适用留抵退税,成为税负的最终承担者;(2)企业在破产环节需要大量资金偿还债务人债权,留抵税额的截留造成本已资金困难的企业雪上加霜;(3)留抵税额的成因可划分为政策性和非政策性因素,对于政府价格管制、进项税率倒挂、国家战略储备等形成的政策性留抵税额,若不予以留抵退税,

---

❶ 崔军,花培严.增值税留抵退税分类管理:政策逻辑与优化建议[J].税务研究,2023(2).
❷ 徐阳光.破产程序中的税法问题研究[J].中国法学,2018(2).

则是企业及其债权人负担政策成本,有违税收公平原则。也有观点认为,对于破产企业适用留抵退税,将导致国家返还的留抵税额无法通过后期流转增值环节收回,破产企业因而不应享受留抵退税。❶但是,增值税在本质上是消费支出型税收,属于对终端消费者征收的间接税,企业不过是增值税的征收辅助人,企业不应成为增值税的最终负税人,因此增值税制隐含一个前提,即纳税人可以被退还用于提供应税销售的进项税额,这些进项税额不会计入销售定价体系。❷在企业产生进项税额后但未完成增值环节时,国家暂时占用企业进项税额对应的税款应通过结转抵扣或者留抵退税等方式返还。企业破产后,无法通过销售环节将税负转嫁给消费者,若对破产企业不予以留抵退税,则成为国家永久性占用这一部分税款,违反增值税的本质。相对于正常经营的企业,破产企业无法开展生产经营活动,国家不能通过增值税后续环节对这部分留抵税额进行再征收,留抵退税具有终局性。部分破产企业可能会在骗取留抵退税后注销税务登记,造成税收流失。我国应当加强对破产企业的事前审查,引进第三方机构对申请材料进行复核,一旦发现违法行为立即停止退税,收回税款。

(三)留抵税额的应用场景

削弱纳税人申请退税的意愿也有助于解决留抵退税和财政资金压力之间的矛盾,丰富留抵税额的应用,通过留抵税额的市场化运用,可以化解纳税人因退税申请造成的财政困境。

允许纳税人通过权利质押方式对留抵税额予以流转,可以在留抵不退税的情形下,解决纳税人的财政压力。《民法典》第440条规定:"债务人或者第三人有权处分的下列权利可以出质:(一)汇票、本票、支票;(二)债券、存款单;(三)仓单、提单;(四)可以转让的基金份额、股权;(五)可以转让的注册商标专用权、专利权、著作权等知识产权中的财产权;(六)现有的以及将有的应收账款;(七)法律、行政法规规定可以出质的其他财产权利。"留抵税额明显不属于

---

❶ 马逸璇.论企业注销留抵税额的法律属性与规范改进[J].税务与经济,2022(4).

❷ SCHENK A, OLDMAN O. Value added tax: a comparative approach in theory and practice[M]. Cambridge: Cambridge University Press, 2015: 197-198.

列举的有价证券和知识产权,近似于第6项的应收账款❶,但依据中国人民银行制定的《动产和权利担保统一登记办法》第3条第1款规定:"本办法所称应收账款是指应收账款债权人因提供一定的货物、服务或设施而获得的要求应收账款债务人付款的权利以及依法享有的其他付款请求权,包括现有的以及将有的金钱债权,但不包括因票据或其他有价证券而产生的付款请求权,以及法律、行政法规禁止转让的付款请求权",留抵税额也不符合且不属于第2款明确列举的以合同为基础的具有金钱给付内容的债权。我国应当立法明确留抵税额作为权利质押客体的合法性,进而满足《民法典》第440条第7项兜底条款的要求,保障纳税人以市场化方式利用留抵税额。

留抵税额结转抵扣仅限于增值税的销项税额,无法抵消其他税款。❷我国应当将纳税人的留抵税额明确为纳税人的税收债务返还请求权,使之成为纳税人和税务机关抵销权行使的客体。纳税人和税务机关以留抵税额互相抵消,既减少不必要的退税程序,节约退税成本,又能缓解政府退税的财政支出压力。在司法实践中,有的法院认为,在破产程序中管理人可以主动抵消债权人与债务人的互负债务,留抵税额因而已被用于抵减其他税款。❸

三、增值税留抵退税的监督管理

(一)增值税留抵退税的申请和审批

依据财政部、国家税务总局《关于进一步加大增值税期末留抵退税政策实施力度的公告》(财税〔2022〕14号)规定,纳税人申请留抵退税,应在规定留抵退税期间完成本期增值税纳税申报后,提交《退(抵)税申请表》,交由税务机关审核退税。这一征管程序较为复杂烦琐且存在较大缺陷:(1)增值税纳税申报和留抵退税尚未同步,税务机关须先完成当期纳税审核后再根据纳税人的选择重新审核纳税资料和退税申请,重复审核增大退税的时间成本;(2)留抵退

---

❶ 吕新建,胡小东,于海玉.应收账款与合同资产的区别探析——基于合同履行角度的分析[J].中国注册会计师,2019(1).

❷ 翁武耀.论增值税抵扣权的行使——基于中欧增值税法的比较研究[J].国际商务,2015(5).

❸ 四川省广安市前锋区人民法院(2019)川1603民初1649号民事判决书。

税流程目前仍主要采用人工受理、审核、退库的传统模式,随着留抵退税政策的大规模适用,传统模式已不堪重负;(3)留抵退税审核存在一刀切,不区分退税数额大小,一律先人工审核资料通过后再进行退税,由于退税申请资料众多繁杂,审核业务量大,造成退税效率低、时间成本高等问题。在增值税申报表上申报留抵税额和纳税人实际获得抵扣带来的回报的间隔时间越长,退还未抵扣完进项税额所带来的收益就越小。

简化留抵退税申请和审批已成为世界各国留抵退税制度发展的趋势之一,例如法国对于分两次支付半年期增值税的企业,可在填写年度增值税报表时直接勾选"退还增值税抵免额"选项申请退税。❶我国应当对增值税纳税申报和留抵退税申请予以同步化,将纳税申报表和留抵退税申请表合一,在纳税申报表中增加退税选项,纳税人可以通过勾选退税选项同时实现纳税和退税申请。此外,我国还应当积极通过税务在线服务平台,允许纳税人通过线上方式提交申请,以节约纳税人时间成本,优化税务机关的退税服务。

我国要进一步优化留抵退税的审批时间和流程,提高审核效率:(1)明确设定留抵退税的退税期限,30日为退税的基本期限,允许税务机关根据特殊情况予以适当延长和减少。(2)申请资料报送应当与留抵退税的金额相匹配,金额较低的退税申请只需要保持良好信誉即可,无须其他材料佐证;金额数额较高的退税申请则需要提供增值税发票、账簿凭证等佐证材料;(3)小额退税申请由系统自动审核、自动发放,实现留抵退税从申请到支付的全自动化操作;较大额退税申请则由税务机关审核后予以发放,侧重倒查追究的事后监督;大额退税申请则先初步审核整理,再对信息资料进行复核,分类审批提高了税务机关处理和审核的效率,从而解决退税申请积压的问题,保障了纳税人收到退税资金的时间收益。

(二)骗取增值税留抵退税的风险防范

随着大规模留抵退税的实施,各类骗取留抵退税的违法行为也层出不穷。

---

❶ 陈琍.各具特色各有所长:世界主要国家增值税留抵退税制度比较[N].中国税务报,2019-06-04(B1).

截至2022年6月9日,税务机关已曝光300余起骗取留抵退税案件。❶不法分子通过虚开增值税发票、虚假申报、虚增进项和少计收入、隐匿销项等方式骗取留抵退税,包括前期税收违法、留抵退税申请违法和后期税收违法❷,手段五花八门,往往与其他税收违法行为交织在一起,定性处理复杂。

1. 骗取留抵退税的构成要件

骗取留抵退税是指纳税人以非法占有国家税款为目的,采取欺骗手段申请留抵退税,税务机关发放税款,造成国家税收损失的违法犯罪行为。打击骗取留抵退税违法行为的必要前提是明确骗取留抵退税的构成要件:(1)在主体上,骗取留抵退税的主体必须是留抵退税申请人。(2)在客体上,骗取留抵退税侵犯客体较为复杂,包括国家税收利益和税收征管程序,仅以欺骗手段扰乱税收征管程序但并未造成国家税收利益永久性损失的,不构成骗取留抵退税。(3)在主观上,申请人须具有非法占有国家税收利益的故意,即纳税人在申请留抵退税时,故意编造虚假信息、提供虚假材料,意图永久性非法占有国家税收利益。(4)在客观上,纳税人通过增大进项税额或者减少销项税额的欺骗手段骗取留抵退税,增大进项税额具体包括:纳税人虚开增值税专用发票、未按规定转出进项税额、违规抵扣进项税额等方式;减少销项税额具体包括纳税人隐瞒收入少计销项税额、混淆应税与免税货物、视同销售行为未依法计提等行为,纳税人骗取行为须与留抵退税存在因果关系,因果关系不成立或者原因不属于欺骗手段则不构成骗取留抵退税,例如纳税人在实施欺骗手段后、税务机关退税前,留抵税额为零,则说明欺骗行为与留抵退税无因果关系。

2. 骗取留抵退税的法律责任

骗取留抵退税应当适用《税收征管法》第63条予以行政处罚。《税收征管法》第63条第1款规定:"纳税人伪造、变造、隐匿、擅自销毁账簿、记账凭证,或者在账簿上多列支出或者不列、少列收入,或者经税务机关通知申报而拒不申报或者进行虚假的纳税申报,不缴或者少缴应纳税款的,是偷税。"纳税人通过隐匿销项和虚增进项产生的虚假留抵税额进行纳税申报,其故意编造的虚假信息和资料在本质上是向税务机关提供虚假申请,属于法条中"进行虚假的纳

---

❶ 翟继光,倪卫杰.增值税留抵退税政策解读与风险防控[M].上海:立信会计出版社,2023:263.

❷ 何小王.骗取留抵退税案件的定性和处理[J].湖南税务高等专科学校学报,2022(6).

税申报";骗取留抵退税的后果是纳税人违法获得税务机关提前征收的税款,属于法条中"不缴或者少缴应纳税款",因此骗取留抵退税《税收征管法》第63条的"偷税",由税务机关追缴其不缴或者少缴的税款、滞纳金,并处不缴或者少缴的税款百分之五十以上五倍以下的罚款。此外,对于骗取留抵退税的纳税人,还应当降低其税收信用等级,暂停留抵退税申请资格,根据其后续整改效果予以恢复。

关于骗取留抵退税的刑事责任,若纳税人以虚开增值税专用发票骗取留抵退税且数额巨大,应当适用《刑法》第205条的虚开增值税专用发票罪,但采取其他手段骗取留抵退税是否构成第201条逃税罪和第204条骗取出口退税罪则存在争议。依据《刑法》第201条,逃税罪的客观要件是纳税人采取欺骗手段逃避缴纳税款,而骗取留抵退税是税款返还而不是逃避缴纳。依据《刑法》第204条,骗取留抵退税行为类似于骗取出口退税罪,但二者适用范围毕竟不同。依据罪刑法定原则的要求,我国应当在刑法中增设骗取留抵退税罪,宣示对骗取留抵退税犯罪行为的坚决打击。

四、增值税留抵退税的资金分担

留抵退税长期有效实施需要做好留抵退税的资金保障。依据国务院《实施更大规模减税降费后调整中央与地方收入划分改革推进方案》(国发〔2019〕21号),留抵退税资金分担机制是中央分担50%、地方分担50%,对于地方分担的50%,由企业所在地先分担15%,余下35%暂由企业所在地先行垫付,再按照各地上年度增值税分享额占全国比重予以分担,垫付多余应分担部分由中央按月调拨给企业所在地省级财政。在实践中,对于新增留抵退税地方分担部分,中央财政资助比例平均为82%,中央通过财政专项转移支付补充地方财力。增值税征收环节适用生产地原则和增值税五五分享比例,增值税销项税额由销售方所在地的税务机关征收,退税则由购买地的税务机关退还。销售地与购买地若是一致,则地方收支平衡,但跨地区交易会面临购买地的税务机关未收到销项税额却承担留抵退税的问题。[1]针对这一问题的地方先行分担15%和

---

[1] 李健,杨雯钧.增值税留抵退税省级分担机制问题研究[J].中国财政,2022(6).

暂时垫付35%的"一刀切"规定缺乏科学论证。对于部分地方而言,即使先行承担15%的退税比例也会造成地方财政入不敷出,况且暂时垫付资金也缺乏中央财政支付保障。财力薄弱地区即使按照增值税分享比例分担退税资金,但退税绝对量低,反而要承担其他地区的退税,财政压力过大。增值税留抵退税资金分担本质上是中央与地方、地方各级政府之间财政收益的调整[1],须考虑征管地与退税地之间税收利益分配的科学配置和动态平衡,推进增值税留抵退税的地区收入分成、共享分担以及财政资金调拨等法治建设,为各级政府留抵退税的公平分担做好法律保障。

(一)增值税的收益分配

留抵退税的资金分担机制虽然部分纠正"发达地区征税、欠发达地区退税"不公平现象,但由于增值税的收益分配原则和机制未根本转变,不能完全解决增值税的横向收入分配不均、基层政府退税压力大的难题。有的观点建议,改革我国增值税的收益分配原则,以消费地原则重新设计增值税收入的横向分配方案。[2]此种建议虽有利于增值税收入在区域间合理分配,较好地确保增值税收入和税源的相对一致,但各地增值税收入难以准确衡量,地区间消费存在不均衡现象。有的观点建议,将增值税改为中央税进行征收[3],但我国地方税制尚未健全,增值税作为中央与地方共享税,收入仍是地方财政的重要来源,将其划为中央税将加大地方政府财政压力。鉴于生产地和消费地对于流转增值均有贡献,增值税采取单一的生产地原则或消费地原则都具有片面性,考虑消费地原则在增值税征收中存在的不确定性和复杂性,我国应继续适用生产地原则进行征税,但在收益分配方面可以引入消费地原则,以地方居民消费支出为依据,根据地区各月或各季最终消费占比对各地增值税收入贡献率进行重新分配,以此解决增值税收入归属与税负归属的主体不一致问题,今后还可以逐步采取居民消费、居民数量等综合加权计算的方式对增值税收益分

---

[1] 孙伯龙.增值税留抵退税的财政分担机制改革研究[J].宏观经济研究,2023(11).

[2] 刘怡,张宁川.消费地原则与增值税收入地区间横向分享[J].税务研究,2016(12).

[3] 李建军,杨帆,陈盈润.数字经济时代增值税地区间横向分配机制研究[J].税务研究,2022(6).

配予以更为科学化的设计。❶

目前,增值税留抵退税的资金分担主体仅为中央与各省份,省以下各级政府留抵退税分担则存在多元模式:(1)部分省份采取和中央与地方间相一致的退税资金分担机制,例如福建规定,地方分担50%部分中的15%由收入归属地直接负担,其余部分按照各地增值税收入分享比例由省、市、县分担;(2)部分省份对省以下留抵退税分担比例进行调整,例如广西规定,对于地方分担的50%部分由自治区和市县按照5∶5的比例分担。❷

我国应当对省以下增值税留抵退税的资金分担机制予以明确,对于地方分担的50%部分,各省级政府可以采取中央与地方间相近的资金分担机制,15%由企业所在地直接负担,剩下35%由省级财政与市县财政按增值税分享额占全省分享总额比重予以分担。各省级政府也可以根据本地实际情况在分享比例上予以适度调整,减少小微企业、中西部地区和财政实力较弱县区的分担,保障各地能够因地制宜地公平分担退税资金。市级政府也要结合市区、县乡财力状况,合理确定留抵退税分担机制,均衡区域间税收分配,切实减轻基层财政退税压力。对于财力薄弱的基层区域,要先由省级先行垫付,再通过调库方式在省与市县之间分摊,确保留抵退税实施效能。

(二)留抵退税专项资金直达机制

目前,留抵退税采取地方先行垫付,再由各地均衡负担、中央调拨的资金承担方式,虽然能够提高留抵退税的资金保障能力,但效率欠佳,徒增退税时间和成本。为了统筹留抵退税的财政资金补偿和协调,我国应当建立留抵退税专项财政资金,将增值税收入按合理比例提存入专项资金,再按各地留抵税额的实际承担比例动态协调资金,直接划拨各地财政。这种方式既增强了地方政府对留抵退税的支持力度,又能保障地方留抵退税负担的合理性,提高退税效率。留抵税额返还的资金安排应当纳入公共预算管理,每年在中央和地

---

❶ 王婷婷.我国增值税收入地区分享不均衡问题的再思考[J].当代财经,2021(5).

❷ 广西财政厅.广西调整完善增值税留抵退税分担机制切实减轻市县退税压力[EB/OL].(2023-11-09)[2024-06-15].http://www.yfq.gov.cn/ztzl/jfjf/202311/20231109144212html.

方各级政府预算中编列和管理,并对各地上一年增值税分享额占比部分和留抵退税资金实际垫付部分进行核对,超出本地负担部分由专项资金进行转移支付予以补充。

第二章　激励新质生产力研发活动的发展型财税法

第一节　企业研发费用加计扣除

企业是产业主体、市场主体和创新主体,强化企业科技创新主体地位,不仅能够满足消费者多元化需求、增强竞争优势、获取利润,还是推动实现高水平科技自立自强的关键举措。受宏观政策、市场环境和技术导向等外部因素影响,企业研发活动易受阻乃至中断,进而引发一系列风险。企业研发费用加计扣除作为适用广泛、具有针对性的间接性税收优惠,对于激励企业研发活动发挥较好的法律作用。我国在2007年确立企业研发费用加计扣除制度,《国民经济和社会发展第十四个五年规划和2035年远景目标纲要》强调,"实施更大力度的研发费用加计扣除政策",党的二十届三中全会提出,"鼓励科技型中小企业加大研发投入,提高研发费用加计扣除比例",进一步健全企业研发费用加计扣除是培育与发展新质生产力的发展型财税法的重要工具。

一、企业研发费用加计扣除概述

(一)企业研发费用加计扣除及其特征

企业研发费用加计扣除是为激励企业技术创新、针对企业所得税施行的税基式优惠,是对企业研发活动给予财政间接投入的方式,即企业依照税法规定,开展符合税法规定、持续进行具有明确目标的研究开发活动,归集合格研发费用,再加成一定比例,作为计算应纳税所得额的扣除额,从而减少所得税应纳额。企业研发费用加计扣除具有适用对象广泛性、优惠内容丰富性、激励目标针对性的特征。

1. 适用对象的广泛性

就企业研发费用加计扣除的历史沿革而言,适用主体的限制呈逐渐放宽的态势,经历了从"国有、集体工业企业"到"国有、集体工业企业及国有、集体企业控股并从事工业生产经营的股份制企业、联营企业",扩大到"外商投资企业""所有财务核算制度健全、实行查账征税的各种所有制工业企业",再扩展到"财务核算制度健全、实行查账征税的内外资企业、科研机构、大专院校等",最后变为"财务核算健全并能准确归集研究开发费用的居民企业"。[1]目前,企业研发费用加计扣除的适用主体已涵盖至最广泛的合理范围,除了负面清单的6+1个行业以外[2],企业只要开展合格的科学技术研发活动,均可以享受此项税收优惠。此外,适用企业研发费用加计扣除的研发模式也较为广泛,诸如企业委托外部机构或个人进行研发活动所发生的费用、企业共同合作开发的项目、企业集团根据生产经营和科技开发的实际情况、对技术要求高、投资数额大且需要集中研发的项目也可以享受企业研发费用加计扣除。

2. 优惠内容的丰富性

优惠研发费用的种类较为丰富,2015年11月2日财政部、国家税务总局、科技部发布的《关于完善研究开发费用税前加计扣除政策的通知》(财税〔2015〕119号)中正面列举了8项费用[3],种类清晰、内涵明确,基本涵盖了各类企业科技创新费用支出的场景,其中对于"相关其他费用"可加计扣除规定,虽设置限制比例,但为研发费用归集提供了弹性空间。就优惠研发费用过程而言,基础研究、应用研究、试验发展等企业研发的不同环节均被纳入,几乎覆盖了企业创新链条,给予尝试全链条创新升级的企业以信心与动力。

---

[1] 范金,赵彤,周应恒.企业研发费用税前加计扣除政策:依据及对策[J].科研管理,2011(5).

[2] 财政部、国家税务总局、科技部《关于完善研究开发费用税前加计扣除政策的通知》(财税〔2015〕119号)规定,"不适用税前加计扣除政策的行业:1.烟草制造业。2.住宿和餐饮业。3.批发和零售业。4.房地产业。5.租赁和商务服务业。6.娱乐业。7.财政部和国家税务总局规定的其他行业。上述行业以《国民经济行业分类与代码(GB/4754—2011)》为准,并随之更新。"

[3] 财政部、国家税务总局、科技部发布的《关于完善研究开发费用税前加计扣除政策的通知》(财税〔2015〕119号)规定,允许加计扣除的研发费用包括人员人工费用;直接投入费用;折旧费用;无形资产摊销;新产品设计费、新工艺规程制定费、新药研制的临床试验费、勘探开发技术的现场试验费;与研发活动直接相关的其他费用;财政部和国家税务总局规定的其他费用。

3. 激励目标的针对性

企业研发费用加计扣除是激励企业加大研发投入的专项优惠制度,针对性较强。企业研发费用加计扣除可以鼓励企业加大研发费用投入,以此减少企业所得税缴税基数。近年来,在鼓励企业科技创新的系列法律工具中,企业研发费用加计扣除的积极效果最为显著,研发费用支出增速最快。[1]根据《全国企业创新调查年鉴(2021)》数据显示(表2-1),无论东部、中部、西部、东北地区,企业研发费用加计扣除对激发市场主体创新研发活力均效果显著,高于高新技术企业所得税减免、企业研发活动专用仪器设备加速折旧等,成为激励企业科技创新的最主要发展型财税法工具。

表2-1 政策对创新的影响

政策类型	认为政策效果明显的企业家占比/%			
	东部地区	中部地区	西部地区	东北地区
企业研发费用加计扣除税收优惠政策	53.8	56.0	42.5	49.5
高新技术企业所得税减免政策	46.4	50.3	35.9	45.1
企业研发活动专用仪器设备加速折旧政策	34.6	44.6	30.3	34.9
技术转让、技术开发收入免征增值税和技术转让减免所得税优惠政策	27.4	36.6	24.9	27.8
科技创新进口税收政策	22.6	30.2	19.0	21.5
鼓励企业吸引和培养人才的相关政策	41.0	50.2	38.4	39.7
金融支持相关政策	39.4	51.5	38.6	36.5
创造和保护知识产权的相关政策	45.8	51.9	39.3	41.8
优先发展产业的支持政策	39.0	50.8	38.1	38.0
促进科技成果转化相关政策	39.6	48.6	34.9	38.1
关于推进大众创业万众创新的各项政策	35.4	47.1	33.0	33.7

数据来源:中国经济社会大数据研究平台——《全国企业创新调查年鉴(2021)》,第9页。

---

[1] 宋孝先,张博,刘金涛.研发费用税前加计扣除政策对企业R&D支出的挤入挤出效应——一个政策工具比较的视角[J].科技管理研究,2020(3).

(二)企业研发费用加计扣除的意义

1. 激励企业增加研发投入

《2022年全国科技经费投入统计公报》显示,企业、政府所属研究机构和高等院校是支撑我国研发活动的三大主力,其中企业占全国研发经费的比重为77.6%,对研发经费增长的贡献达到84.0%,拉动研发经费增长的影响力最强。[1]但是,科技创新活动兼具高风险性和高收益性,收益结果的极大不确定性会严重影响企业创新研发的欲望。政府可以运用发展型财税法工具分担科技创新的风险成本,巩固企业对科技创新的收益期待,增强企业自主创新的动力。[2]在诸多发展型财税法工具中,税收优惠相比直接的财政补贴对企业科技创新的激励效应更高,企业享受财税支持可能性也更强。一项关于2012—2016年大连市143家企业的544份非平衡面板数据的实证研究发现:企业研发费用加计扣除对企业研发支出和总支出表现出显著正向影响,高于高新技术企业减免税政策工具、政府财政科技投入,并且三者相比,企业研发费用加计扣除的挤出效应最弱,更有利于促进企业内部研发。[3]

2. 保障企业公平享受优惠

高新技术企业减免税是针对国家重点支持的高新技术领域企业施行的税收优惠,以降低高新技术企业的研发风险,提高生产效率;政府财政科技投入为特定企业或项目补充企业研发资金,迅速提高企业研发支出,适用于具有较高社会回报但研发周期长的项目。[4]企业研发费用加计扣除具有较强的普惠性[5],税收优惠覆盖大部分开展研发活动的企业,目的在于引导、激励企业增加对研发活动的经费支出,不同于给予直接财政投入的方式,对市场机制的扭曲

---

[1] 国家统计局网站. 2022年全国科技经费投入统计公报[EB/OL]. (2023-09-18)[2023-10-12]. https://www.stats.gov.cn/sj/zxfb/202309/t20230918_1942920.html.

[2] 贾康,刘薇. 论支持科技创新的税收政策[J]. 税务研究,2015(1).

[3] 宋孝先,张博,刘金涛. 研发费用税前加计扣除政策对企业R&D支出的挤入挤出效应——一个政策工具比较的视角[J]. 科技管理研究,2020(3).

[4] 宋孝先,张博,刘金涛. 研发费用税前加计扣除政策对企业R&D支出的挤入挤出效应——一个政策工具比较的视角[J]. 科技管理研究,2020(3).

[5] 樊轶侠,徐捷. 发达国家所得税研发激励政策的新趋势及启示[J]. 经济纵横,2021(1).

作用较小。

3. 推动创新驱动发展战略

企业研发费用加计扣除有助于充分发挥市场对技术研发方向、路线选择、要素价格、各类创新要素配置的导向作用。在市场导向下，各类主体能够更好完成科技创新决策、投入、组织和成果转化❶，实现创新能力的整体性飞跃。《2022年全国科技经费投入统计公报》显示，2022年研发经费投入总量突破3万亿元，比上年增长10.1%，延续较快增长势头。❷近年来，在企业研发费用加计扣除激励下，有R&D活动的企业数、有研发机构的企业数、R&D经费内部支出等显著提升，企业科技活动各项指标增长（表2-2），我国加快实施创新驱动发展战略的成效充分彰显。

表2-2 近年来企业的科技活动基本情况

指标		年份				
		2017	2018	2019	2020	2021
企业基本情况	有R&D活动的企业数/个	107 262	110 153	142 078	162 394	185 848
	有研发机构的企业数/个	73 805	76 167	93 903	104 003	120 148
研究与试验发展（R&D）活动情况	R&D人员全时当量(万人年)	311.2	341.7	366.0	405.2	445.6
	R&D经费内部支出/亿元	13 647.2	15 220.6	16 742.3	18 357.2	21 130.6
企业办R&D机构情况	机构数/个	87 660	88 503	106 510	117 710	134 721
	机构人员数/万人	372.1	373.8	427.5	469.1	524.2
	机构经费支出/亿元	10 226.4	12 157.4	15 458.8	17 592.6	21 959.4

❶ 贾康, 刘薇. 论支持科技创新的税收政策[J]. 税务研究, 2015(1).
❷ 国家统计局网站. 2022年全国科技经费投入统计公报[EB/OL]. [2023-10-06]. https://www.sts.org.cn.

续表

指标		年份				
		2017	2018	2019	2020	2021
专利情况	专利申请数/件	955 749	1 132 666	1 333 090	1 589 424	1 809 485
	发明专利	398 322	472 328	547 673	636 905	720 479
	有效发明专利数/件	1 082 392	1 310 103	1 542 007	1 832 645	2 173 424
政府相关政策落实情况	研究开发费用加计扣除减免税/亿元	706.4	1101.5	1872.3	2421.9	2829.5
	高新技术企业减免税/亿元	1305.3	1514.0	1844.1	2161.6	3113.0

数据来源：中国经济社会大数据研究平台——《中国科技统计年鉴（2022）》，第27页。

（四）企业研发费用加计扣除的法律现状

企业研发费用加计扣除由《企业所得税法》及其实施条例与部门规章、规范性文件构成。2007年《企业所得税法》第30条首次提出"加计扣除"，并且规定采用加计扣除的两项支出，即"（一）开发新技术、新产品、新工艺发生的研究开发费用；（二）安置残疾人员及国家鼓励安置的其他就业人员所支付的工资"，前者即企业研发费用加计扣除。2007年《企业所得税法实施条例》第95条进一步明确："企业所得税法第三十条第（一）项所称研究开发费用的加计扣除，是指企业为开发新技术、新产品、新工艺发生的研究开发费用，未形成无形资产计入当期损益的，在依照规定据实扣除的基础上，按照研究开发费用的50%加计扣除；形成无形资产的，按照无形资产成本的150%摊销。"2008年，国家税务总局印发《企业研究开发费用税前扣除管理办法（试行）》，对企业研发费用加计扣除作出系统、详细规定，明确适用范围、研发活动概念、研发费用类型、合作开发与委托开发的适用规则、企业账目管理的要求、报送的材料与税收管理规定等。为进一步鼓励企业加大研发投入，有效促进企业研发创新活动，2015年，财政部、国家税务总局、科技部《关于完善研究开发费用税前加计扣除政策的通知》(财税〔2015〕119号)拓宽了研发活动及研发费用的范围,并规定不适用加计扣除的费用及其行业。2018年,财政部、税务总局、科技部《关于企业委托境外研究开发费用税前加计扣除有关政策问题的通知》(财税〔2018〕64号)允许对企业委托境外研究开发费用予以加计扣除。企业研发费用加计扣除主要包括研发费用归集、加计率、预缴申报时间节点等规定。

关于研发费用归集,在2015年财政部、国家税务总局、科技部《关于完善研究开发费用税前加计扣除政策的通知》(财税〔2015〕119号)基础上,国家税务总局《关于企业研究开发费用税前加计扣除政策有关问题的公告》(国家税务总局公告2015年第97号)进一步明确政策执行口径,以保证优惠政策的贯彻实施。2017年国家税务总局发布《关于研发费用税前加计扣除归集范围有关问题的公告》(国家税务总局公告2017年第40号),针对研发费用归集费用予以较为详尽的规定,并且废止了国家税务总局《关于企业研究开发费用税前加计扣除政策有关问题的公告》(国家税务总局公告2015年第97号)的部分规定。2021年,国家税务总局《关于进一步落实研发费用加计扣除政策有关问题的公告》(国家税务总局公告2021年第28号)又对"其他相关费用"限额的计算方法予以规定。

关于加计扣除比例,《企业所得税法实施条例》第95条规定,按照是否形成无形资产,分别为研究开发费用的50%加计扣除或无形资产成本的150%摊销。财政部、国家税务总局《关于提高科技型中小企业研究开发费用税前加计扣除比例的通知》(财税〔2017〕34号)将科技型中小企业享受研发费用加计扣除比例由50%提高到75%,适用期间为2017年1月1日至2019年12月31日;财政部、国家税务总局、科技部《关于提高研究开发费用税前加计扣除比例的通知》(财税〔2018〕99号)将全部研发费加计扣除比例由50%提升至75%,适用期间为2018年1月1日至2020年12月31日;财政部、国家税务总局《关于进一步完善研发费用税前加计扣除政策的公告》(财政部、国家税务总局公告2021年第13号)将制造业企业的研发费用加计扣除比例由75%提升至100%;财政部、国家税务总局、科技部《关于加大支持科技创新税前扣除力度的公告》(财政部、税务总局、科技部公告2022年第28号)将适用研发费用税前加计扣除比例

101

75%的企业,在2022年10月1日至2022年12月31日期间的研发费用加计扣除比例提高至100%。2023年,财政部、国家税务总局《关于进一步完善研发费用税前加计扣除政策的公告》(财政部、税务总局公告2023年第7号)废止设定了不同行业加计率的规定,统一提高了符合条件行业企业的加计率。但是,财政部、国家税务总局、国家发改委、工信部《关于提高集成电路和工业母机企业研发费用加计扣除比例的公告》(财政部、国家税务总局、国家发展改革委、工业和信息化部公告2023年第44号)规定在2023年1月1日至2027年12月31日5年期间,集成电路企业和工业母机企业开展研发活动中实际发生的研发费用,未形成无形资产计入当期损益的,在据实扣除的基础上,再按照实际发生额的120%在税前扣除;形成无形资产的,按照无形资产成本的220%在税前摊销。

关于预缴申报时间节点确立,《关于进一步落实研发费用加计扣除政策有关问题的公告》(国家税务总局公告2021年第28号)增加企业10月份预缴申报享受研发费加计扣除政策的举措,以便利企业流转资金,2022年国家税务总局《关于企业预缴申报享受研发费用加计扣除优惠政策有关事项的公告》(国家税务总局公告2022年第10号)将此项政策举措长期化、制度化。国家税务总局、财政部《关于优化预缴申报享受研发费用加计扣除政策有关事项的公告》(财税2023年第11号公告)又增加了7月的预缴申报时间节点。

二、鼓励创新研发税收优惠的国外立法

(一)美国研究支出增量税收抵免

1981年,美国开始对企业研究与实验支出增量给予税收抵免优惠,是世界上最早实施创新研发税收优惠的国家。1986年美国的《税收改革法案》规定常规研发税收抵免的幅度为20%,并且一直沿用。美国对适格研发费用增量规定了两种抵免额计算方法:一是抵免额=20%×(适格费用-基数)的正常抵免计算方法;一是抵免额=(当年适格研究费用-前三年适格研究支出平均值的50%)×14%的简易抵免计算方法,企业可以根据自身情况进行选择。[1]为提高研究支出增量税收抵免的确定性,美国采取预申报协议,拟申报研发费用税收抵免或扣除

[1] 薛薇,魏世杰.全球科技创新税收政策研究[M].北京:中国财政经济出版社,2023:43.

的企业可以在正式申报前申请税务机关先行审核。

美国《国内收入法典》第41条界定了适格研发活动的范围,排除了以下8种不可抵免的研发活动:(1)商业生产后的研究;(2)与现有业务组件适应特定客户要求或需要有关的任何研究;(3)现有业务组件的复制;(4)对于效率、与管理职能或技术有关的活动、市场研究、测试或开发(包括广告或促销)、常规数据收集、用于质量控制的常规测试或检验的调查和研究;(5)主要用于企业内部使用的计算机软件的研究;(6)在美国领土(含波多黎各)外进行的研发;(7)社会科学、艺术或人文领域的研究;(8)由他人(或政府)授予、合同或其他方式资助的研究。同时,美国对适格研发活动采取4步测试的判断规则,(1)新型性,要以开发新的产品或服务为目的;(2)技术性,要利用一定的专业技术知识或科学的方法;(3)商业性,研发活动要符合企业营利的目的,与其经营范围相关;(4)进步性,要实现性能、质量等方面的改善。❶

基于适格研发活动,应进一步判断符合条件的研发费用(Qualified Research Expenditures,QREs),即与研发活动直接相关且费用化的经营性支出。适格的经营性支出主要包括人力成本、物资成本与委托外部研发成本,其中委托第三方产生的研发费用,不能全部计入QREs,而是需要根据情况,按实际发生额度的一定比例计入,通常这一比例为65%,但当受托方属于符合条件的产业研发联盟,可按实际发生额75%计入,若受托主体属于符合条件的大学、联邦实验室或小企业,则可以按照实际发生额全部计入。❷

(二)英国企业研发支出税收优惠

英国对企业研发投入的税收优惠主要包括面向中小企业实施的加计扣除政策(SME计划)和面向大企业实施的税收抵免政策(RDEC计划)。

英国认为中小企业更加富有活力与创新精神,自2000年实施SME计划,对中小企业研发费用经常性支出给予额外加计扣除优惠。享受研发支出加计扣

---

❶ 程晓光.促进企业技术创新的税收政策研究——以美国研发费用税收抵免政策为例[J].全球科技经济瞭望,2021(9).

❷ 程晓光.促进企业技术创新的税收政策研究——以美国研发费用税收抵免政策为例[J].全球科技经济瞭望,2021(9).

除优惠政策下的中小企业是指雇员人数少于500人、年销售额低于1亿英镑或者资产总额低于8600万英镑的企业。从2015年4月1日起,中小企业符合条件的费用性研发支出可以在正常税前扣除之外获得额外130%的加计扣除,加计扣除额可以作为经营亏损进行结转和弥补。若是加计扣除后企业形成亏损,符合条件的亏损企业在享受优惠政策的基础上,对于可退还损失,即扣除研发加计费用后的交易损失与总可扣除的研发成本(适格支出加上加计扣除成本)二者之间较低者,最高可按14.5%享受从英国税务海关总署(Her Majesty's Revenue and Customs,HMRC)获得现金形式的税收返还,以弥补研发相关的损失。[1]RDEC计划规定针对的是职工人数超过500名、营业额超过1亿欧元或总资产超过8600万欧元的大企业,其在一定条件下可按照研发成本的13%抵减应纳税额。企业在盈利情况下,尚未抵免的部分可以用来偿付增值税、合同债务等,若是企业亏损,尚未抵免的部分在满足一定条件下可以现金方式退还给企业。

英国的商业、能源及工业策略部(BEIS)在《税收意义上的研发含义指南》("Guidelines on the Meaning of R&D for Tax Purposes")中对研发活动的界定为,要求适格研发活动是为寻求科学技术领域的进步、相关领域专家也不能轻易实现上述科学技术的进步、研发活动存在不确定性、研发活动需要攻克不确定性等,即要求具有一种显著的、确定的技术进步。[2]此外,包括符合条件的间接活动也属于适格的研发活动,主要包括科技信息服务;安全、管理、财务等间接性支撑活动以及从事研发所必需的辅助性活动等[3],即当企业的活动有助于谋求科学或技术的进步或解决科学或技术的不确定性,会被认定为税收意义上的研发。HMRC还提供与此相关的免费事前视频会议,帮助企业判定能否享受优惠,并有专门队伍帮助企业进行优惠申请。英国注重降低纳税人的遵从成本,一旦认定企业发生税收意义上的研发活动,在优惠适用、相关资料记录及后续审核等方面会尽量减少企业的不确定性和负担。例如,在RDEC计划下,HMRC的大企业管理部门会与企业定期联系,深入了解企业的经营结构和研发

---

[1] 尹淑平,季建辉.中英研发支出税收优惠政策比较分析[J].国际税收,2018(8).

[2] 薛薇,魏世杰.全球科技创新税收政策研究[M].北京:中国财政经济出版社,2023:71.

[3] 尹淑平,季建辉.中英研发支出税收优惠政策比较分析[J].国际税收,2018(8).

活动,评估正在开展或计划开展的研发活动是否符合条件,引导企业建立规范的研发活动内控体系,还与研发专家团队共同合作,针对特定申请情况开展风险评估,确定企业能否享受REDC税收抵免。

(三)法国企业研发税收抵免

法国对企业研发的主要税收优惠是研发税收抵免(Crédit d'impôt Recherche,CIR),2008年由增量税收抵免改为总量税收抵免,2013年增加中小企业创新税收抵免优惠。《法国税法典》专门针对CIR适用加以规定,发生基础研究、应用研究、实验开发和新产品原型设计等研发支出的企业可以在一定条件下享受CIR待遇。法国研发税收抵免适用于在法国依法缴纳个人所得税和企业所得税的所有企业,不受公司规模、行业、条件等限制。法国企业在欧盟经济区内发生的部分研发费用(1亿欧元以下的研发费用的30%,以及超过1亿欧元部分的5%)也可以抵减应纳税额。CIR不仅是企业可终身享受的税收优惠,即使企业因亏损而暂不纳税的情况下也给予保留,相当于一种税务补贴,即在当年未抵减完成的支出部分最多可向后结转3年,结转后仍剩余的额度,可以在5年内通过新设企业方式获得偿付。❶

法国CIR认定适格的研发活动需要判断是否以消除科学或技术上的不确定性为目标,以及是否存在创新性或实质性改进,同时软件设计若与初步研究、功能分析和结构分析的概念阶段相关、设计出新的软件或具有实质性提高,也属于适格研发活动。对于委托研发的被委托方则予以限制,即受委托的应当是公共或私人研究机构、科学或技术专家必须经高教科研部认证,且对计入适格研发费用的不同类型委托研发费用各有限额要求。在税务管理上,企业可以自愿通过"先行审批制度"使高教科研部对项目是否属于研发活动予以审核认定,避免税务机关在企业提交申请后对企业的系统化税务检查❷,进而有助于企业成功申请,并对未来现金流形成预见性。

---

❶ 中国国际贸易促进委员会网站.法国税务指南及享受法国税收优惠(2021-12-09)[2024-02-10]. https://www.ccpit.org/france/a/20211209/20211209m7r6.html.

❷ 薛薇,魏世杰.全球科技创新税收政策研究[M].北京:中国财政经济出版社,2023:93.

(四)日本企业研发开发促进税制

从1967年开始,日本政府制定了激励企业研发投入的促进税制,对研发费用实施增量型税收抵免,并进行了多次重大改革。2003年,日本又出台总量型税收抵免政策。2006年,日本采用将增量优惠和总量优惠相结合的"混合型税收抵免",后彻底取消增量优惠,总量优惠下的税收抵免率由企业研发强度与研发费用增长率共同决定。2019年,日本施行税制改革方案,提高了研发费用增长率门槛、最大抵免额上限,引入"开放式创新"和"服务研发"等特殊优惠政策。2021年之前,日本税收抵免税额的上限是年度应纳税额的25%;2021年后针对销售额降低但研发投入增加的企业,税收抵免额度上限提高到年度应纳税额的30%。

日本以《科学技术基本法》为基准,将研发活动分为基础研究、应用研究和开发研究3种,但不一定以新产品、新技术为对象,改进已在生产阶段的产品与已有技术的实验技术也被认定属于研发活动范围。日本对适格的研发活动实施一般研发税收抵免和特殊研发抵免:前者包括总量型税收抵免、中小企业技术强化税收抵免与额外研发抵免,而"利用大数据等技术的工业4.0新服务开发"也被作为"新的有偿服务研发"在2019年允许其享受一般研发税收抵免;后者则适用于企业与其他特定机构进行委托研发、联合研发以及使用特定中小企业知识产权开展研发活动。日本发布《2021年税制改革纲要》,推动创设"数字化转型投资促进税制",当企业运用数字技术提高业务效率或改善服务而对设备与软件投资时,可以按照设备和软件价款的一定比例进行法人税税额抵免或适用特别折旧。[1]

日本将企业研发投入促进税制融入科学技术创新政策体系,该体系由综合科学技术创新会议(Council for Science and Technology Innovation,CSTI)负责科技发展决策机制,主导着日本的科技创新方针,并在其推动下,日本国会制定出台了《科学技术基本法》[2],构建形成了《科学技术基本法》谋长远、《科学技术基

---

[1] 李清如,高阳.2021年度日本税制改革述评:疫情冲击下的经济复苏与增长[J].税务研究,2021(5).

[2] 李瑾.日本科技创新决策机制和政策体系及启示[J].中国机构改革与管理,2021(4).

本计划》管中期、《科学技术综合战略》抓年度的政策体系。为保证实施效果评估,确保政策与经济社会发展阶段相适应,CSTI建立《科学技术基本计划》实施效果评估机制,允许其灵活利用民间智库力量,联合开展相关工作。❶

三、企业研发费用加计扣除的适用范围

(一)适格的研发活动

1. 适格研发活动的判断标准

适格研发活动的判断是企业研发费用加计扣除的管理难点。为指引企业精准适用研发费用加计扣除,国家税务总局于2023年出台《研发费用加计扣除政策执行指引2.0》,明确规定研发活动的判断要点及内涵,包括有明确创新目标、有系统组织形式、研发结果不确定3项标准,即企业若是组织了系统的研发团队、设立了清晰的科技创新目标、攻克了研发结果不确定的科技成果,可以判断企业开展了研发活动。但是,该指引并不完全符合财政部、国家税务总局、科技部《关于完善研究开发费用税前加计扣除政策的通知》(财税〔2015〕119号)强调的研发活动"新技术""新知识""实质性改进"的关键特点。❷为帮助企业理解研发活动特征,2023年科学技术部发布了三则企业研发费用加计扣除项目鉴定案例❸:(1)在机电伺服电子助力器案例中,专家基于当时的技术水平,认定其属于研发活动的理由为:第一,项目具有明确创新目标——属于"突破现有的技术瓶颈"的情形,其所实现的制动效能与各项指标与目前国内外同类产品比较,处于国内领先水平。第二,项目具有系统组织形式。第三,研发结果具有不确定性。第四,企业已就该项技术提出专利申请。(2)在智能多功能办公桌案例中,专家认为该办公桌不属于研发活动的原因为:第一,项目目

---

❶ 李瑾.日本科技创新决策机制和政策体系及启示[J].中国机构改革与管理,2021(4).

❷ 《关于完善研究开发费用税前加计扣除政策的通知》(财税〔2015〕119号)规定,"研发活动是指企业为获得科学与技术新知识,创造性运用科学技术新知识,或实质性改进技术、产品(服务)、工艺而持续进行的具有明确目标的系统性活动。"

❸ 科学技术部网站.研发费用加计扣除项目鉴定案例[EB/OL].(2023-07-31)[2023-12-05]. https://www.most.gov.cn/xxgk/xinxifenlei/fdzdgknr/fgzc/zcjd/202307/t20230731_187268.html.

标没有体现创新性,项目整体设计方案是将现有成熟组件产品等简单组合,组件于当下市场中属于成熟工业品。第二,项目组织实施系统性体现不足,项目技术路线未从技术实现的路径角度充分论证。第三,无法证明研发结果不确定性,项目完成情况仅简单描述,未提供任何相关实验测试记录、性能数据、产品照片等佐证材料。因此,该项目被认定为属于财政部、国家税务总局、科技部《关于完善研究开发费用税前加计扣除政策的通知》(财税〔2015〕119号)第一条第(二)款"下列活动不适用税前加计扣除政策"第4项"对现存产品、服务、技术、材料或工艺流程进行的重复或简单改变"的情形而被予以否定。

(3)在微信社群粉丝经营平台案例中,专家认为该项目不属于研发活动的理由为:第一,该项目目标没有体现创新性,是企业微信平台的简单应用开发,目标与当前市场上多类型的在线客户社群管理相似,缺乏明确的创新性。第二,该项目中拟突破的核心技术属于现有成熟技术,不能体现技术创新性。该项目前端所涉技术均为现有、成熟技术,可用性和易用性已得到充分论证,实践中基本不存在技术风险。第三,研发结果没有体现不确定性。该项目作为企业微信应用开发,属于运用现有信息技术进行的常规软件相关活动,活动的结果事先具有确定性。对该项目判定不具有创新性的依据是,该项目"运用已知方法和现有软件工具进行商业应用软件和信息系统的开发",属于财政部、国家税务总局、科技部《关于完善研究开发费用税前加计扣除政策的通知》(财税〔2015〕119号)第一条第(二)款第2项"对某项科研成果的直接应用,如直接采用公开的新工艺、材料、装置、产品、服务或知识等"不适用税前加计扣除政策的情形,不符合研发活动条件,不能适用企业研发费用加计扣除。总之,适格研发活动判断的核心标准是创新性,即科技成果对技术与知识的更新、改进的程度。因此,我国应将"研发活动存在显著、确定的技术进步"作为判断的重要依据,关键是判定"研发结果不确定、具备创新性与存在明显、确定的技术进步"。

2. 适格研发活动的外延

《研发费用加计扣除政策执行指引2.0》明确规定,研发活动可以分为基础研究、应用研究、试验发展3种类型以及不适用加计扣除政策的7种活动,并对研发活动与其他产业活动之间的边界予以说明。其中"数据收集"采取区别对待处理,即作为研发项目必不可少组成部分的数据收集属于研发活动,否则不属于研发活动。我国数据体量位居世界前列,未来也将以企业为主体集中攻克大数据关键技术,全面提升大数据的资源掌控能力,因此应当将数据收集、分析等技术直接作为适格研发活动。此外,《国务院关于推进文化创意和设计服务与相关产业融合发展的若干意见》(国发〔2014〕10号)指出,"加快数字内容产业发展。推动文化产品和服务的生产、传播、消费的数字化、网络化进程,强化文化对信息产业的内容支撑、创意和设计提升,加快培育双向深度融合的新型业态。"财政部、国家税务总局、科技部《关于完善研究开发费用税前加计扣除政策的通知》(财税〔2015〕119号)规定企业为获得创新性、创意性、突破性的产品进行创意设计活动而发生的相关费用,可依照规定进行加计扣除。❶但是,《研发费用加计扣除政策执行指引2.0》认为,"创意设计活动"适用企业研发费用加计扣除政策,但其属于一项单独的优惠政策,不代表此类"创意设计活动"属于研发活动。创新设计活动具有创新性与突破性,与适格研发活动的关系密切,所列举的具体项目也包括部分数字技术与工业设计内容,并不完全归属于文化产品,因此这部分与新兴科技紧密相关的,应剥离出其中属于数据服务等划分至适格的研发活动之中,以保障企业的数据服务研发可享受税收优惠。

3. 失败研发活动的认定

企业的研发活动具有高风险性和不可预测性,可能成功亦可能失败,即使失败的研发活动没有科研成果产出,但并非毫无价值。换言之,失败的研发活动未能达成预先设定的研发目标,产出可直观审查的研发成果,但在此过程中,有可能取得了其他可为企业所利用的成果,而且这一研发活动排除了偏离既定目标的试验路径,在一定程度上助推了真正研发目标的实现。企业研发费用加计扣除应当鼓励研发活动,分担企业研发的风险,而不是单纯强调成功

---

❶《关于完善研究开发费用税前加计扣除政策的通知》第4条规定,"企业为获得创新性、创意性、突破性的产品进行创意设计活动而发生的相关费用,可按照本通知规定进行税前加计扣除。创意设计活动是指多媒体软件、动漫游戏软件开发,数字动漫、游戏设计制作;房屋建筑工程设计(绿色建筑评价标准为三星)、风景园林工程专项设计;工业设计、多媒体设计、动漫及衍生产品设计、模型设计等。"

研发结果。在企业研发失败时,更须给予税收优惠以尽可能地降低成本,因而应确立失败的研发活动标准,否则难以判断企业是正常的研发失败,还是故意地浪费研发经费、空有研发投入。因此,我国应出台失败研发活动的判断细则与程序规定,企业也应对失败的研发活动进行全过程记录,对研发过程中形成的成果、能够判断适格研发活动的相关材料予以留存,保证事后监督的可能性。

4. 委托研发活动的认定

根据企业研发活动组织方式的不同,企业研发项目一般分为自主研发、委托研发、合作研发与集中研发。在实施重大科技工程时,涉及多家企业之间的关系,各自经济利益与项目完成情况紧密相关,并且还要考虑产品技术的保密程度,企业须根据情况选择最优的研发模式。但是,基于反避税考量,委托研发尤其是委托境外研发的加计扣除被严格限制,即企业委托境内的外部机构或个人进行研发活动发生的费用,按照费用实际发生额的80%计入委托方研发费用并按规定计算加计扣除;委托境外(不包括境外个人)进行研发活动所发生的费用,按照费用实际发生额的80%计入委托方的委托境外研发费用,且委托境外研发费用不超过境内符合条件的研发费用2/3的部分,可按规定在企业所得税前加计扣除。因此,我国应当对委托研发活动予以明确界定,例如参考日本企业研发开发促进税制,若受托方是非国家级研究机构或高等院校,则须满足限定为基础研究或者应用研究,委托研究须使用受托方的知识产权等权利条件,以此提升基础研究、应用研究的研发经费投入占比。

(二)适格的研发主体

财政部、国家税务总局、科技部《关于完善研究开发费用税前加计扣除政策的通知》(财税〔2015〕119号)关于适格的研发主体设定负面清单行业,且相关行业与《国民经济行业分类与代码(GB/4754—2011)》相连接。❶国家税务总局《关于企业研究开发费用税前加计扣除政策有关问题的公告》(国家税务总

---

❶ 《国民经济行业分类与代码(GB/4754—2011)》已经被《国民经济行业分类》所取代,最新版为GB/T 4754—2017。《国民经济行业分类(GB/T 4754—2017)》的标准参考2006年联合国统计委员会制定的《所有经济活动的国际标准行业分类》(修订第四版)而编制的。

局公告2015年第97号)进一步指出,不适用税前加计扣除政策行业的企业是指以负面清单行业为主营业务,其研发费用发生当年的主营业务收入占企业依法计算的收入总额减除不征税收入和投资收益的余额50%(不含)以上的企业。负面清单行业等设定存在问题,若是负面清单行业的固有属性使得此行业企业不会开展研发活动,此项规定无意义;若是此行业的企业有开展研发活动的可能,则应当被纳入企业研发费用加计扣除的主体范围。在实践中,企业的经营范围非常广泛并时常变化,每年经营的主营业务与市场趋势息息相关,实际归属的具体行业往往难以分辨,这势必增加企业研发费用加计扣除的适用难度。我国应当以研发活动为判断的核心,仅需判断企业是否存在适格研发活动,从而免去负面清单行业的前置要求。

四、企业研发费用加计扣除的激励措施

(一)加计扣除比例的差异化

财政部、税务总局《关于进一步完善研发费用税前加计扣除政策的公告》(财政部、税务总局公告2023年第7号)不再区分企业类型、研发类型以及行业类型,而是对企业研发费用予以统一规定,即企业开展研发活动中实际发生的研发费用,未形成无形资产计入当期损益的,在按规定据实扣除的基础上,再按照实际发生额的100%在税前加计扣除;形成无形资产的,按照无形资产成本的200%在税前摊销。但是,财政部、税务总局、国家发改委、工信部《关于提高集成电路和工业母机企业研发费用加计扣除比例的公告》(财政部、税务总局、国家发展改革委、工业和信息化部公告2023年第44号)就规定集成电路企业和工业母机企业研发费用,未形成无形资产计入当期损益的,在据实扣除的基础上,再按照实际发生额的120%在税前扣除;形成无形资产的,按照无形资产成本的220%在税前摊销。换言之,"一刀切"的加计扣除比例,固然增加企业研发费用加计扣除的操作便利性,但激励目标的针对性、优惠的精准性大大下降,无法充分体现国家科技创新的战略意志,新质生产力的导向作用不够清晰,乃至不同企业类型、研发类型以及行业类型的研发难度与强度不同,研发活动风险较高的企业也无法获得税收激励层面的实质公平。

1. 中小企业适用高加计扣除比例

中小企业是推动国民经济健康发展的中坚力量,但其未形成可观的盈利规模和成熟的经营模式,经营过程也往往伴随着高风险和信息不对称问题,因此亟待加大对中小企业的扶持力度。❶为了实现实质公平,帮助中小企业平稳度过发展起步阶段,我国应当对科技型中小企业高于其他企业的高加计扣除比例,例如与集成电路和工业母机企业的激励力度一致。但是,为避免针对科技型中小企业的优惠被滥用,应当加强对科技型中小企业的认证工作。企业为达到科技型中小企业认证门槛会进行研发操纵,尽管研发操纵能帮助企业完成科技型中小企业评定,但该行为对企业的创新投入有着显著的负效应。因此单纯提升科技型中小企业的研发费用加计扣除比例,未必能够达成显著提升科技型中小企业创新投入的激励目标,必须与科技型中小企业的资格认定相结合。❷《科技型中小企业评价办法》第6条规定科技型中小企业须同时满足5项条件,但容易被虚假认证或者恶意注册,不利于对科技型中小企业的精准帮扶。鉴于企业的科技创新投入作为一项战略决策,是长期、稳定的企业行为,不应以单一年份内研发投入作为认定标准,否则存在企业虚构研发规模的可能性。我国应当依据连续数年的累积投入来认定科技型中小企业,并且适当增加科技成果、科技人员的考量权重,以此减弱企业研发操纵的动机。此外,科技型中小企业还应满足"没有被大型企业持股50%以上"限制,防止大企业恶意拆分中小企业而享受税收优惠。

2. 基础研究适用高加计扣除比例

党的二十届三中全会提出,"加强有组织的基础研究,提高科技支出用于基础研究比重,完善竞争性支持和稳定支持相结合的基础研究投入机制,鼓励有条件的地方、企业、社会组织、个人支持基础研究,支持基础研究选题多样化,鼓励开展高风险、高价值基础研究。"基础研究是整个科技创新的源头,但与发达国家相比,我国基础研究的经费支出较低(表2-3)。

---

❶ 薛薇,魏世杰.全球科技创新税收政策研究[M].北京:中国财政经济出版社,2023:7.

❷ 李忠正.研发费用加计扣除比例提升、研发操纵对企业创新投入的影响——基于科技型中小企业的实证分析[J].经营与管理,2023(2).

表2-3 不同研究类型R&D经费分配的国际比较[1]

单位:%

研究类型	中国（2013）	日本（2013）	韩国（2013）	美国（2013）	意大利（2013）	英国（2013）
基础研究	5.5	12.6	18.0	17.6	25.3	15.5
应用研究	10.5	20.9	19.1	19.9	48.9	47.0
试验发展	84.0	66.5	62.9	62.5	25.8	37.5

近年来,我国研发经费支出总量逐年升高,2022年突破3万亿元,比上年增长10.1%,延续较快增长势头,但基础研究经费只有2023.5亿元,占总支出比重为6.57%,与应用研究、试验发展费用支出相比,基础研究经费支出远远不足。[2]2018—2022年我国基础研究经费占研发经费支出比重虽然逐年提升,但仍相对较低(表2-4),特别是企业的基础研究更是不足[3],亟待提振各方主体对基础研究的活力。

表2-4 2018—2022年我国基础研究经费支出情况

年份	基础研究经费/亿元	比上年增长/%	研发经费支出/亿元	基础研究经费所占比重/%
2018	1090.4	11.8	19 677.9	5.50
2019	1335.6	22.5	22 143.6	6.00
2020	1467.0	9.8	24 393.1	6.00
2021	1817.0	23.9	27 956.3	6.50
2022	2023.5	11.4	30 782.9	6.57

数据来源:2018—2022年全国科技经费投入统计公报。

《国民经济和社会发展第十四个五年规划和2035年远景目标纲要》提出,"基础研究经费投入占研发经费投入比重提高到8%以上",并且要求"对企业

---

[1] 王乔,黄瑶妮,张东升.支持科技成果转化的财税政策研究[J].当代财经,2019(7).
[2] 2022年全国科技经费投入统计公报[EB/OL].[2024-01-06]. https://www.sts.org.cn.
[3] 李香菊,王洋.完善我国激励企业科技创新的税收政策研究[J].税务研究,2021(7).

投入基础研究实行税收优惠"。基础研究处于整体研发活动的前期,具有启动资金数额大、研发过程漫长、成果转化不确定性大的鲜明特点,企业往往望而却步。因此,发展型财税法应当鼓励企业将基础研究作为研发投资的重点,对于企业的基础研究费用予以高加计扣除比例,降低投资的风险,吸引企业将研发精力落在基础研究领域,从而实现高质量的研发目标。

3. 重点行业适用高加计扣除比例

财政部、税务总局、国家发改委、工信部《关于提高集成电路和工业母机企业研发费用加计扣除比例的公告》对集成电路企业和工业母机企业开展为时5年的重点激励,体现国家科技创新战略的要求,也为企业研发费用加计扣除指明了新的方向。我国应当强化科技创新的发展型财税法的统筹效应,进一步锁定和明确享受优惠的科技成果转化项目或产品,引导企业投入国家重点扶持行业。❶依照《党和国家机构改革方案》规定,中央科技委员会负责统筹解决科技领域战略性、方向性、全局性重大问题,确定国家战略科技任务和重大科研项目。因此,企业研发费用加计扣除应当按照中央科技委员会制定的科技创新规划,对国家科技重大专项、重大科技创新项目等关系国家战略和经济社会发展重大需求的科技项目提高加计扣除比例。

(二)加计扣除的优惠上限

依据全球最低税规则,跨国集团在各辖区内就其利润应当缴足至少15%的企业所得税,当跨国集团在税务辖区的实际有效税率低于15%时,应对就税务辖区内产生的利润缴纳补足税。❷随着全球最低税规则步入转化实施阶段,各国税收优惠的有效性与适应性均须重新评估。❸我国企业研发费用加计扣除在据实扣除的基础上,加计扣除比例可达到100%或120%,对于有效税率的影响较大。❹对于企业研发费用一味提高加计扣除比例而不设置上限,会出现一些研发投入占比极高的大企业所得税计算后为负数,影响税收收入。因此,我

---

❶ 王乔,黄瑶妮,张东升.支持科技成果转化的财税政策研究[J].当代财经,2019(7).

❷ 何杨,廖鎏曦.全球最低税改革及其对中国的影响[J].改革,2023(10).

❸ 崔晓静,陈镜先.《全球最低税改革的规则创新与中国应对[J].学术论坛,2022(4).

❹ 陈镜先.全球最低税改革对中国税收优惠制度的影响与应对[J].国际法研究,2023(5).

国应当对企业研发费用加计扣除设置优惠上限,以完善发展型财税法体系、平稳国内税收收入以及响应全球最低税规则。国际上,各国往往通过计税利润比例、应纳税额比例、研发费用总额等对企业研发费用加计扣除予以限制。我国企业数量庞大、规模参差不齐,"一刀切"地设定总额限制不符合国情,也会束缚大企业的研发能力,因此采用计税利润的一定比例较为合理。

自主研发能力是企业立足的基础,企业应当以自主研发为主、委托研发为补充,企业研发费用加计扣除也应当致力于促进企业自主研发的战略目标。财政部、国家税务总局、科技部《关于完善研究开发费用税前加计扣除政策的通知》(财税〔2015〕119号)规定,"企业委托外部机构或个人进行研发活动所发生的费用,按照费用实际发生额的80%计入委托方研发费用并计算加计扣除,受托方不得再进行加计扣除。委托外部研究开发费用实际发生额应按照独立交易原则确定。"我国应当基于鼓励自主研发的制度目标,将委托研发费用加计扣除的上限由实际发生额80%,改为按委托研发费用在研发费用总额中的占比加以限制,以此规范企业研发行为。

(三)加计扣除额的亏损结转与返还

中小企业在研究新产品与新技术的效率与动力上,显著高于大企业,是颠覆性技术创新的主要力量,但中小企业在前期大量投入研发较易产生亏损的风险,而亏损时企业不必缴纳企业所得税,企业研发费用加计扣除难以发挥"雪中送炭"的支持作用。[1]企业发生的研发费用,不论企业当年是盈利还是亏损,其发生符合条件的研发费用均可以加计扣除。亏损企业享受研发费用加计扣除后,将加大亏损额,在结转以后年度弥补亏损时,将减少以后年度的应纳税所得额,从而享受到政策红利。亏损结转的年限,依据《企业所得税法》第18条规定结转年限最长不得超过5年。2018年财政部、税务总局《关于延长高新技术企业和科技型中小企业亏损结转年限的通知》(财税〔2018〕76号)规定:"自2018年1月1日起,当年具备高新技术企业或科技型中小企业资格(以下统称"资格")的企业,其具备资格年度之前5个年度发生的尚未弥补完的亏损,准予结转以后年度弥补,最长结转年限由5年延长至10年。"

---

[1] 薛薇,王晓冬.研发费用加计扣除政策研究[J].国际税收,2022(8).

加计扣除额除了亏损结转以外,各国还往往采取税收返还的方式,例如,法国小企业可于当年获得税收返还,大企业仅能在3年内获得;在澳大利亚,仅支持小企业获得税收返还;英国、新西兰、挪威、德国、意大利等对税收返还设置上限;德国、意大利、奥地利、爱尔兰等允许企业自由择一适用无限结转或税收返还。❶相较于结转扣除,税收返还能缓解亏损企业的资金难题,及时给予流动资金支持。企业若能获得及时退税,资金更早地进入企业账户,能够帮助企业因保有资金时间价值而获利。鉴于我国企业数量庞大,各类企业融资差异大,中小企业在创业初期较易出现亏损,我国应当对中小企业实施加计扣除额的亏损年度税收返还,将支出研发费用加计扣除所抵免的税额提前返还,及时补充企业运营资金,为中小企业的生存提供有力保障。

五、企业研发费用加计扣除的监督管理

(一)研发项目先行鉴定机制

企业研发费用加计扣除无须企业事先得到相关部门的同意或立项,省去了研发项目开启前提交材料、获得审核批准的成本,能让企业更加便利地进入研发阶段。企业开展高风险、高投入的研发活动,需要提前进行现金流的分配和整体决策,"可预见性"显得格外重要。但是,当企业对研发费用的各项目实际归集、计算不准确时,税务机关有权对其扣除额或加计扣除额予以合理调整,这些都会给企业带来不确定性。企业在初创阶段往往面临财务管理不规范、专业人员较少、政策掌握不全面等困难,企业研发费用加计扣除若是采取研发项目先行鉴定机制,能够增强企业适用税收优惠的信心,避免因嗣后未满足条件,而被迫重新缴纳优惠税款,浪费金钱成本与时间成本。

我国应当赋予企业向科技行政主管部门申请对研发项目先行鉴定的权利,提高企业研发对资金链条的确定性,给予初步迈入研发阶段的企业以指引。另外,我国应当灵活解决存在异议的研发项目,既可以由纳税人在汇算备案前自行提出鉴定申请,又可以在汇算清缴后由税务机关"批量转请"提出鉴定要求,从而消除企业顾虑,降低企业的申报风险。科技行政主管部门负有鉴定研

---

❶ 薛薇,王晓冬.研发费用加计扣除政策研究[J].国际税收,2022(8).

发项目的职能,在研发活动鉴定的领域具有权威性,当企业在先通过科技行政主管部门的鉴定,税务机关无权进行二次审查,从而减少税收事后再稽核的执行成本。我国还应当支持各级政府及其相关部门建立研发项目鉴定服务专业平台,以多种方式增强税法的确定性,助力企业按部就班地实现自身研发计划。

(二)科技行政主管部门与税务机关的职责与协作

科技行政主管部门与税务机关是企业研发费用加计扣除启用的双主力机关。研发活动的认定具有较强的专业性,因而不同于其他所得税优惠寻求税务机关单一指导,科技行政主管部门的作用至关重要,2023年,国家税务总局等出台《研发费用加计扣除政策执行指引(2.0版)》赋予其登记委托研发和合作研发的合同的职责,对税务机关有异议的研发项目要及时出具鉴定意见。当赋予企业研发项目先行鉴定的选择权时,科技行政主管部门应负责接受企业先行鉴定的申请,帮助企业提高享受优惠的确定性与准确性。科技行政主管部门还应将鉴定结果与税务机关共享,经过科技行政主管部门鉴定通过的项目应免于税务机关对其的事后稽查。税务机关作为税收管理的主要职能部门,不仅对企业享受税收优惠予以积极帮扶,还应当加强监管职责,提高税收监督能力,防范企业可能存在利用研发支出资本化进行虚假归集、操纵利润的经营风险。两个部门应当保证履职责任,防止互相推诿,建立政府受理投诉与建议平台,实现双方的有效监督,密切制度与实践的联系。❶同时,构建科技行政主管部门与税务机关协作机制,实现资源互享、信息互通,同时节约税务机关与企业的双方成本,实现互利共赢。

(三)常态化评估与调整机制

企业研发费用加计扣除并非一成不变,应按经济社会运行的活力而不断调整,制度设计效果需要实践的检验。法国设立企业研发税收抵免后,进行了多次评估与调整,税收抵免发展至今日才基本建立。根据2017年法国宏观经济研究所发布的《科研税收抵免影响研究——对以往研究成果的回顾》,研究者

---

❶ 范伟红,何亚霖.企业研发费用加计扣除制度完善探析[J].会计之友,2019(10).

或者机构受政府委托完成或自主完成的评估在政府官网公布,相关评估多达38项。[1]我国对企业研发费用加计扣除也开展过评估与调整,但缺乏稳定的、常态化的评估调整机制。发展型财税法只有在实施后,对实施效果持续跟进评估,并根据评估结果进行改革,以反哺法律规定,才能构建更加完善的企业研发费用加计扣除制度。

第二节 企业研发人员股权激励的所得税优惠

人才是新质生产力的核心要素,人才竞争是科技创新竞争的关键所在。企业为了吸引和稳定科技人才,往往加大人力资本投入,其中股权激励有利于降低委托代理成本,激发人才的积极性。有激励必有所得,有所得便存在个人所得税的征纳。对企业研发人员股权激励的所得税优惠,能够激励企业的研发活动,有助于新质生产力的培育和壮大。

一、企业研发人员股权激励所得税优惠概述

(一)企业研发人员股权激励的所得性质

企业对研发人员通过附条件给予部分股权的方式,激励其勤勉尽责地从事研发活动。股权激励涉及诸多所得,其所得性质决定了个人所得税对应的税目及税率。[2]个人所得税的各项所得在学理上分为劳动所得、资本所得与经营所得三大类,根据2005年财政部、国家税务总局《关于个人股票期权所得征收个人所得税问题的通知》(财税〔2005〕35号),研发人员股权激励涉及所得包括获得股权的所得、转让股权的所得以及持有股权的所得,归属于不同的所得性质。

1. 获得股权的所得即劳动所得

获得股权的所得属于狭义上的股权激励所得,《关于个人股票期权所得征收个人所得税问题的通知》规定:"员工行权时,其从企业取得股票的实际购买

---

[1] 王晓菲.法国科研税收抵免制度及其对我国的启示[J].全球科技经济瞭望,2018(33).

[2] 辛连珠,王自荣,陈爱明.完善改进股权激励企业所得税政策[J].中国税务,2016(12).

价(施权价)低于购买日公平市场价(指该股票当日的收盘价,下同)的差额,是因员工在企业的表现和业绩情况而取得的与任职、受雇有关的所得,应按'工资、薪金所得'适用的规定计算缴纳个人所得税。"虽然股权激励所得实质上是企业对研发人员在研发过程中所付出劳动的补偿,属于劳动所得,但不能仅凭劳动关系的存在,将其认定为工资薪金所得,主要理由包括:(1)股权激励所得不具有工资薪金的确定性和现金支付性两大基本特征;(2)不能仅从所得来源即判定股权激励所得性质,个人所得税的税目划分依据是收益性质而非来源;(3)在司法实践中,股权激励纠纷案件的定性基本上是"劳动争议"与"合同纠纷"五五开,被认为不属于劳动争议的原因大概包括股权激励所得的财产性收益不属于法律规定的劳动报酬的范围,用人单位与激励对象在合同地位及权利义务等内容中关系对等,若股份期权授予人系企业的关联公司,其与激励对象之间无劳动关系。❶总之,股权激励所得不宜简单套用个人所得税现有项目,不妨借鉴美国经验,将其作为劳动所得中一种相对独立的所得类型在个人所得税项目中单列。

2. 转让股权的所得即资本利得

广义上股权激励所得包括行权后转让股权的所得,依据《关于个人股票期权所得征收个人所得税问题的通知》规定:"员工将行权后的股票再转让时获得的高于购买日公平市场价的差额,是因个人在证券二级市场上转让股票等有价证券而获得的所得,应按照'财产转让所得'适用的征免规定计算缴纳个人所得税。"行权后转让股权的所得乃至资本利得,即纳税人转让资本性资产时所获的增值收益。❷股票是典型的资本性资产,说股权激励收入的本质是人力资本的投资性收入,也是一种资本收益分配。❸我国个人所得税法尚无"资本利得"这一概念,而是将利息、股息、红利所得与财产转让所得都划归为资本所得,但资本利得并不从属于资本所得,甚至可以从个人所得中单独分离出来。研发人员在转让股权时所获得的所得与持有股权时所获得的所得在性质

---

❶ (2017)川 01 民终 1821 号、(2014)三中民终字第 05189 号、(2016)浙民终 504 号、(2018)浙 01 民终 7357 号。

❷ 朱志刚,高梦莹.论直接税与间接税的合理搭配[J].税务研究,2013(6).

❸ 杨华.上市公司股权激励理论、法规与实务[M].北京:中国经济出版社,2009:46.

上明显不同。资本利得是一种消极所得,资本利得征税的目标之一是增加投资转换成本来打击短期投机[1],此外资本利得征税还存在通货膨胀部分的处理及资本损失的弥补等[2],我国对资产转让所得"一刀切"地适用20%的固定税率,不但有损税收公平,也违反税收中性原则。

3. 持有股权的所得即资本所得

广义上股权激励所得还包括持有股权的所得,即股东投资后,因生产经营收益而分得的相应股息红利所得。依据《关于个人股票期权所得征收个人所得税问题的通知》规定:"员工因拥有股权而参与企业税后利润分配取得的所得,应按照'利息、股息、红利所得'适用的规定计算缴纳个人所得税。"在我国,股息红利所得征税面临着一个重要缺陷就是税制性重复征税,即企业所得和个人所得本质是同一笔收入,但股息红利在分配之前已经以企业名义缴纳了企业所得税,分配后又需以个人股东名义缴纳20%的个人所得税,导致税负较重,资本市场活力降低。[3]税制性重复征税与长期持股激励机制的缺位叠加,限制了股权激励效用的发挥。

(二)企业研发人员股权激励所得税优惠的意义

1. 吸引和稳定科研人才

科技创新竞争的本质是人才竞争,而体面的薪酬是留住人才的应有之义。目前,我国个人所得税制的"劳动所得重税、资本所得轻税"特点对高层次科技人才十分不利,研发人员主要取得劳动所得,适用3%~45%的超额累进税率;其他高收入人群主要取得经营所得或资本所得,适用20%的固定税率;以致研发人员税负沉重且存在针对之嫌。对于企业研发人员的股权激励,研发人员被赋予了分享企业增长的权利,收入明显增加;企业可以有效提升员工的忠诚度、认同感,以较低的成本吸引人才、留住人才、用好人才;国家可以以此在一

---

[1] 顾远.社会主义资本利得的分配正义性研究[J].中国物价,2023(7).

[2] 彭海艳,罗秦.个人资本利得课税的理论逻辑、国际经验及对中国的启示[J].国际税收,2022(5).

[3] 赵树高,周兵,刘楠楠.我国企业所得税与个人所得税重复征税问题研析[J].海南大学学报(人文社会科学版),2020(3).

定程度上缓解人才外流的问题,乃至吸引科研人才回国,可谓三赢之举。所得税优惠将进一步强化了研发人员股权激励的效果,充分体现国家尊重科研人才、改善科研环境、鼓励科技创新的态度。

2. 助力和促进企业发展

企业研发人员股权激励对于企业长远发展的促进路径主要包括:(1)研发人员的水平对于企业自主创新至关重要,对研发人员的股权激励将其与企业直接绑定,降低研发人员的道德风险,使得研发人员站在企业立场上节约研发费用、加速科技成果转化,立足长远的同时加快发展速度。(2)研发人员股权激励使得其与企业收益同享、风险共担,在生产经营状况良好时可以补充薪酬,降低企业的人力成本;在生产经营状况堪忧时可以缓解现金流压力,降低企业的经营风险。(3)研发人员股权激励在提升企业价值、培养企业文化方面起到了举足轻重的作用。对企业研发人员股权激励施以所得税优惠不仅能够提高人才待遇,还为科技型、创新型和智力密集型企业持续发展提供重要的支撑。

3. 支持和鼓励科技创新

技术进步是经济社会发展的核心,科技创新是提升一国综合竞争力的重要手段。[1]人才正是科技创新力的根本源泉,创新驱动实质上是人才驱动。时值全球科技革命和产业变革风起云涌,科技创新以政府为引导、以企业为主导,企业在高水平科技自立自强中的作用不可替代。研发人员股权激励施以所得税优惠,一方面可以直接增加研发人员收入的同时,间接降低企业人力成本,刺激资本向科技型企业流入;另一方面带有一定的政治导向,体现了对科研人才的礼遇,进一步优化科技型企业尤其是专精特新中小企业的营商环境。

(三)我国企业研发人员股权激励所得税优惠的法律现状

1. 上市公司股权激励及所得税优惠的法律规定

在我国,上市公司股权激励发展较早,2005年中国证券监督管理委员会通过《上市公司股权激励管理办法(试行)》,为建立上市公司股权激励提供了初步的指导和规范,提出股票期权、限制性股票等概念。为防范国有资产流失,国有资产监督管理委员会与财政部先后出台《国有控股上市公司(境外)实施

---

[1] 薛薇,魏世杰. 全球科技创新税收政策研究[M]. 北京:中国财政经济出版社,2023:3.

股权激励试行办法》《国有控股上市公司(境内)实施股权激励试行办法》,分别规定了国有控股上市公司在境内和境外股权激励的实施细则。此外,中国证券监督管理委员会还出台股权激励备忘录:(1)《股权激励有关事项备忘录1号》规定了股权激励的标的来源、对象、授予方式和行权指标确定等内容,强调限制性股票授予价格的折扣设定须审慎;(2)《股权激励有关事项备忘录2号》强调了股份来源问题,规定了股权激励与重大事件的间隔期;(3)《股权激励有关事项备忘录3号》对股权激励计划的变更与撤销、会计处理、行权安排、附条件授予作了与时俱进的规定。以上内容后来被纳入2016年《上市公司股权激励管理办法》,该办法对股权激励实施程序、信息披露等予以补充规定。2018年,《上市公司股权激励管理办法》修正,取消了对外籍员工需要"在境内工作"的限制。2020年,国务院国资委印发《中央企业控股上市公司实施股权激励工作指引》,该指引是股权激励工作规范的集大成者,对中央企业控股上市公司股权激励的全流程予以规范化总结。

上市公司股权激励的个人所得税征收与之进行了相应的变动。[1]与《上市公司股权激励管理办法(试行)》相对应的是财政部、国家税务总局《关于个人股票期权所得征收个人所得税问题的通知》(财税〔2005〕35号)规定了股票期权所得的性质及应纳税款的计算;《关于个人股票期权所得缴纳个人所得税有关问题的补充通知》(国税函〔2006〕902号)对原通知所涉及的概念作了补充性解释,并对可公开交易的股票期权税务处理予以细化。2009年股权激励的个人所得税征收立法获得较大发展:(1)《关于股票增值权所得和限制性股票所得征收个人所得税有关问题的通知》(财税〔2009〕5号)丰富了股权激励形式,以立法形式确认股票增值权和限制性股票的应税性。(2)《上市公司高管人员股票期权所得缴纳个人所得税有关问题》(财税〔2009〕40号)规定上市公司高管纳税困难的可选择6个月内分期缴税,这一期限后延长为12个月,并取消纳税困难的前提限制。(3)《国家税务总局关于股权激励有关个人所得税问题的通知》(国税函〔2009〕461号)吸收了之前的立法经验,对股票增值权和限制性股票的应纳税额和纳税时点作了具体规定。2011年《国家税务总局关于个人

---

[1] 刘骏,付春.现行股权激励计划的个人所得税政策探析[J].税务研究,2016(10).

所得税有关问题的公告》(国家税务总局公告2011年第27号)则对上市公司股权激励个人所得税征收的持股比例计算和离退休人员再任职界定进行了修改。财政部、国家税务总局、证监会《关于实施上市公司股息红利差别化个人所得税政策有关问题的通知》(财税〔2012〕85号文)通过个人所得税优惠鼓励长期持股,财政部、国家税务总局《关于将国家自主创新示范区有关税收试点政策推广到全国范围实施的通知》(财税〔2015〕116号)对技术人员股权奖励适用的个人所得税进行规定,并提出缴税困难的可以5年内分期缴纳。财政部、税务总局发布的《关于个人所得税法修改后有关优惠政策衔接问题的通知》(财税〔2018〕164号)文件中提出了股权激励所得单独计税[1],该优惠政策经两次延期后,在《财政部、税务总局关于延续实施上市公司股权激励有关个人所得税政策的公告》(财政部、税务总局公告2023年第25号)规定,这一所得税优惠可执行至2027年末[2],日后有望成为常态化制度。

---

[1]《关于个人所得税法修改后有关优惠政策衔接问题的通知》(财税〔2018〕164号)第2条规定,"关于上市公司股权激励的政策(一)居民个人取得股票期权、股票增值权、限制性股票、股权奖励等股权激励(以下简称股权激励),符合《财政部、国家税务总局关于个人股票期权所得征收个人所得税问题的通知》(财税〔2005〕35号)、《财政部、国家税务总局关于股票增值权所得和限制性股票所得征收个人所得税有关问题的通知》(财税〔2009〕5号)、《财政部、国家税务总局关于将国家自主创新示范区有关税收试点政策推广到全国范围实施的通知》(财税〔2015〕116号)第四条、《财政部、国家税务总局关于完善股权激励和技术入股有关所得税政策的通知》(财税〔2016〕101号)第四条第(一)项规定的相关条件的,在2021年12月31日前,不并入当年综合所得,全额单独适用综合所得税率表,计算纳税。计算公式为:应纳税额=股权激励收入×适用税率-速算扣除数。"

[2]《关于延续实施全年一次性奖金等个人所得税优惠政策的公告》(财政部、国家税务总局公告2021年第42号)第1条规定,"《财政部税务总局关于个人所得税法修改后有关优惠政策衔接问题的通知》(财税〔2018〕164号)规定的全年一次性奖金单独计税优惠政策,执行期限延长至2023年12月31日;上市公司股权激励单独计税优惠政策,执行期限延长至2022年12月31日。"《关于延续实施有关个人所得税优惠政策的公告》(财政部、国家税务总局公告2023年第2号)第1条规定,"《财政部税务总局关于延续实施全年一次性奖金等个人所得税优惠政策的公告》(财政部、国家税务总局公告2021年第42号)中规定的上市公司股权激励单独计税优惠政策,自2023年1月1日起至2023年12月31日止继续执行。"财政部、国家税务总局《关于延续实施上市公司股权激励有关个人所得税政策的公告》(财政部、国家税务总局公告2023年第25号)第2条规定,"本公告执行至2027年12月31日。"

2. 非上市公司股权激励所得税优惠的法律规定

非上市公司股权激励不仅在规范上大量参考上市公司的有关规定,税收待遇上也一定程度上借鉴了上市公司相关经验。国家税务总局《关于阿里巴巴(中国)网络技术有限公司雇员非上市公司股票期权所得个人所得税问题的批复》(国税函〔2007〕1030号)曾拒绝了阿里巴巴员工股票期权取得按《关于个人股票期权所得征收个人所得税问题的通知》规定缴纳个人所得税,但之后,上市公司与非上市公司的股权激励税收待遇逐渐接近,甚至更为优待非上市公司(表2-5)。例如,财政部、国家税务总局《关于完善股权激励和技术入股有关所得税政策的通知》(财税〔2016〕101号)扩大了所得税优惠的覆盖范围,由高校、科研机构、高新技术企业等扩至负面清单之外满足条件的所有境内居民企业,针对的股权激励方式也由股权奖励扩大到4种股权激励模式,纳税方式上也由两次纳税时点对应不同税率变更为一次纳税时点适用较低税率。[1]《关于股权激励和技术入股所得税征管问题的公告》(国家税务总局公告2016年第62号)对有关政策细节和税收征管作了进一步明确。《关于做好股权激励和技术入股所得税政策贯彻落实工作的通知》(税总函〔2016〕496号)从组织领导、税收宣传、纳税服务、征收管理、分析应对5个方面的10项工作措施予以明确,以督促相关规定在全国各地的落实。

表2-5 我国上市公司与非上市公司股权激励所得税收规定比较

关键时点	上市公司	不满足递延纳税条件的非上市公司	满足递延纳税条件的非上市公司
授予日	不纳税	不纳税	不纳税
行权日/解禁日	工资薪金所得,适用3%~45%的超额累进税率	行权日公平市场价格扣减员工实际出资额所得余额,计入工资薪金所得,适用3%~45%的超额累进税率	不纳税

---

[1] 上官鸣,丁小雯.关于股权激励和技术入股有关所得税政策分析[J].上海管理科学,2013(3).

续表

关键时点	上市公司	不满足递延纳税条件的非上市公司	满足递延纳税条件的非上市公司
转让日	实际转让价扣减转让日公平市场价格所得余额,计入财产转让所得	转让日股权公平市场价格扣减行权日股票公平市场价格所得余额,计入财产转让所得,适用20%的税率	股权转让收入减除股权取得成本以及合理税费后的差额,按"财产转让所得"项目缴纳20%的个人所得税

二、股权激励所得税优惠的国外立法

世界各国的股权激励方式复杂多样,包括股票期权、限制性股票、非限制性股票、股票增值权、虚拟股票等,但均予以个人所得税优惠。股票期权是各国主流的股权激励方式,应用最为广泛,相关规定也最为详细;限制性股票做法差异较大;非限制性股票在税务处理上相对简单,授予日按工资薪金所得计税,转让日按资本利得计税;股票增值权与虚拟股票是股票期权的衍生方式,多数国家规定纳税可递延至取得现金收益时点。

(一)美国股权激励所得税优惠的立法

美国是股票期权的发源地,股票期权在美国税法上被分为法定股票期权与非法定股票期权。法定股票期权享受授予日、行权日不纳税,而是递延至转让日征收资本利得,并且股票转让又对长期持有予以优惠,适用较低的税率。美国税法上股票期权的持有时间标准是授权至行权时间1年或授权至转让时间2年。若是满足持有时间标准的,在此基础上持股超过12个月不满18个月,按28%的税率计算资本利得税;在此基础上持股超过18个月,按20%的税率计算资本利得税。若是不满足持有时间标准的,则又区分为激励型股票期权和购买型股票期权而予以不同税务处理。[1]依据美国税法,不满足持有时间标准的激励型股票期权,转让价格高于行权时股票市场价值的部分属于资本利得,行权时股票市场价值高于实际行权价格的部分属于一般所得,若股票在转让时亏损,则按资本利得损失处理。不满足持有时间标准或满足持有时间标准但折价取得期权的购买型股票期权,比较授权日股票市场价与转让日股票市场价两种价格与股票行权价之间的差额,其中较小者计入一般所得,其他所得计入资本利得。

非法定股票期权不享受递延纳税的所得税优惠,各时点按所得性质缴纳所得税:(1)授权日,根据股票期权市场价容易确定与否予以分类处理[2],容易确定的,将授权日股票期权市场价值扣减计划行权价格所得余额,按一般所得计税;不易确定的,递延至行权日或转让日纳税。(2)行权日,根据股票期权市场价容易确定与否分类,容易确定的,将行权所得计为一般所得;不易确定的,待

---

[1] 在美国税法上,激励型股票期权应当满足以下条件:(1)获赠人为本企业员工;(2)标的物为本公司、其母公司或子公司的股票;(3)实行股票期权前须制定详细的发行计划,规定发行总数和获赠人资格;(4)股票期权计划必须在采纳前或采纳后的12个月内获得经股东大会批准;(5)从股票期权计划被采纳或董事会批准二者较早者开始计算,必须在10年内授予;(6)行权期不能超过10年,超过期限的,获赠人自动丧失行权资格;(7)行权价格不能低于授权时股票市场价值;(8)授权时,获赠人所拥有的具有投票权股票不能超过股份总数的10%,除非行权价格超出授权时股票市场的110%,并且规定在5年内必须行权;(9)除自愿或法定继承外,在行权之前的股票期权不能转让,且只能由获赠人自己行权,除非其死亡。购买型股票期权则应符合以下条件:(1)获赠人必须而且只能是公司全体长期雇佣的员工和达到一定工作时间的临时员工;(2)标的物只能是本公司、其母公司或子公司的股票;(3)股票期权计划必须在计划被采纳前后12个月内获股东大会批准;(4)获赠人不得拥有超过公司5%的股份;(5)行权价格不能低于授权时股票市场价值与行权时市场价值中较小者的85%;(6)行权期不能超过5年;(7)获赠人在任何时候不得拥有超过2.5万美元的股票购买权(以授权时股票市场价值进行衡量);(8)股票期权不得转让。

[2] 股票期权满足下列两个条件之一的,就可判定其市场价值是容易确定的:(1)股票期权可在证券交易市场进行交易。(2)股票期权虽不在证券交易市场进行交易,但能同时满足下列4个条件的,也可判定其市场价值是容易确定的:一是股票期权可进行转让;二是获赠人可立即对全部期权进行行权;三是除受到向授权公司支付相应价款限制外,不存在其他影响期权或其对应股票市场价值的任何限制条件;四是股票期权产生收益的市场价值是容易确定的。参见夏宏伟,王京华.经济下行期完善我国股票期权税收政策的思考[J].中国证券期货,2009(1).

激励对象真实持股,以真实持有时股票市场价值扣减实际行权价的部分所得差额计入一般所得。(3)转让日,股票售价扣减行权价及已计入激励对象一般所得纳税的数额后所得余额,计入资本利得,其中行权后持股时间不满1年,按短期资本收益税率征税;行权后持股时间超过1年,按长期资本收益税率征税。

限制性股票的个人所得税规定具有一定灵活性,赋予限制性股票的激励对象自主选择一般纳税抑或特殊纳税的权利。一般纳税规定将纳税时点由授权日递延至既得日,缓解限制性股票激励对象的现金流压力,也减轻其对于企业未来股价下跌的担忧,即激励对象放弃行权则不纳税,既得日行权的,股票公平市场价格扣减为获股票支付金额的差额,计入一般所得。以既得日为起点,计算持股期,股票转让的,股票售价扣减既得日股票市场价格所得余额,按资本利得计税。特殊纳税规定则是授予日按一般所得纳税,限制性股票的激励对象若对企业发展前景充满信心,提前纳税可以有效节税,省下既得日股票公平市场价格与授予日股票公平市场价格之间的差额,但若行权日放弃的,已纳税款不再退还,损失不得抵扣。以授予日为起点,计算持股期,股票转让的,股票售价扣减授予日股票市场价格所得余额,按资本利得计税。

(二)英国股权激励所得优惠的立法

英国是最早开征个人所得税的国家,股权激励的历史同样悠久。英国将股票期权划分为经批准的股票期权和未经批准的股票期权。经批准的股票期权包括股权激励计划、扣存工资储蓄计划、公司股票期权计划、企业管理激励等多种方式,须满足严格的限制以享受较大的所得税优惠,例如股权激励计划、扣存工资储蓄计划授予对象须是企业雇员;公司股票期权计划激励标的股票价值上限为30 000英镑;企业管理激励要求企业资产小于或等于3000万英镑、股票价值不超过250 000英镑。❶经批准的股票期权可以享受免征额的税收优惠,授予日不纳税;若激励对象在期权授予后3~8年内行权,也不纳税;转让日,股票售价扣减行权价款的差额,按资本利得计税,适用10%或20%两档税率。

未经批准的股票期权准入门槛较低,应用较为广泛,但不享受所得税的免征额优惠:(1)在授予日,一般无须纳税,但若行权价低于授权日股票市价且持

---

❶ 樊轶侠,郝晓婧.股权激励个人所得税政策优化:国际比较的视角[J].财政科学,2022(4).

续 10 年以上,则授权日股票市价扣减行权价后所得的差额,并入一般所得计税;(2)在行权日,按股票公允价格与行权价格的差额计税,若激励对象在授予日已纳税,则相应抵减税额;(3)在转让日,转让股票所得收益按资本利得征税。

限制性股票的激励对象在授予日须按工资薪金所得计税,但真实市值与无条件市值之间的差额能在一定条件下缓解激励对象的现金流压力,同时英国税法赋予限制性股票的激励对象纳税 A 和 B 方案的选择权。[1]A 方案,在授予日,以真实市值扣减被激励对象为获股票支付金额所得余额,计入工资薪金所得;在转让日,授予时无条件市值与真实市值之间的差额及其所对应的股票增值部分,按工资薪金所得计税,其他增值部分按资本利得纳税。B 方案,在授予日,无条件市值扣减被激励对象为获股票支付金额所得余额,计入工资薪金所得;在转让日,股票售价扣减被激励对象为获股票支付金额及无条件市值后所剩余额,计入资本利得纳税。

(三)法国股权激励所得税优惠的立法

法国税法未对股权激励予以分类,而是以持股时间为核心设定所得税优惠,持股时间越长,所得税优惠力度越大。

依据法国税法关于股票期权所得税的规定:(1)股权激励在授权日不纳税。(2)行权后,若超过 4 年禁售期未转让股票,则不纳税,转让股票,则股票公允价格与行权价格之差额计入工资薪金所得,按 48% 税率纳税。(3)禁售期届满 2 年内转让股票的,应纳税所得额是实际转让所得与行权日股价之间差额,转让所得不超过一定数额的部分,按税率 40% 计征资本利得税,超过一定数额的部分,按 50% 计征资本利得税。禁售期届满 2 年后转让股票的,应纳税所得额为实际转让所得与行权日股价之间的差额,转让所得不超过一定数额的部分,按税率 26% 计征资本利得税,超过一定数额的部分,按 40% 计征资本利得税。

法国税法对于限制性股票,给予较大幅度的递延纳税优惠,可以直接递延至转让日纳税,且激励对象可以选择按一般所得抑或资本利得纳税。

---

[1] 薛薇,魏世杰.全球科技创新税收政策研究[M].北京:中国财政经济出版社,2023:309.

三、企业研发人员股权激励所得税的优惠对象

依据财政部、国家税务总局《关于完善股权激励和技术入股有关所得税政策的通知》(财税〔2016〕101号)规定,享受递延纳税所得税优惠的非上市公司股权激励须满足3类7项条件:第一类行业限制条件,即《股权奖励税收优惠政策限制性行业目录》负面清单以外的企业,所属行业按上一纳税年度主营业务收入占比最高的行业确定;第二类企业主体条件,即境内居民企业、股权激励计划须经审核批准、激励标的为本企业股权;第三类激励股权持有者条件,分别是激励对象范围、股权持有时间和行权时间。

(一)享受所得税优惠的股权激励类型

股权激励可分为权益结算型与现金结算型两种:前者包括股票(权)期权、限制性股票、业绩股票、期股、现股等,激励对象获得真实股权,能够形成激励约束的长效机制,并且对企业现金流不会产生过大压力;后者包括股权奖励、股票增值权、虚拟股权计划、利润分享计划等,可以保证企业股权结构和治理结构的稳定性。目前,我国上市公司主要采取权益结算型激励模式;非上市公司因无统一、明确的规定,尚无主流的股权激励类型,往往结合各种股权激励的特点和自身情况选择一种或数种来制定股权激励方案。例如,吴忠仪表有限责任公司采用包括股票期权、员工持股、期股等多种激励类型的复合型股权激励方案,不仅能够较为全面地激励,而且不同类型还能优势互补,实现股权激励的效用最大化。[1]《关于完善股权激励和技术入股有关所得税政策的通知》规定了享受递延纳税的股权激励包括股票期权、股权期权、限制性股票和股权奖励四种:(1)股票(权)期权是企业赋予员工在未来条件成熟时购买本企业一定数量股票(权)的权利;(2)限制性股票是通过禁售期、解锁条件和解锁期的限制来实现员工与企业的利益绑定;(3)股权奖励是企业无偿授予员工部分股份(权)。在学理上,前3种属于权益结算型股权激励,股权奖励属于现金结算型。所得税优惠以法定列举方式锁定以上四种股权激励类型,主要基于以下考虑:(1)股权激励较为简单经典,相关操作规范较为完备;(2)可以有效

---

[1] 黄丽香.中小企业核心人员股权激励模式探讨[J].中国商论,2021(23).

控制表决权行使、股权退出等有关事项的风险;(3)便于区分股权激励与员工福利,股权激励着眼于激励对象未来可能对企业作出的贡献,而不是过往的表现。

毕竟股权激励类型在现实中千变万化、包罗万象,每种类型股权激励的特点和适用条件不同,也不存在普适性的最优方案,企业应当根据发展阶段、政策环境、资金状况、员工规模等选择或组合最适合自己的股权激励类型。由于所得税优惠对企业选择股权激励类型的影响,进而会影响股权激励的效果,对企业的长远发展有所妨碍。[1]诸如员工股票购买计划、员工股票所有权计划、绩效股份计划及股票增值权等与法定列举的四种股权激励并无实质差异,但所得税优惠迥异,区别对待有损税收公平原则。2023年修订《公司法》,充分肯定并规范股份有限公司设立"类别股",将有助于其设计股权激励,并消弭了不同股权激励之间的区别。例如,股份公司若将激励股权设定为表决权劣后的股东权益,则不同模式的股权激励最终均大致等同于分红激励;抑或股份公司若将各类型激励股权设置不同表决权数、利润分配顺序,则同一股权激励可能呈现不同的效果。申言之,我国应当在法定四种股权激励类型后规定抽象概括性的兜底条款,以放宽享受所得税优惠对象的股权激励类型限制,同时因应股权激励的规范性与激励性,分情况予以差异化的所得税优惠。

(二)享受所得税优惠的股权激励持有者限制

财政部、国家税务总局《关于完善股权激励和技术入股有关所得税政策的通知》(财税〔2016〕101号)中规定,"激励对象应为公司董事会或股东(大)会决定的技术骨干和高级管理人员",其中技术骨干即指企业内直接从事研发人员。依据国家税务总局《关于研发费用税前加计扣除归集范围有关问题的公告》(国家税务总局公告2017年第40号),"直接从事研发活动人员包括研究人员、技术人员、辅助人员。研究人员是指主要从事研究开发项目的专业人员;技术人员是指具有工程技术、自然科学和生命科学中一个或一个以上领域的技术知识和经验,在研究人员指导下参与研发工作的人员;辅助人员是指参与研究开发活动的技工。外聘研发人员是指与本企业或劳务派遣企业签订劳务

---

[1] 汪璐琰.股权激励中存在的法律风险及对策分析[J].纳税,2020(29).

用工协议(合同)和临时聘用的研究人员、技术人员、辅助人员"。由于研发人员往往身兼数职,对其认定可以考虑其从事的研发活动、生产或管理等活动的工时分配比例,以确认其是否主要从事研发活动相关工作,还可以通过学历、既往工作经历判断是否具备相关专业技术背景。研发人员依据与企业的雇佣关系,分为长期聘用、临时聘用和劳务派遣三种。股权激励旨在将员工利益与企业生产经营相绑定,属于一种长期激励机制[1],因而股权激励持有者一般指企业的在职员工。但是,股权激励作为人才争夺战中的制胜法宝,不应墨守成规。以高校教职工为例,为促进科技成果转化,国家鼓励支持研究开发机构、高等院校与企业开展交流,并允许双方科技人员互相兼职[2],高校教职工以校内教研为主业,无法保证在企业的工作时长,作为临时聘用人员与企业难以形成劳动关系般的紧密、稳定联系,但其对企业科技创新贡献不小于企业在职员工。因此,我国应当放宽享受所得税优惠的股权激励持有人的身份限制。

财政部、国家税务总局《关于完善股权激励和技术入股有关所得税政策的通知》(财税〔2016〕101号)规定,激励对象人数累计不得超过本公司最近6个月在职职工平均人数的30%,目的是防止股权激励沦为全体员工的福利。但是,30%的人数限制对技术人员占员工大多数的科技型企业影响较大,仅少部分员工获得股权激励的所得税优惠,反而造成军心不稳。科技型企业不求规模庞大,专精特新的"小巨人"企业是专注于细分市场、创新能力强、市场占有率高、掌握关键核心技术、质量效益优的排头兵,在我国新质生产力发展中发挥产业链关键环节"补短板""锻长板",重点行业领域"填空白",解决"卡脖子"难题的科技创新作用,其中离不开研发人员的努力。30%的人数限制不仅未能向科技型企业提供新手保护,而且对初创型科技企业无异于雪上加霜。在初创型科技企业中,近乎全员是科技骨干,并且面临人才需求迫切、现金流紧张、规模扩张快、离职率高等特点,虽然初创阶段的企业价值不确定,但股权激励对稳定

---

[1] 刘春晓.中国上市公司股权激励研究[J].现代工业经济和信息化,2017(10).
[2] 《中华人民共和国促进科技成果转化法》第27条,"国家鼓励研究开发机构、高等院校与企业及其他组织开展科技人员交流,根据专业特点、行业领域技术发展需要,聘请企业及其他组织的科技人员兼职从事教学和科研工作,支持本单位的科技人员到企业及其他组织从事科技成果转化活动。"

并扩大团队发挥重要作用。❶我国应适当放宽享受所得税优惠的股权激励持有者的人数限制,但不能采取直接放弃比例限制的做法。为避免所得税优惠成为"大锅饭",我国应当结合行业发展、竞争状况、企业性质及其所属阶段安排不同的人数限制比例,其中对于专精特新中小企业和初创型科技企业应调高比例。

四、企业研发人员股权激励所得税的计税依据

企业研发人员以低于公平市场价格取得股票的,低于公平市场价格的差额按照工资薪金所得缴纳个人所得税,因此公平市场价格是股权激励所得税计税依据确定的关键。国家税务总局《关于股权激励和技术入股所得税征管问题的公告》(国家税务总局公告2016年第62号)规定:"公平市场价格按以下方法确定:1.上市公司股票的公平市场价格,按照取得股票当日的收盘价确定。取得股票当日为非交易日的,按照上一个交易日收盘价确定。2.非上市公司股票(权)的公平市场价格,依次按照净资产法、类比法和其他合理方法确定。净资产法按照取得股票(权)的上年末净资产确定。"

(一)上市公司股权激励的计税依据

上市公司股票(权)的公平市场价格按照取得股票(权)当日的收盘价确定,但对于取得股票日(权)确定存在不同认识,并因股票市场价格波动而存在差异。例如,《国家税务总局关于股权激励有关个人所得税问题的通知》(国税函〔2009〕461号)规定:"关于限制性股票应纳税所得额的确定,按照个人所得税法及其实施条例等有关规定,原则上应在限制性股票所有权归属于被激励对象时确认其限制性股票所得的应纳税所得额。即:上市公司实施限制性股票计划时,应以被激励对象限制性股票在中国证券登记结算公司(境外为证券登记托管机构)进行股票登记日期的股票市价(指当日收盘价,下同)和本批次解禁股票当日市价(指当日收盘价,下同)的平均价格乘以本批次解禁股票份数,减去被激励对象本批次解禁股份数所对应的为获取限制性股票实际支付资金数额,其差额为应纳税所得额。"股票登记日又称授予日,激励对象获得股

---

❶ 王乐天.初创型科技公司股权激励问题简析[J].全球流通经济,2021(5).

票所有权而产生所得;解禁日则是激励对象得以对股票做出处分的时点,通过股权转让而获得现实收益,符合纳税必要现金原则,税务机关因此对限制性股票的应纳税所得额采取两者兼采的变通做法。❶申言之,受"有所得,有所得税"的影响,税务机关倾向于将登记日认定为纳税义务产生时间,仅因禁售期的限制,纳税人无法获得现金用于纳税,才将期限递延至解禁日,并且基于股票变现成本的考虑,将解禁日股票市场价格纳入计算,瞻前顾后反而有损税收公平。❷但是,股票登记日的股票价格并不合理,因为限制性股票在解禁前不可流入交易市场,无法产生现实收益,以此征税违反量能课税原则,导致激励对象的收益与税负不相匹配,且面临较大的股票市场价格波动风险。❸

我国对于限制性股票公平市场价格的确定应当贯彻纳税必要现金原则,即激励对象取得限制性股票时不纳税,而是以获得现实收益时的解禁日股票市场价格为准。为充分保障纳税人权益,我国也不妨取股票登记日与解禁日市场价格的较小值为计税依据,以此减轻股票市场价格波动对纳税人的影响,并在一定程度上激励长期持股,避免因税负导致的短期投机。

(二)非上市公司股权激励的计税依据

非上市公司股票(权)的价值认定首先采用净资产法,即以某一时点经评估审计的净资产值来确定,操作较为简洁明了。但是,净资产法也存在不足之处:(1)适用情形有限,因不考虑企业商誉、知识产权等无形资产,通常仅适用于有形资产在企业价值中占据主要地位的情形❹;(2)纳税人可以通过时点的确定操作避税,评估审计机构在净资产法中具有较大的自由裁量权,估值公允性难以保障;(3)基于谨慎性会计原则,企业的资产价值往往被低估。因此,净资产法衡量股票(权)的公平市场价格存在税源流失的风险。

国家税务总局《股权转让所得个人所得税管理办法(试行)》(国家税务总局公告2014年第67号)第14条规定:"主管税务机关应依次按照下列方法核定

---

❶ 刘久扬,潘斌.股权激励个人所得税政策解读[J].财务与会计(理财版),2011(12).
❷ 陈少英,赵菁.非货币性资产出资所得税纳税期限探究[J].财税研究,2019(5).
❸ 高金平,胥峰.资本交易税收政策与征管问题探讨[J].税务研究,2013(8).
❹ 李立成,陈秋英.长期股权投资权益法改进思考[J].财会月刊,2012(4).

股权转让收入:(一)净资产核定法。股权转让收入按照每股净资产或股权对应的净资产份额核定。被投资企业的土地使用权、房屋、房地产企业未销售房产、知识产权、探矿权、采矿权、股权等资产占企业总资产比例超过20%的,主管税务机关可参照纳税人提供的具有法定资质的中介机构出具的资产评估报告核定股权转让收入6个月内再次发生股权转让且被投资企业净资产未发生重大变化的,主管税务机关可参照上一次股权转让时被投资企业的资产评估报告核定此次股权转让收入。(二)类比法。1.参照相同或类似条件下同一企业同一股东或其他股东股权转让收入核定;2.参照相同或类似条件下同类行业企业股权转让收入核定。(三)其他合理方法。主管税务机关采用以上方法核定股权转让收入存在困难的,可以采取其他合理方法核定。"我国对非上市公司股票(权)的价值认定将净资产法改为净资产核定法,关注知识产权、矿业权等无形资产,并以股权转让时企业资产评估报告为参考,避免评估审计机构的恣意,统一股票(权)价值和股权转让所得的认定标准。

五、企业研发人员股权激励所得税的优惠方式

(一)获得股权所得的税收优惠

狭义上的股权激励所得是指获得股权的所得。依据《财政部 国家税务总局关于个人股票期权所得征收个人所得税问题的通知》(财税〔2005〕35号)规定:"员工行权时,其从企业取得股票的实际购买价(施权价)低于购买日公平市场价(指该股票当日的收盘价,下同)的差额,是因员工在企业的表现和业绩情况而取得的与任职、受雇有关的所得,应按'工资、薪金所得'适用的规定计算缴纳个人所得税。"2018年修正《中华人民共和国个人所得税法》规定,工资薪金所得被纳入综合所得,适用3%~45%的超额累进税率,获得股权所得若适用累进税率,税负较重,势必严重削弱股权激励效果。关键的是,股权激励产生的所得乃是激励对象多年累积产生的所得集中在同一纳税年度实现,即税理上的变动所得[1],个人所得税法若不区分所得产生的周期差异,按年计征与

---

[1] 陈清秀.税法各论[M].北京:法律出版社,2016:102.

累进税率将共同造成变动所得遭受征收重税的不公平待遇。❶

解决变动所得征收重税的方法之一是分离征税,即将原本适用综合所得税制的特定所得不予合并,通过分开计税放宽其适用的累进税率,进而实现税收公平。❷我国对股权激励所得就采取分离征税的方式。2007年国家税务总局《关于阿里巴巴(中国)网络技术有限公司雇员非上市公司股票期权所得个人所得税问题的批复》(国税函〔2007〕1030号)指出:"该公司雇员以非上市公司股票期权形式取得的工资薪金所得,在计算缴纳个人所得税时,因一次收入较多,可比照《国家税务总局关于调整个人取得全年一次性奖金等计算征收个人所得税方法问题的通知》(国税发〔2005〕9号)规定的全年一次性奖金的征税办法,计算征收个人所得税。"但是,2009年国家税务总局《关于股权激励有关个人所得税问题的通知》(国税函〔2009〕461号)又废止了此规定。2018年《关于个人所得税法修改后有关优惠政策衔接问题的通知》规定,居民个人取得股票期权、股票增值权、限制性股票、股权奖励等股权激励在2021年12月31日前,不并入当年综合所得,全额单独适用综合所得税率表,计算纳税。股权激励所得分离征税的做法以所得税优惠方式,经由3次延期,延续至2027年之后。股权激励所得分离征税之所以难以成为常态化制度,是因为其存在肢解综合所得税制的嫌疑,且可能被纳税人滥用为避税工具。

我国对于具有变动所得性质的股权激励所得还可以采取所得平均(Income-averaging)或税制平均(Tax-averaging)的方法,即股权激励所得的时间归属进行拟制移转,将所得在一定年限内均摊,分别计入相关年度的综合所得计征,实现股权激励的税负公平负担。

(二)股权长期持有的税收优惠

为了更好绑定企业与激励对象,股权激励所得税优惠应当鼓励长期持股,以激励对象之私心成企业之公利,强化对行为约束,减少代理成本。但是,我国股权激励所得税优惠与长期持股相关的规定较少。财政部、国家税务总局《关于完善股权激励和技术入股有关所得税政策的通知》(财税〔2016〕101号)

---

❶ 山田太门.财政学的本质[M].宋健敏,译.上海:上海财经大学出版社,2020:81.

❷ 金子宏.日本税法[M].战宪斌,郑林根,等译.北京:法律出版社,2004:121-122.

将持股期限作为享受递延纳税的非上市公司股权激励的条件之一,即股票(权)期权自授予日起应持有满3年,且自行权日起持有满1年;限制性股票自授予日起应持有满3年,且解禁后持有满1年;股权奖励自获得奖励之日起应持有满3年。此外,长期持有上市公司股权所获股息红利所得可按持股期间长短享受减半或全额免征的所得税优惠。但是,关于股权激励所得税授权日或行权日纳税的规定,却造成激励对象为了缓解行权日的税负压力,尽快抛售股票的现象。❶

为了鼓励长期持有,各国除了将禁售期作为享受所得税优惠的股权激励要件之外,还会根据持股期间设置超时累退税率。我国可以参考设立依据持股期间的所得税率优惠,持股5年以内的,股权转让按财产转让所得,适用20%税率;持股5年以上的,视为长期投资,适用10%税率。

---

❶ 樊轶侠,郝晓婧.股权激励个人所得税政策优化:国际比较的视角[J].财政科学,2022(7).

第三章 推动新质生产力成果应用的发展型财税法

第一节 企业技术转让所得税优惠

当前,各国纷纷降低企业与知识产权相关收益的税负,激励本国企业科技成果的商业化,并吸引国际科技成果的转移,促进本国技术创新。对于企业技术转让的所得税优惠有利于企业更高效地将技术成果转化为市场应用,有助于科技创新得到更频繁、更广泛的传播,进而实现党的二十届三中全会提出的"科技创新和产业创新融合发展"。企业技术转让所得税优惠作用于科技创新的后端,其与研发活动的税收优惠相衔接,可以减少企业科技创新的资金压力,也有助于企业科技成果商业化初期的成功融资。《中华人民共和国企业所得税法》第27条第4项规定,企业符合条件的技术转让所得可以减免企业所得税,经过多年实施,已经取得了显著效果,2022年技术交易总额达到1.34万亿元。[1]但是,企业技术转让所得税收优惠的法律、行政法规、部门规章及规范性文件还存在较多问题亟待解决,以释放企业在技术转让环节的创新活力,进而培育和壮大新质生产力。

一、企业技术转让所得税优惠概述

(一)企业技术转让及其类型化

美国的布鲁克斯(H.Blucurs)较早指出,"所谓技术转让,就是科学和技术通过人类活动被传播的过程;由一些人或机构所开发的系统、合理的知识,通过

---

[1] 中国统计年鉴(2022)[EB/OL].[2024-04-10].http://www.stats.gov.cn/tjsj/ndsj/2018/indexch.htm.

人们的活动被另外一些人或机构应用于处理事物的方式过程"[1]。"技术出让方将一项制造产品的工艺技术,或是以技术服务的方式将某种技术转移给技术受让方就是技术转让"[2],即技术转让可以理解为技术从技术供方向技术受方流动的动态过程。在国外,"TechnologyTransfer"通常包含技术转移与技术转让,但我国技术转让偏向于技术的有偿转移,之所以在法律层面上强调技术转让的有偿性,是因为实质性技术转让应对受让方及其国家的发展产生积极影响,若不能实现此项目的,体现不了对价,就不是技术转让,而是"技术旅行(Technology Travel)"[3],即技术纯粹地从空间到空间的位置变动和转移。换言之,企业技术转让是指在企业之间一方有偿将所有的技术转让另一方,其中转让的技术包括知识产权或者资本化的无形资产,转让方式包括技术所有权转让、技术使用权许可、技术出资等。企业技术转让涉及所得税、流转税等不同税种,在我国税法上,企业技术转让已从单一的技术买卖扩展至技术许可、技术出资等多种形式,即包括狭义上的技术转让和技术出资:前者又分为技术所有权转让的技术买卖和技术使用权转让的技术许可;后者是指企业将自身掌握的技术成果,以投资入股方式转变为对特定企业持有的股份。

(二)企业技术转让所得税优惠与其他知识产权税收优惠的差异

为鼓励企业加强知识产权投资,促进科技创新和进步,诸如知识产权所得的税收减免、研发支出额外扣除以及研发资产加速折旧等知识产权税收优惠被广泛采用,其中企业技术转让所得税收优惠与其他知识产权税收优惠在制度意义、实施阶段和适用范围上存在差异。

1. 制度意义的差异

研发支出额外扣除、研发资产加速折旧等知识产权税收优惠等属于投入式税收激励,目的在于鼓励企业加大研发投入,但缺乏对创新技术成本及其成果商业转化的关注。相反地,企业技术转让所得税收优惠主要针对科技研发的

---

[1] 贺艳,许云.国内外技术转移问题研究新进展[J].中共中央党校学报,2014(6).

[2] 许秀芳.国际技术转让所得课税法律问题[M].北京:北京大学出版社,2007:13.

[3] SAGAFI-NEJAD T,MOXON R W,PERLMUTTER H V. Controlling international technology transfer: Issues, perspectives, and policy implications[M]. Amsterdam: Elsevier,2013:9.

后端,即激励研发之后的商业活动而不是研发活动本身[1],为促进科技的商业流通、成果转化以及产业赋能方面发挥更大作用。企业技术转让所得税优惠的核心优势在于,不仅关注研发收入,还关注研发成果的市场化应用,通过降低知识产权商业化过程中的税负,鼓励企业将科技创新成果转化为新质生产力。此外,企业技术转让所得税收优惠也有助于激发市场、资本对创新成果的兴趣和投资,从而向企业提供更多的市场机会和资金支持。通过企业技术转让所得税优惠的引导,可以促进知识转移乃至交易市场的发展,进一步优化科技创新资源的配置,提升整个产业链的创新力和竞争力。

2. 实施阶段的差异

科技创新的整个阶段涉及前期研发投入和后期成果产出两个过程,但前期研发投入与后期成果产出不是一一对应,税收优惠须针对科技创新不同阶段的特点予以实施,因而可以分为投入式税收优惠和产出式税收优惠:对于前者,企业只有扩大研发投入时才会享受;后者则对成果收益提供激励,税收成本会更高。[2]研发支出额外扣除、研发资产加速折旧主要针对科技创新环节的前期,旨在对企业的研发投入提供激励,而不论研发成果是否具备商业化潜力。[3]但是,企业技术转让所得税优惠侧重于科技创新的后期,针对知识产权商业化成果的实现。

3. 优惠范围的差异

投入式税收优惠和产出式税收优惠虽然目标一致,都是为了促进科技创新和提高竞争力,但优惠范围上存在显著区别:研发支出额外扣除、研发资产加速折旧等投入式税收优惠是对研发活动全过程的支持,优惠范围不限于知识产权的开发,包括从基础研究到应用研究等各类研发活动;企业技术转让所得税优惠属于产出式税收优惠,主要适用于源自知识产权的收入,多数国家将发明、外观设计和软件著作权等纳入优惠范围,反映了一种更为直接的促进知识产权商业化的政策导向,即通过降低知识产权转让所得的税负,激励企业加强知识产权的创造、保护和利用,进而促进科技创新成果的有效转化和应用。

---

[1] 赵书博.中国与欧洲各国专利盒制度比较研究[J].会计之友,2015(5).

[2] 薛薇.科技创新税收政策国内外实践研究[M].北京:经济管理出版社,2013:182.

[3] 钱亚蕊.研发支出税收优惠政策对企业创新的影响研究[J].产业创新研究,2024(1).

(三)企业技术转让所得税优惠的法律现状

为了支持和鼓励发展横向经济联合,发挥税收的经济杠杆作用,1986年财政部发布的《关于促进横向经济联合若干税收问题的暂行办法》[(86)财税字第078号]通知中关于技术转让收入征税规定:"全民、集体所有制企业进行技术转让(包括技术咨询、技术服务、技术培训等),年净收入在三十万元以下的,暂免征所得税;超过三十万元的部分,依法缴纳所得税。大专院校、科研单位以及其他全民所有制事业单位进行技术转让所得的净收入,暂免征收所得税。"之后,1989年国家税务局《关于对全民所有制企、事业单位技术转让所得征免所得税问题的补充规定》[(89)国税所字第011号]、《关于对集体所有制企业技术转让所得征免所得税问题的通知》[(89)国税所字第058号]、1994年《财政部 国家税务总局关于企业所得税若干优惠政策的通知》(财税字[1994]001号)、1999年财政部和国家税务总局《关于促进科技成果转化有关税收政策的通知》(财税字[1999]45号)对于技术转让所得减免企业所得税予以进一步明确。

2007年《中华人民共和国企业所得税法》对内外资企业所得税制予以统一化,构建平等竞争的税收法治环境,其中第27条第4项明确规定,符合规定条件的企业技术转让所得可以免征或减征企业所得税。《中华人民共和国企业所得税法实施条例》第90条规定:"企业所得税法第二十七条第(四)项所称符合条件的技术转让所得免征、减征企业所得税,是指一个纳税年度内,居民企业技术转让所得不超过500万元的部分,免征企业所得税;超过500万元的部分,减半征收企业所得税。"之后,国家税务总局又先后发布《关于技术转让所得减免企业所得税有关问题的通知》(国税函[2009]212号)、《关于居民企业技术转让有关企业所得税政策问题的通知》(财税[2010]111号)、《关于技术转让所得减免企业所得税有关问题的公告》(国家税务总局公告2013年第62号)对企业技术转让所得税收优惠予以进一步明确。

2013年,为进一步推动技术转化为生产力,经国务院同意,财政部、税务总局出台关于《中关村国家自主创新示范区技术转让企业所得税试点政策的通知》(财税[2013]72号),对企业技术转让所得税优惠试点的技术转让范围、行为、合同及例外予以更为明确的规定,其中规定,技术转让包括技术的所有权或5年以上非独占许可使用权转让的行为。2015年财政部、税务总局《关于将国家自主创新示范区有关税收试点政策推广到全国范围的通知》(财税〔2015〕116号)又将自创区试点的技术转让企业所得税优惠向全国推广。同年,国家税务总局发布《关于许可使用权技术转让所得企业所得税有关问题的公告》(国家税务总局公告2016年第82号)对许可使用权技术转让所得税优惠予以明确。2020年,财政部、税务总局、科技部、知识产权局联合发布《关于中关村国家自主创新示范区特定区域技术转让企业所得税试点政策的通知》(财税〔2020〕61号),将适用技术转让所得免征额提高至2000万元,将非独占许可使用权转让由"5年以上"的时间要求下调至"3年以上"。

二、专利盒税收优惠的域外立法

专利盒税收优惠是指将企业从专利或其他符合条件的知识产权产生的收入纳入一个特定的低税率范畴内,从而减少企业因知识产权产生收入而须缴纳的应纳税额,之所以称之为专利盒,是因为在纳税申报表中,享受此项税收优惠的纳税人需要在一个空格里打钩,以证明收入源于企业知识产权许可、转让或相关产品销售的贡献。[1]专利盒通常涵盖广泛的知识产权类型,包括但不限于专利、版权、设计权和未申请专利的技术解决方案等,不同国家和地区根据自身的经济社会发展需求和政策目标,对于享受专利盒税收优惠的类型及优惠方式予以不同的规定。爱尔兰是最早采用专利盒税收优惠的国家,该国税务机关在1976年就提出一种旨在鼓励专利技术研发与应用的税收优惠,并在2000年前后冠以专利盒之名[2],近年来专利盒税收优惠成为吸引高科技企业和研发活动的一种国际税收竞争手段。专利盒税收优惠与我国企业技术转让所得税税收优惠基本一致,均对企业利用专利和其他知识产权获得收入予以较低的企业所得税率,以提升科技创新成果在商业领域的应用,鼓励企业积极开展高附加值产品的研发、生产以及专利创造等活动。

---

[1] 赵书博.中国与欧洲各国专利盒制度比较研究[J].会计之友,2015(5).
[2] 张富强,蚁佳纯.欧洲国家专利盒创新税制对我国的借鉴[J].贵州社会科学,2016(11).

(一)欧洲各国的专利盒税收优惠

2000年,欧盟15国领导人在葡萄牙里斯本举行特别首脑会议,达成并通过了一项关于欧盟十年经济发展的规划,即"里斯本战略",该战略旨在通过鼓励创新让欧盟成为"以知识为基础的、世界上最有竞争力的经济体",要求各成员国增加知识和创新方面的投入,释放企业增长潜力,各国纷纷开始对知识产权实施税收优惠,包括对知识产权收入适用低税率、将知识产权收入列为免税收入或者为知识产权收入提供名义上的扣除额等。❶知识产权收入的税收优惠最终会增加科技创新企业的税后利润,爱尔兰、法国、匈牙利、比利时、荷兰和英国等实施专利盒税收优惠,给企业提供强大的发展动力,鼓励企业开展科技创新并推动商业化,以此推动经济社会发展。❷

1. 荷兰创新盒税收优惠

2007年,荷兰开始实施专利盒税收优惠,最初仅限于专利,但从2010年起适用范围扩大至专利之外的科技创新领域,因而更名为创新盒(Innovation-Box)。❸因应经济合作与发展组织的税基侵蚀与利润转移(Base Erosion and Profit Shifting,BEPS)第5项行动计划的要求,2017年荷兰对创新盒税收优惠进行修改。依据荷兰的相关规定,纳税人的适格资产产生收入按7%的优惠税率计算缴纳的企业所得税(企业所得税的基本税率为25%),而且净损失可按25%的基准税率进行税前扣除,由此产生的运营损失可向前结转1年或向后结转6年。荷兰创新盒税收优惠的适格资产范围包括纳税人自行研发并已取得荷兰经济事务部授予研发证明的下列知识产权:(1)专利权和植物品种权(已取得或已申请);(2)受版权保护的软件;(3)植物或药物许可证;(4)补充保护证书(Supplementary Protection Certificate,SPC);(5)实用新型。一定规模的纳税人(跨国集团在全球范围5年内总收入少于2.5亿欧元,且适格资产在5年内产生收入少于3750万欧元),在获得研发证明的条件下,即可对自行开发的适格资

---

❶ 李乔彧. BEPS背景下"专利盒"税制的跨国协调:国际标准与中国应对[J]. 税务与经济,2017(4).

❷ De Luca A, Hausch J. Patent box regimes——A vehicle for innovation and sustainable economic growth[J]. Canadian Tax Journal,2017,65(1):39.

❸ 王鸿貌,杨丽薇. 欧洲十二国专利盒制度的比较与借鉴[J]. 知识产权,2016(1).

产收入申请适用创新盒税收优惠。享受荷兰创新盒税收优惠还应当满足以下两项要求之一:(1)实际从事、监督和管理外包的研发活动;(2)至少50%研发活动在荷兰本国进行。❶此外,荷兰引入了关联比率作为计算适用创新盒税收优惠的适格资产收入比例的依据❷,收入包括内嵌收入❸、特许权使用费收入及与知识产权转让有关的资本利得,纳税人处理这些收入须预先与税务机关就关联比率计算方式、内嵌收入确定方法等达成一致。

2. 卢森堡专利盒税收优惠

2008年,卢森堡开始实行专利盒税收优惠,卢森堡专利盒税收优惠作用于所有在卢森堡设立的公司,包括国外公司设立的常设机构,对于企业从适格资产取得的收入按20%征收企业所得税。因应BEPS第5项行动计划的要求,卢森堡在2018年修改税法,维持了之前的税基减免力度,但在适格资产范围、适格净收入计算方式等方面做出了重大变更。

卢森堡专利盒税收优惠的适格资产范围主要包括两大类:(1)专利、实用新型以及其他在功能上等同于专利的受知识产权保护的补充保护证书、植物品种证书等;(2)受国家或国际版权规范保护的软件权利。之前的商标等营销型知识产权不再属于适格资产。

卢森堡专利盒税收优惠对于适格净收入采取的是:适格净收入=适格总收入-支出总额。适格总收入是指纳税人使用适格资产获取的收入,包括特许权使用费收入,内嵌收入,知识产权转让实现的资本利得以及相关侵权赔偿、保险补偿收入等。卢森堡专利盒税收优惠应用关联比率,将其设定为适格支出占支出总额的比例,所有相关支出都应在发生时得到全额确认,而不受到其他任何会计或税务处理的影响,支出总额涵盖了适格支出、收购支出及关联研发支出:(1)适格支出特指与适格资产直接相关的研发活动所产生的必要支出,

---

❶ 杜明茗,黄江玉.创新驱动下"专利盒"税收制度的国际比较及对我国的启示[J].商业会计,2023(18).

❷ 薛薇,魏世杰.全球科技创新税收政策研究[M].北京:中国财政经济出版社,2023:181.

❸ 内嵌收入,即内嵌许权使用收入,是指企业销售由自己的专利等知识产权所转化的产品或服务而产生的收入,申言之,企业科技创新成果的自行转化被视为企业许可专利等知识产权为自己使用所产生的收入。

金额按照实际发生额的130%来计算；(2)收购支出是指购买或获取其他知识产权所付出的成本,成本应与正在开发的知识产权直接相关,并被纳入知识产权的资本价值中；(3)关联研发支出是指与适格产权创造或开发直接相关的必要研发支出,并且应当符合关联方的要求。2018年修改后的专利盒税收优惠要求对于适格净收入经关联比率乘数进一步调整,以得出适用减按20%征税的调整后适格净收入金额,即调整后的适格净收入=适格净收入×关联比率。❶

3. 英国专利盒税收优惠

英国政府致力于"建立20国集团中最具竞争力的税收制度",认为"专利与高科技研发和制造业活动有着特别密切的联系",于2010年宣布对知识产权税收制度进行改革,包括增加专利盒税收优惠。❷英国自2017年4月1日起,对源自发明专利及其他符合条件的创新项目所得,减按10%的税率征收企业所得税,而一般税率为21%。❸

英国专利盒税收优惠最初实施时并未要求申请税收减免的纳税人在英国境内进行任何研发活动,由于缺乏足够的经济实质,BEPS行动计划在2015年10月将英国原专利盒税收优惠认定为"有害税收实践"。❹在2015年12月,英国政府推出新版专利盒税收优惠立法,核心内容是引入"关联"的概念,享受专利盒税收优惠的依据是研发活动与相关知识产权关联的紧密程度,部分研发活动可以外包,但外包比例不得超过适格研发支出的30%,以此激励科技创新企业在英国创造和开发更多的知识产权,并减少企业进行有害逃避税的机会。

纳税人申请英国专利盒税收优惠须满足3个基本条件:(1)适格知识产权,须拥有适格知识产权的所有权或独占许可权,而适格知识产权应当是英国知识产权局、欧洲知识产权局以及欧洲经济体中特定国家授予的,类型包括专利和符合英国《专利法》要求但由于关系到国家或公共安全而未予以公开的发明以及药物、植物品种相关的各类专利知识产权,例如欧盟法律给予有关产品的

---

❶ 薛薇,魏世杰.全球科技创新税收政策研究[M].北京:中国财政经济出版社,2023:181.

❷ 杜明茗,黄江玉.创新驱动下"专利盒"税收制度的国际比较及对我国的启示[J].商业会计,2023(18).

❸ 鞠铭.从国际经验看我国研发活动企业所得税优惠政策的完善[J].税务研究,2017(12).

❹ 薛薇,魏世杰.全球科技创新税收政策研究[M].北京:中国财政经济出版社,2023:181.

市场保护或数据保护权利。(2)适格开发,须积极地持有适格的知识产权,即通过为专利的创造作出重大贡献或针对专利进行大量开发活动的形式对相关知识产权进行适格开发。若纳税人是集团公司的一部分,并通过集团公司另一成员的活动满足了此项要求,纳税人还应对其适格知识产权进行积极管理。(3)适格收入,英国要求必须通过利用适格的知识产权获得了相关收入,其涵盖的收入种类包括:第一,专利产品或服务的销售收入;第二,知识产权许可收入;第三,知识产权转让收入;第四,纳税人所得的直接侵权赔偿收入,系因其他企业侵犯或涉嫌侵犯其拥有合法知识产权而产生;第五,与适格知识产权相关的保险赔偿等其他补偿收入。

英国专利盒税收优惠的实施对于激发创新发挥重要作用,不仅推动企业积极进行专利成果转化,并确保创新型企业的知识产权得以保留在本国,进而保持英国在专利型科学技术领域的世界领先地位。❶

4. 法国专利盒税收优惠

法国的专利盒税收优惠由于未能满足BEPS第5项行动计划的"关联法"要求,因此,法国专利盒税收优惠政策在2019年发生重大调整。2019年版专利盒税收优惠遵循了"关联法",仅在纳税人适格资产与其在法国境内进行的研发活动具有实质联系的条件下,才允许纳税人选择对其适格资产的许可或转让收入适用税收优惠。在适格资产类型上,法国增加了受版权保护的软件,扩大了税收优惠的适用范围。同时,法国对于中小企业予以特殊的专利盒税收优惠,一定规模下中小型企业,即近5年全球范围年均营业收入不超过5000万欧元且从知识产权资产中获得的年均收入不超过750万欧元的企业,尚未获得专利授权的发明也可适用专利盒税收优惠。在税率优惠幅度上,法国进一步下调有效优惠税率为10%,较2018年下降了5%。法国采用了BEPS所建议的关联比率计算方式,自2021年开始,企业必须对其当前及此前两个财年的每个资产或资产组的所有适格费用"关联比率"进行分别核算。关于适格知识产权的所有权,法国规定只有在企业法定账户中被列为适格资产时才有资格取得该项资产,这既适用于现有知识产权,也适用于新开发的知识产权,但除了完全

---

❶ 肖冰,何丽敏,许可."创新之策"或"避税之道"——英国"专利盒"政策实践与启示[J].科研管理,2021(1).

拥有的权利外,法国还承认根据排他性或非排他性许可和分许可协议获得的权利。

(二)BEPS对有害税收竞争专利盒税收优惠的规制

为了重塑国际税收秩序,抵制有害税收竞争,有效打击避税行为,经二十国集团(Group of 20, G20)授权,经济合作与发展组织(Organization for Economic Co-operation and Development, OECD)启动BEPS行动计划。BEPS是由15个行动计划组合而成的最终成果,本身属于软法,依靠成员国达成税收协定或修改国内法律法规予以实施,其中应对有害税收竞争、防止滥用协定、国别报告和完善争端解决4项成果被认定为最低标准,全部OECD和G20成员一致承诺,保证必须实施,实践证明,这4项确实成为国际税收改革见效最明显的领域。[1] BEPS第5项行动计划作为BEPS4项最低标准之一,保障最基本的公平国际税收环境,对于有害税收竞争的专利盒税收优惠予以明确规制。

1. 适格资产和合规纳税人

在实施BEPS第5项行动计划之前,各国专利盒税收优惠的适格资产范围较为宽泛,包括营销型知识产权,例如商标,也包括营业型知识产权,例如研发活动产生的专利、版权等。BEPS第5项行动计划对适格资产范围予以重新界定,要求各国应当遵循"关联法"的要求,专利盒税收优惠的适格资产限于专利和其他在功能上等同于专利且受法律保护的其他知识产权,包括受版权保护的软件等,诸如商标、品牌等营销型知识产权和无专利特征的营业型知识产权因此被排除在外,适格知识产权的范围大大缩小。[2] 符合专利盒税收优惠条件的纳税人,即合规纳税人,通常包括居民企业、非居民企业的常设机构。[3] BEPS第5项行动计划基于避免有害税收竞争,要求合规纳税人应当符合"实质性活动"标准。实质性活动的认定能够激励企业加大自主创新力度,避免技术被不

---

[1] 康拉德·特雷、池澄.应对有害税收竞争议程的发展 BEPS第5项行动计划的回顾与展望[J].国际税收,2021(4).

[2] 薛薇,魏世杰.全球科技创新税收政策研究[M].北京:中国财政经济出版社,2023:176.

[3] 陈远燕,张鑫媛,薛峰.知识产权税收激励的国际借鉴与启示——基于符合BEPS行动计划的新专利盒制度[J].国际税收,2018(10).

正当转移。

2."关联法"衡量的"实质性活动"

各国专利盒税收优惠早期不以实质性活动为前提,导致知识产权类无形资产跨国的不正当流动,成为税基被侵蚀的漏洞。BEPS第5项行动计划则依据"关联法"来定性确认知识产权资产是否与纳税人研发活动或成本直接相关,进而以关联比率来测量纳税人从事实质性研发活动的程度,判断其享受专利盒税收优惠的优惠收入比重。"关联法"将研发支出作为判断纳税人是否存在研发活动的标准,不允许一项税收优惠涵盖了与研发不具有关联的支出,促进企业开展独立研发并确保研发成果留在国内,确保税收优惠能够最有效地惠及对经济社会有实际贡献的纳税人,减少恶意的转移,[1]计算公式如下:

$$\frac{符合条件的IP研发支出}{IP研发支出总额} \times IP净收入总额 = 最终享受税收优惠的所得额$$

计算公式的各项具体为:(1)符合条件的知识产权研发支出,是指合规纳税人为获得适格知识产权资产而发生的研发费用,既包括纳税人自身承担的直接研发费用,也包括支付给第三方非关联实体的外包或外购研发费用,但不包括利息支出、建筑成本、购置成本或其他任何不能直接与知识产权资产相联系的支出。[2](2)关于外包或外购支出部分,外包给关联方主体不包括在符合条件的研发支出内,外包给非关联方主体则包括在符合条件的研发支出内。[3]同时,考虑研发活动外包或外购知识产权也能为知识产权研发贡献价值,因此允许各国以30%且不超过支出总额为限对符合条件的研发支出予以加计上浮。(3)知识产权研发支出总额不仅涵盖了纳税人自身的直接研发成本和支付给非关联第三方的外包研发费用,还包括了购买知识产权的支出以及支付给关联企业的研发服务费用。各国可以自行认定适格研发支出和支出总额范

---

[1] 杜莉,姚瑶,梁庆睿.推动高质量创新的科技税收制度调整:基于BEPS第5项行动计划的分析与思考[J].财经智库,2020(5).

[2] 杜莉,姚瑶,梁庆睿.推动高质量创新的科技税收制度调整:基于BEPS第5项行动计划的分析与思考[J].财经智库,2020(5).

[3] 朱为群,李佳坤.激励科技创新的"专利盒"优惠税制的发展特征及启示[J].税务研究,2019(11).

围,但BEPS第5项行动计划明确取消了利息支出、建筑成本等其他不属于实际研发活动成本的特定类型支出。(4)知识产权产生的净收入总额,是指与适格知识产权相关的收入总额减去当年发生且与收入有关支出后的所得额,而收入总额包括财产收益、特许权使用费、销售嵌入知识产权的产品收入、其他转让知识产权资产的收入及取得使用与知识产权直接有关的收入。

BEPS第5项行动计划在一定条件下也允许纳税人推翻关联比率,采用与税务当局协调的方法确定替代比率,但前提需要纳税人可以证明采用关联比率计算的可享优惠与开展的研发活动不匹配。

3. 纳税人的核算义务

为了享受专利盒税收优惠,纳税人须严格遵守有关税收管理和监控事宜,确保享受税收优惠的收入均来源于合规支出。纳税人对每项适格知识产权都要建立详细账簿并维护收支记录,确保研发支出和知识产权收入能够准确分配至每项适格资产,这种对纳税人核算义务的精细化要求无疑增加与之相关的工作复杂程度,对于资源有限的中小型企业产生较为严重的影响。纳税人需要投入更多资源进行内部的知识产权管理和税务合规性管理,以适应相关要求和提高自身在国际市场上的竞争力,例如加强内部流程的建设,以确保所有符合条件的知识产权活动均能被有效识别和记录,以及与实质性经济活动相匹配。随着全球税收环境的持续演进,纳税人只有保持灵活性和适应性,才能应对不断变化的税收优惠和合规要求。

依照BEPS第5项行动计划的要求,国家制定知识产权相关税收优惠受到实质性限制,各国纷纷调整原有的专利盒税收优惠,将"关联法"认定的"实质性活动"纳入专利盒税收优惠的适用标准。OECD公布的《2018年有害税收实践进度报告》指出,接受审议的各国专利盒税收优惠已被全部认定为"无害"。[1]

三、企业技术转让所得税的优惠范围

目前,企业技术转让所得税优惠存在受益面有限、重转让而轻商业化等较

---

[1] Organisation de coopération et de développement économiques. Harmful tax practices-2018 progress report on preferential regimes: Inclusive framework on BEPS: Action 5[M]. Paris: OECD Publishing, 2019.

为明显的缺陷❶,降低优惠门槛、扩大优惠面是提高企业技术转让所得税优惠实施效果的关键。❷

(一)纳入技术秘密、专利申请权

《中华人民共和国民法典》第862条第1款和第2款规定,技术转让合同、技术许可合同的标的为"现有特定的专利、专利申请、技术秘密的相关权利"。但是,依据企业技术转让所得税优惠范围的相关规定,技术转让的对象被限定为专利技术、计算机软件著作权、集成电路布图设计权、植物新品种、生物医药新品种,以及财政部和国家税务总局确定的其他技术,而财政部和国家税务总局迄今未出台针对兜底条款"其他技术"的有关规定。换言之,专利申请权、技术秘密均不属于企业技术转让所得税优惠的对象。技术秘密、专利申请权与明确规定的技术转让对象相比,主要是缺少相关部门颁发的知识产权证明文件,税收征管存在客观障碍。但是,技术秘密作为商业秘密的重要组成部分,占我国技术转让的比重较为显著,据统计,2023年技术秘密转让合同的成交额占全部技术转让合同成交总额的48%。❸我国专利申请数量逐年增长,但专利质量尚待提升,技术专利转化率相对较低,也成为影响新质生产力培育和壮大的阻碍。技术秘密、专利申请权的创新程度和重要程度并不弱于其他技术,其转让也是当前技术传播与商业化的重要手段,不能因知识产权证明文件限制而影响税收优惠引导作用的发挥。为了实现税法与民法的良性结合,提高税收优惠的公平和公正,应当将技术秘密和专利申请权纳入企业技术转让所得税优惠范围。

(二)纳入技术出资方式

企业技术转让的方式已经由技术买卖扩展到包括技术许可,但技术出资并未纳入,与前两者相比,技术出资也是技术转让的方式,但其对价为非货币性资产的股权,又称为技术入股。企业以技术出资所取得的被投资企业的股权,

---

❶ 王影航.专利盒税制的法治原则与现实构造[J].科技与法律,2019(4).
❷ 薛薇,魏世杰,李峰.企业技术转让所得税优惠政策的中欧比较[J].中国科技论坛,2015(5).
❸ 中国统计年鉴(2023)[EB/OL].[2024-02-15].https://www.stats.gov.cn/sj/ndsj/2023/indexch.html.

在我国《企业所得税法》实施之前,对于"技术转让财产收入"抑或"特许权使用费收入"并无明确规定,但《国家税务总局关于企业股权投资业务若干所得税问题的通知》(国税发〔2000〕118号)规定,"被投资企业向投资方分配非货币性资产,在所得税处理上应视为以公允价值销售有关非货币性资产和分配两项经济业务,并按规定计算财产转让所得或损失","超过投资成本的部分,视为投资方企业的股权转让所得,应并入企业的应纳税所得,依法缴纳企业所得税。"换言之,我国税法将技术出资视为一种投资行为,❶而企业因技术出资而取得的股权为账面资产,实际无现金流入,若再面临税收缴纳,资金周转压力较大,因而对其取得非货币性资产收益予以递延纳税优惠。我国《企业所得税法》实施后,《关于非货币性资产投资企业所得税政策问题的通知》(财税〔2014〕116号)规定:"以非货币性资产对外投资确认的非货币性资产转让所得,可在不超过5年期限内,分期均匀计入相应年度的应纳税所得额,按规定计算缴纳企业所得税。"简言之,若企业以知识产权作为出资,应当对出资技术进行评估并按评估后的公允价值扣除原计税成本,确定为非货币所得。技术入股属于技术转让的一种方式,对技术转让所得的收入纳入技术转让所得税税收优惠范围。❷为了促进科技成果应用,提高企业技术转让所得税优惠的覆盖面,技术出资应与其他技术转让方式同样享受企业技术转让所得税优惠。但是,鉴于存在侵蚀国家税基的风险,以及可能被用于跨国利润转移,应当加强对技术出资的实质性活动的识别,包括研发活动的投入、研发团队的配置、研发成果的产权归属等关键因素的考量。

(三)基于"关联法"的自主研发要求

企业技术转让所得优惠仅要求企业对转让技术具备所有权,但未做自主研发的要求,以致不能充分体现鼓励自主创新的新质生产力发展方向,也增大了逃避税的风险。研究表明,2018年全球实施专利盒税收优惠的27个国家中,除

---

❶ 赵捷,张杰军,汤世国.科技成果转化中的技术入股问题研究[J].科学学研究,2011(10).

❷ 陈宝明.我国技术入股面临的主要障碍与解决途径[J].科技与法律,2012(6).

中国和越南以外,均采用"关联法"确认享受所得税优惠的技术[1],我国应当依据 BEPS 第5项行动计划,基于"关联法",对于纳入所得税优惠的外购和外包技术,设定与自主研发相关的前置条件,防止税基侵蚀和利润转移。

针对企业转让外购技术,我国应当对所得税优惠对象设置"国内再开发"的前置条件,申言之,企业应当对外购技术进行实质性再研发,并向税务机关提交相关证明,以此鼓励企业提高对外来引入技术的消化、吸收和再创新的能力。企业在购买国外先进技术后,必须进行国内再开发,进而提高技术水平和产品质量。

针对企业转让外包技术,我国可以借鉴欧洲专利盒税收优惠经验,依据"关联法"的量化思路,评估纳税人的实质性研发活动程度,确定享受企业技术转让所得税优惠的收入比例,强化税收优惠与自主研发支出之间的密切联系,增加优惠资产、优惠所得与企业自主研发活动的关联度。[2]

四、企业技术转让所得税的优惠方式

企业技术转让所得税优惠方式包括税率式优惠、税基式优惠、税率税基混合式等,税率式优惠即设置优惠税率,而税基式优惠采取税基扣除。我国《企业所得税法》第27条第4项规定,对符合条件的技术转让所得,可以免征、减征企业所得税。《企业所得税法实施条例》第90条规定:"企业所得税法第二十七条第(四)项所称符合条件的技术转让所得免征、减征企业所得税,是指一个纳税年度内,居民企业技术转让所得不超过500万元的部分,免征企业所得税;超过500万元的部分,减半征收企业所得税。"质言之,企业技术转让所得税优惠通过免征额和优惠税率设计,采取税率税基混合式优惠方式,即企业技术转让所得不超过500万元的,予以零税率的税收优惠;企业技术转让所得超过500万元的,在500万税基扣除的基础上,再对超出部分予以减少50%的税率优惠,即12.5%税率。我国应当对企业技术转让所得予以更为灵活化的税率式和税

---

[1] 董凡,关永红.完善我国企业知识产权转化的税收优惠制度探析——以国际减税趋势下欧洲"专利盒"制度为鉴[J].经济问题,2018(5).

[2] 马乐.OECD税收情报自动交换新标准的发展与局限[J].暨南学报(哲学社会科学版),2015(5).

基式优惠设计,以发挥企业技术转让所得优惠推动新质生产力成果应用的功能。

(一)按比例计算免征额

我国在《企业所得税法》实施之前,对企业技术转让所得仅采取税基式优惠方式,即年净收入30万元以下暂免征收企业所得税,例如《财政部 国家税务总局关于企业所得税若干优惠政策的通知》(财税字〔1994〕001号)规定:"企业事业单位进行技术转让,以及在技术转让过程中发生与技术转让有关的技术咨询、技术服务、技术培训的所得,年净收入在30万元以下的暂免征收所得税;超过30万元的部分,依法缴纳所得税。"《企业所得税法实施条例》第90条不仅对超出免征额的部分予以税率减半的优惠,还将免征额陡然提高至500万元。但是,我国技术转让市场发展迅猛,成交总额从2010年的650亿元增长到2022年的3729.4亿元,年均增长率约为15.67%;同时,每项技术的平均转让价值也从2010年的500万元上升至2022年的1240.24万元。❶换言之,500万元的免征额已经不适应经济社会发展的现实,而不断提高免征额的固定数额也并非良策。我国应当建立企业技术转让所得税优惠按比例计算免征额的机制,对符合条件的技术转让所得乘以特定比例予以免征。较之固定数额的免征额设计,按比例计算免征额可以因应通胀变化、成本水平及技术估值波动进行自行调整,保障纳税人享受适宜的税收优惠,有助于缓解企业间税负不均的现象,促进各类企业公平竞争。此外,按比例计算免征额也可以避免企业通过调整年度技术转让所得等手段获取不当的税收利益,有助于优化税收环境。

(二)多档次的优惠税率

依据我国《企业所得税法实施条例》第90条规定,超过免征额的部分减半征收企业所得税,即优惠税率为12.5%,较之发达国家的企业技术转让所得税优惠不具有明显优势,并且单一比例的优惠税率未能体现对规模较小企业的

---

❶ 中国统计年鉴(2022)[EB/OL].[2024-02-21].http://www.stats.gov.cn/tjsj/ndsj/2022/indexch.htm.

倾斜性扶持。[1]我国可以考虑依据企业规模设立企业技术转让所得税的优惠税率,实现不同梯度的税收优惠。申言之,对于企业技术转让所得超出免征额的部分,规模较小的企业设定更低的优惠税率,予以更大的扶持;相反地,规模较大的企业的优惠税率稍微高些,形成更具有针对性的税收优惠。

五、企业技术转让所得税的计税基础

企业技术转让所得税优惠以技术转让净收入为计税基础予以减免税,即技术转让所得=技术转让收入-技术转让成本-相关税费。技术转让收入是指当事人履行技术转让合同后获得的价款,不包括销售或转让设备、仪器、零部件、原材料等非技术性收入。不属于与技术转让项目密不可分的技术咨询、技术服务、技术培训等收入,不得计入技术转让收入。技术转让成本是指转让的无形资产的净值,即该无形资产的计税基础减除在资产使用期间按照规定计算的摊销扣除额后的余额。相关税费是指技术转让过程中实际发生的有关税费,包括除企业所得税和允许抵扣的增值税以外的各项税金及其附加、合同签订费用、律师费等相关费用及其他支出。我国应当进一步明确企业技术转让所得计税基础的扣除项目,加强相关税收管理,确保所得税优惠的针对性和精细化。

(一)科技人员奖励的扣除

技术转让成本是确定技术转让所得的扣除项目,但我国没有纳入给予科技人员的奖励部分,在一定程度上影响了所得税优惠的实施效果。当今时代,科技是第一生产力,人才是第一资源,创新是第一动力,激活人才"引擎"才能助推新质生产力成果应用。企业给予科技人员的奖励已经成为科技成果投入的重要组成部分,体现对知识产权价值认识的深化和对创新激励机制的需求,有助于激发科研人员的研发热情,提高税收优惠对科技创新的扶持力度及科研经费的使用效率。[2]若是企业进行技术转让时,无法扣除给予科研人员的奖励

---

[1] 舒国燕.经济全球化下我国税收制度的弊端、原因分析与政策调整[J].湖北财经高等专科学校学报,2004(1).

[2] 项保华.民营科技企业内部分配关系试探[J].科研管理,1995(1).

部分,将加重企业税收负担,降低其科技投入的积极性。将给予科技人员的奖励纳入技术转让成本应当注意以下问题:(1)明确界定给予科技人员的奖励,包括但不限于现金奖励、股权激励等形式;(2)确定科技人员奖励的发放条件,确保奖励与转让技术的直接相关性;(3)就科技人员奖励设立专门账户,便于追踪和管理相关的收支,以便企业申报税收优惠时,能够清晰地展示符合条件的支出项目。

(二)计税基础的税务管理

企业享受技术转让所得税优惠应当对计税基础予以单独计算,若不能准确核算,则符合条件的技术转让无法享受所得税优惠激励。一方面,目前企业对计税基础的管理较为混乱,削弱了所得税优惠的实施效果,也影响了企业自主创新的积极性;另一方面,税务机关对经登记的技术转让合同所列"技术转让所得""成本费用"等不予认可,而是对计税基础重新核定,以致增大相关企业的涉税风险,有的企业出于谨慎考虑主动放弃享受所得税优惠。❶

为了规范对企业转让技术所得税计税基础的税务管理,我国应当加强以下工作:(1)制定一套既符合国际惯例又具有中国特色的技术转让所得核算体系,包括对技术创新的量化评价指标、研发费用的分摊方法及技术转让价值的评估方法等;(2)企业应当针对符合条件的技术建立专门账簿予以收支记录,按照核算方法、流程进行准确核算,确保技术转让的收入、成本能够精确分配至各个适格资产;(3)税务机关应当加强对企业技术转让所得税优惠的税务服务、指导和监督,帮助企业建立税收优惠合规体系,建立健全企业转让技术所得税优惠的事前备案、事中审核、事后稽查机制。

第二节 支持科技创新的政府采购

随着政府采购助力经济社会发展目标实现的作用受到重视,政府采购对于促进自主创新的意义日益突出,2005年国务院印发的《国家中长期科学和技术发展规划纲要(2006—2020年)》提出要实施促进自主创新的政府采购。随后

---

❶ 薛薇,魏世杰,李峰.企业技术转让所得税优惠政策的中欧比较[J].中国科技论坛,2015(5).

两年,科技部和财政部等相关部门就自主创新产品的认定和自主创新产品政府采购的预算管理、评审、合同管理以及首购订购相继作出细化规定,自主创新产品政府采购政策在我国得以初步建立。彼时我国已开启加入《政府采购协定》的谈判,美国等《政府采购协定》成员国指责我国的自主创新产品政府采购政策对外商投资企业构成歧视,与《政府采购协定》宗旨相冲突,违背自由贸易精神。为避免加入《政府采购协定》进程受到阻滞,履行"中国的创新政策与提供政府采购优惠不挂钩"的对外承诺,自2011年起我国陆续采取系列措施,包括但不限于停止执行《自主创新产品政府采购预算管理办法》等文件,删除《政府采购法实施条例(征求意见稿)》第四条"支持自主创新产品"的相关规定,开展创新政策与提供政府采购优惠挂钩相关文件的清理工作。迄今,我国政府采购支持自主创新的实践几近停滞,基本仅有东南沿海发达地区仍在依托订购、首购开展零星制度探索。当前,我国正大力推进高水平科技自立自强,关键核心技术领域"卡脖子"问题较为严重,为激励科技创新,2022年财政部发布《政府采购法(修订草案征求意见稿)》(以下简称《征求意见稿》),增列"支持科技创新"为采购政策目标,并明确了政策执行措施与采购人落实采购政策的要求,政府采购支持科技创新法律制度重启再度提上日程。党的二十届三中全会提出,"加大政府采购自主创新产品力度"。为促进创新、维护公平竞争与提高采购绩效等多重目标的实现,我国应当借鉴域外成熟经验,在原有制度基础上实现符合国际规则与顺应时代变迁的更新,以有效、透明的政府采购助力新质生产力的发展。

一、支持科技创新的政府采购概述

(一)支持科技创新的政府采购及其特征

熊彼特认为,创新是生产要素的重新组合,包括新产品、新生产方法、新市场、新供应来源和新组织形式5种类型。❶在熊彼特对创新所作定义的基础上,OECD与欧盟统计署吸收组织创新与营销理论的新成果,在《奥斯陆手册》中对于创新予以更全面、准确地界定,"创新是指出现新的或重大改进的产品或工

---

❶ 约瑟夫·熊彼特.经济发展理论[M].郭武军,吕阳,译.北京:华夏出版社,2015:56-57.

艺,或者新的营销方式,或者在商业实践、工作场所组织或外部关系中出现的新的组织方式"❶。科技创新是科技革命以来将"创新"这一术语拓展到科技领域所产生的新概念,外延既包括技术创新,也包括知识创新与思想创新等具有更长远价值的科学创新,换言之,科技创新是原创性科学研究和技术创新的总称。政府采购是政府以及受政府控制或影响的采购实体,为满足公共需要使用财政性资金,以合同方式取得货物、服务与工程的财政支出行为。一方面,政府采购以财政性资金为资金来源,需要接受严格的预算管理与绩效评估;另一方面,政府采购不局限于满足政府自身运转的保障性采购,还包括承载经济社会发展目标的职能性采购❷,致力于实现采购资金的效用最大化,其中支持科技创新的政府采购具有公共性、政策性、优惠性等特征。

1. 公共性

政府采购的财政支出属性决定了其公共性的主要特征,并具体体现为采购资金来源于公共财产、采购行为服务于公共需要以及公众参与采购决策与监督3个方面。

首先,作为采购资金来源的财政性资金系属公共财产。《中华人民共和国政府采购法》第2条明确规定政府采购的资金来源是财政性资金,《中华人民共和国政府采购法实施条例》第2条进一步指出财政性资金是指纳入预算管理的资金。值得注意的是,国际立法中基本未涉及采购资金来源的问题,原因在于发达国家的政府职能和事权清晰,财政资金供给范围与政府职能和事权对应紧密,仅规定采购主体就相当于规定了资金来源,无须对资金来源作特殊强调。❸换言之,即便国际立法没有另行规定采购资金来源于财政拨款,也不妨碍得出国内外政府采购资金普遍来源于财政性资金的结论。财政性资金由政府基于公共性特质通过征税、罚款与国有化等非对价性给付和征收、收费以及

---

❶ 经济合作与发展组织,欧盟统计署.奥斯陆手册:创新数据的采集和解释指南[M].三版.高昌林,等译.北京:科学技术文献出版社,2011:35.

❷ 肖北庚.政府采购法制现代转型之逻辑基点与制度重构[J].湖南师范大学社会科学学报,2020(1).

❸ 财政部国库司,等.《中华人民共和国政府采购法实施条例》释义[M].北京:中国财政经济出版社,2015:12.

发行公债等对价性给付取得,本质上属于公共财产范畴,虽然形式上由政府持有,但仍为"公众之财",是政府基于"公共性"代替公众持有的"集合化的私有财产"。❶在法学意义上,政府采购支持科技创新的资金来源是公共财产,政府采购支持科技创新可定性为公共财产的处分,因而具有公共性。

其次,采购行为的目的是满足公共需要。公共需要由所有社会成员作为一个整体共同提出,反映的是社会公众的整体利益,而非个别社会成员的利益。❷毋庸赘言,公众对公共产品的需要应是一种典型的公共需要。政府的基本职能是提供公共产品,政府的正常运转是政府执行提供公共产品职能的必要前提,因此政府运转的必要需求形式上由政府提出,实质上反映的仍是社会公众的整体利益。支持科技创新的政府采购不以商业生产、销售或转售为目的,而是通过购买创新性强的货物、工程与服务,优化政府运转并为公众提供更优质的公共产品,满足公共需要。

最后,采购行为需要公众参与决策并接受公共监督。基于公共财产法理论,政府采购的属性是公共财产的处分,其正当性在民主政治中才能得到确认,需要"存在着有效的决策参与通道和决策选择的机制"❸并接受"社会大众对公共财产的流程管控和支配监督"❹。若是政府采购缺乏监督,采购内容与程序可能背离公共需要,抑或发生改变资金用途的行为❺,滋生财政资金浪费及寻租等腐败现象。支持科技创新的政府采购实践显示,一方面,宪法及其相关法通过建立代议民主体制,赋予民意代表对政府采购预算的审议权与表决权,为公众参与政府采购的预算控制提供通道;另一方面,政府采购立法明确要求采购主体及时向社会公开发布采购信息,使公众得以充分了解资金流向与采购过程,便利公众监督。

2. 政策性

各国政府采购的实施初期通常以提高财政资金使用效率和促进反腐倡廉

---

❶ 刘剑文,王桦宇.公共财产权的概念及其法治逻辑[J].中国社会科学,2014(8).
❷ 高培勇.论国家治理现代化框架下的财政基础理论建设[J].中国社会科学,2014(12).
❸ 孙柏瑛.公共性:政府财政活动的价值基础[J].中国行政管理,2001(1).
❹ 刘剑文,王桦宇.公共财产权的概念及其法治逻辑[J].中国社会科学,2014(8).
❺ 任际,曹荠.财政法视角下的公共财政界定[J].北方法学,2013(3).

为核心,随着政府采购规模的扩大与制度建设日臻完善,各国逐渐认识到政府采购在实施国家宏观调控上的显著价值。❶政府采购在宏观调控上的内在效能被概括为政府采购的政策功能,即可以利用政府采购的规模优势,在满足政府采购基本需求的前提下,实现一国的经济社会发展目标。❷支持科技创新的政府采购是采购主体有明确目标导向和问题导向的行为,旨在满足特定需要和解决社会挑战,需要贯彻公共政策意图,因而具有鲜明的政策性。政府采购是有对价的财政支出,既与私人采购存在共通之处,即都强调等价交换和追求采购的经济性与有效性,也与私人采购存在差异,即政府采购的公共属性决定了其还应有助于实现经济社会多元目标,但应明确,支持科技创新的政府采购最终目的并非促进创新,而是经由创新能力的提升实现国家利益和社会公共利益。支持科技创新的政府采购是培育和壮大新质生产力、实现国家利益和社会公共利益的发展型财税法工具。

政府职能的复杂化赋予政府采购诸多使命,诸如保护环境和促进中小企业发展等。为更有针对性地满足各异的公共需要,政府采购被类型化地用以追求不同的目的,但实践中必然出现不同目的在某类政府采购中交叉或融合,例如以促进创新为目的的支持科技创新政府采购可能会起到保护环境或促进中小企业发展的效用。支持科技创新的政府采购可能对经济社会发展产生多样态的积极影响,但支持科技创新的政府采购之所以具有政策性,在于其直接目的是促进创新,其他产出只是采购行为造成的客观效果而作为创新过程的副产品存在。

3. 优惠性

为圆满实现经济社会发展的政策目标,政府采购不再单纯重视成本效益分析,效率功能被部分牺牲,经济上最优的采购方案被舍弃❸,大量保障政策目标实现的措施相继推出,旨在使符合特定政策目标的供应商和采购对象得以享受优惠待遇。政府采购支持科技创新的优惠性主要体现在实现机制方面,包

---

❶ 张守文.经济法原理[M].北京:北京大学出版社,2013:287-288.

❷ 白志远.政府采购政策研究[M].武汉:武汉大学出版社,2016:19.

❸ 江保国.论联合国公共采购示范法中的社会经济政策优先制度[J].河南财经政法大学学报,2013(6).

括给予项目评审优惠、履约优惠和政府首购等。❶围绕政府采购支持科技创新是否应具有优惠性,存在不同意见:(1)肯定论认为,为实现特定政策目标而给予符合该目标的货物、服务或工程以优惠待遇是在保护国家利益、社会公共利益和长远利益,属于"算大账""节约大钱",与政府采购节约财政资金的功能并不冲突。❷(2)否定论认为,在政府采购中赋予符合特定政策目标的货物、服务或工程以优惠待遇本质是政府权力的扩张,既可能失于"致命的自负"而无法取得较好的政策效果,也可能被恶意滥用以寻求私利,而且本质上是反公平的、反竞争的。❸双方的意见都具有一定程度的合理性,但在评判给予优惠待遇合理与否时都忽略了一个重要元素,也就是所处的历史时期。科技创新若是一个时代的关键词,成为经济社会发展的原动力和国际战略博弈的主要战场,政府采购支持科技创新的正当性不言自明。

(二)政府采购支持科技创新与政府采购公平原则的调适

公平原则是政府采购法治的基本原则,在国内法层面主要体现为《中华人民共和国政府采购法》第3条规定的公平竞争原则❹,在国际法层面主要体现为《政府采购协定》第4条确立的非歧视原则。❺我国政府采购立法采用"公平竞争"的表述,实际上是以竞争原则为主体,公平作为竞争过程的价值要求存

---

❶ 董为民.政府采购与科技创新[J].经济研究参考,2010(46).

❷ 裴赓.公共财政框架下的政府采购问题研究[D].北京:中国财政科学所,2011:25.

❸ 何一平.政府采购基本功能为什么必须优先于政策功能[J].中国政府采购,2014(9).

❹《中华人民共和国政府采购法》第3条规定,"政府采购应当遵循公开透明原则、公平竞争原则、公正原则和诚实信用原则。"

❺ 非歧视原则在《政府采购协定》中被表述为:1.对于有关被涵盖采购的任何措施,每一参加方,包括其采购实体,对于来自任何其他参加方的货物和服务,以及提供任何参加方的货物或服务的任何其他参加方的供应商,应当立即和无条件地给予不低于以下条件的待遇:(a)本国货物、服务及其供应商;(b)任何其他参加方的货物、服务及其供应商。2.对于有关被涵盖采购的任何措施,一参加方,包括其采购实体,不得:(a)因对外国的附属程度和外国所有权的程度,而给予当地设立的供应商低于给予另一地设立的供应商的待遇;(b)因当地设立的供应商为某项采购提供的是任何其他参加方的货物或服务,而对该当地设立的供应商进行歧视。

在,[1]这与《政府采购协定》的贸易竞争法属性具有一致的精神禀赋。申言之,政府采购中的公平主要是竞争中的公平,可称为公平的政府采购必然是被选中的供应商及相关采购对象在竞争过程中展现出比较优势。一般而言,质量与价格是供应商及相关采购对象开展竞争的合适场域,[2]采购对象物美价廉是政府采购的理想目标。但是,支持科技创新的政府采购将创新性也纳入比较优势的考量,创新性在部分采购活动中的重要程度甚至超乎质量和价格之上。支持科技创新的政府采购赋予创新性以比质量和价格更强的竞争力,这考虑到发展中国家在发展方面的需要,也符合《政府采购协定》序言所倡导的理念。在我国,支持科技创新的政府采购是落实《政府采购法》立法目的条款中"维护国家利益和社会公共利益"[3]的必然选择,可以视为公平竞争原则的例外情况,同时政府采购公平原则也指导支持科技创新的政府采购具体规则的构建。

1. 维护国家利益的必然要求

维护国家利益是《政府采购法》的立法目的之一,政府采购支持科技创新与维护国家利益的立法目的高度契合。国家利益随着国家生存与发展的内外部因素与条件的变化而变动,其界定也受决策者主观认识水平的影响。[4]在突飞猛进的新一轮科技革命中,党和政府深刻认识到科技创新关乎国家前途命运,强调科技创新是提高社会生产力和综合国力的战略支撑,业已成为国际战略博弈的主要战场,并提出加快发展新质生产力。换言之,新质生产力是科技创新发挥主导作用的生产力,是科技创新在支撑发展和保障安全上的强大能量,是国家强盛之基、安全之要,以政府采购支持科技创新攸关国家利益。一方面,我国产业正处于从全球价值链中低端向高端攀升的转型期,科技创新可以摆脱技术掣肘,引领传统产业升级,还能催生全新产业,开辟经济社会发展新领域。另一方面,我国属于后发国家,通常通过"引进、消化、吸收、再创新"

---

[1] 湛中乐.政府采购法基本原则探析[J].时代法学,2009(4).

[2] 扈纪华.《中华人民共和国政府采购法》释义及实用指南[M].北京:中国民主法制出版社,2002:71.

[3] 《政府采购法》第1条规定,"为了规范政府采购行为,提高政府采购资金的使用效益,维护国家利益和社会公共利益,保护政府采购当事人的合法权益,促进廉政建设,制定本法。"

[4] 宋雅琴.中国加入WTO《政府采购协议》问题研究:站在国家利益的角度重新审视国际制度[M].北京:经济科学出版社,2011:44-47.

来分享发达国家的知识外溢红利[1],但长期的技术依赖容易丧失发展主动权,进而威胁到国家的发展与安全。只有科技创新才能实现关键核心技术的自主自控,掌握发展主动权以保障国家安全。

以政府采购支持科技创新是发达国家达成共识的一致做法。建设世界科技强国,势必要占领科技竞争的制高点,实现关键核心技术从0到1的突破。但是,全新科技的商业价值并不明朗,不稳定的市场预期会削减市场主体的创新热情。政府采购的显著优势在于提供创新科技的规模需求,提供稳定市场预期,化解寻找市场的后顾之忧,极大增强创新动力。传统认知将政府在创新活动中的作用局限于纠正市场失灵,但随着政府职能在不断扩充,正逐渐在现代科技革命中充当引领与塑造市场的角色。马祖卡托(Mazzucato)通过解读美国政府在科技革命中的积极干预实践提出市场创造理论,认为政府不仅是创新活动的监管者与调控者,还是关键参与者,愿意承担风险并塑造全新市场。[2]政府采购是创新型政府惯常采用的财税法工具,大量技术与产业的兴起都离不开政府作为首批客户所投入的资金。例如,美国国家航空航天局在20世纪60年代实施阿波罗登月计划,为实现精准控制与快速反应,登月所需电路板要求体积更小、处理性能更强,美国国家航空航天局决定支持仙童半导体公司研发集成电路技术,并订购超过自身需求十倍的集成电路板,政府的海量订单资助了集成电路技术的发展并推动了微处理器产业的壮大,时至今日美国企业在集成电路技术上仍具垄断优势。[3]

在人工智能、大数据与区块链等迅速颠覆人类生活的现代社会,瞄准科技前沿并抢占技术高地是国家的迫切任务,积极创造新质生产力所需市场的政府干预日趋紧要,以政府采购支持科技创新箭在弦上。

2. 维护社会公共利益的必然要求

以政府采购支持科技创新有助于改善公共服务、解决社会难题与塑造优良

---

[1] 方维慰.中国高水平科技自立自强的目标内涵与实现路径[J].南京社会科学,2022(7).

[2] 玛丽安娜·马祖卡托.创新型政府:构建公共与私人部门共生共赢关系[M].李磊,束东新,程单剑,译.北京:中信出版社,2019:5-18.

[3] 玛丽安娜·马祖卡托.创新型政府:构建公共与私人部门共生共赢关系[M].李磊,束东新,程单剑,译.北京:中信出版社,2019:115-116.

社会风气,维护和促进社会公共利益。政府采购支持科技创新有助于公共服务质量的提升,一方面,在满足新的社会需求、提供基础设施和公共服务方面,国家往往提出比私人消费者更高的要求[1],因为支持科技创新的政府采购还可能与节约能源、保护环境等政策目标挂钩,对采购对象还有能效、可持续方面的要求;另一方面,前沿产品与服务往往是政府提高自身运转效率的重要依托,公民得以享受优质高效的公共服务。例如,中共中央办公厅、国务院办公厅印发的《关于进一步深化税收征管改革的意见》要求税务部门充分运用大数据、云计算及人工智能等现代信息技术,全力推动税收征管体系的数字化升级与智能化改造,逐步建成以税收大数据为驱动力的智慧税务,为纳税人提供精细化、智能化与个性化的服务。支持科技创新的政府采购有助于运用科技手段解决常规手段难以解决的社会难题。此外,我国《科学技术进步法》第87条规定,财政性科技资金应主要用于关系到生态环境、人民生命健康、乡村振兴和农业农村现代化等事项的科技研发和成果应用推广,印证了科技创新对于社会重大课题破解的显著意义。政府采购支持科技创新还有助于优良社会风气的塑造:一方面,科技创新本身是科技工作者精诚团结,持续攻坚克难、勇攀科学高峰的探索过程,其中蕴含的求真务实与拼搏进取的精神气质深刻感染民众,有助于培养时代新人[2];另一方面,支持科技创新的政府采购是政府引领形成尊重科学与尊重知识的社会氛围的有力举措,能有效激励科技工作者创新创造,让更多人才脱颖而出。

3. 支持科技创新符合实质公平理念

以政府采购支持科技创新,盖因科技自立自强的现实目的,避免关键核心技术受制于人。政府采购对自主创新成果的额外青睐引起外商投资企业对我国政府采购政策构成贸易歧视的质疑,但是,相关质疑并未考虑中国是发展中国家这一基本国情,《政府采购协定》最主要目的在于尽可能地扩大政府采购的国际市场,寻求更为广泛的参与。关税或补贴等受到WTO规则严格限制,发展中国家正积极谋求通过政府采购实现产业发展以及社会、环境和人权政策

---

[1] EDLER J, GEORGHIOU L. Public procurement and innovation——Resurrecting the demand side[J]. Research Policy,2007,36(7):949-963.

[2] 蒋悟真.科研项目经费治理的税法激励探析[J].法学论坛,2020(6).

等,因而对加入《政府采购协定》的积极性不高。在此背景下,《政府采购协定》序言申明,"应当考虑发展中国家特别是最不发达国家,在发展、财政和贸易方面的需要",实际上是考虑到发展中国家后发追赶的发展需求与相关能力不足的现实困难。在空前激烈的国际经济竞争中,高度开放国际市场与自由贸易的华丽外衣无法掩盖发达国家攫取发展中国家采购资源的事实。❶发展中国家的大多数产业并未经历与发达国家相同或相似产业发展的成熟周期,发展中国家若在目前情况下向国际社会无差别地开放政府采购市场,由于结构和制度上的不平衡,可能把自己的市场置于不公平的竞争之下❷,给本国企业带来噩梦与灾难,毕竟"那些发展中国家的供应商甚至在存在机会的情况下也没有响应采购邀请的能力"❸。为切实保障发展中国家供应商的公平竞争权利,政府采购的国际规则应当给予发展中国家自主创新成果以特殊和差别待遇,这既能推动《政府采购协定》目的的实现,又符合损有余而补不足的实质公平理念。

《政府采购协定》与一般贸易协定有所区别,无法回避政府采购被用以实现"次级政策"目标的现实。因此,《政府采购协定》并不归属于WTO的一揽子协议范畴,而是可以自行决定是否加入。即便选择加入《政府采购协定》,成员国仍有权在加入谈判时根据自身国情在出价清单中排除某些领域或部门的市场开放。❶此外,《政府采购协定》第23条还规定了例外情形,允许将保护公共道德、公共秩序、公共安全、人类与动植物的生命或健康、知识产权的必要措施以及涉及残疾人、慈善机构或监狱囚犯提供的货物与服务和涉及为国家安全和国防目的所需的政府采购排除在协定的适用范围之外。发达国家巧妙地利用这些政策进行支持科技创新的政府采购:(1)在出价过程中将某些采购活动排除在《政府采购协定》范围之外,并将支持科技创新的政策与之相融合,例如

---

❶ BOLTON, PHOEBE. The use of government procurement as an instrument of policy[J]. South African Law Journal, 2004, 121(3):619-635.

❷ KATTEL R, LEMBER V. Public procurement as an industrial policy tool: An option for developing countries?[J]. Journal of Public Procurement, 2010, 10(3):368-404.

❸ 苏·艾茹史密斯. WTO中的政府采购[M]. 曹富国,译. 北京:经济科学出版社,2016:427.

❹ 倪鑫煜. 公共采购体制中的"次级政策"——兼论GPA例外规则[J]. 时代法学,2012(3).

美国将促进中小企业发展而实施的政府采购写入谈判清单中,在此基础上顺势推出小企业创新研究计划,又如欧盟、美国、新西兰等普遍将研发服务排除在出价范围外,小企业创新研究计划、研发合同制等购买研发服务的采购活动便可不遵守《政府采购协定》要求。(2)根据政府采购是否被《政府采购协定》所涵盖来实施差异化的立法供给。《政府采购协定》不实行最惠国待遇原则,向成员国开放的政府采购市场并不意味着其他国家当然可以准入。例如,美国正式加入《政府采购协定》后,《购买美国产品法》关于优先购买本国创新货物的政策虽不适用已纳入《政府采购协定》涵盖部分的政府采购,但针对尚未纳入的政府采购仍有实施空间,甚至可以适用更严格的标准。(3)《政府采购协定》有利于创新的条款被转换为国内立法。《政府采购协定》虽未直接谈及支持科技创新,但部分条款实际上对科技创新较为友好,应被纳入国内立法。例如,《政府采购协定》第10条第7款允许采购人在不产生排斥竞争效果的前提下开展市场咨询,第10条第10款允许将创新性作为评标因素,第13条第1款(f)项允许通过限制性招标方式采购基于研发服务开发出的原型产品或首件产品、服务,等等。

4. 政府采购公平原则指导支持科技创新的政府采购实践

在支持科技创新的政府采购中,潜在供应商之间以及拟采购对象之间也会存在竞争,在竞争过程中公平价值仍应坚守,公平原则仍应奉行。第一,制定客观标准和严格程序,清理修订妨碍统一市场和公平竞争的政策文件,避免采购人滥用自由裁量权,防止随意性。在创新产品认定、采购需求调查与给予评审优惠等合同授予过程中严格按照既定标准和规程,不得为特定供应商和采购对象设置指向性或与采购无关的歧视性条件,保障供应商平等参与政府采购活动的权利。第二,规范政府采购信息公开,便利供应商提前了解采购信息。"公平的实现本身是不够的,公平必须公开地、在毫无疑问地被人能够看见的情况下实现"[1],采购人应当及时、有效、完整地发布采购意向、采购公告、采购合同和验收信息等,创新产品认定也应强化过程公开,避免暗箱操作。第三,赋予相对人完整的程序权益。不仅仅局限于受损时的补偿救济,还包括

---

[1] 彼得·斯坦、约翰·香德.西方社会的法律价值[M].王献平,译.北京:中国人民公安大学出版社,1990:97.

知情权、回避权、质疑权等,相对人在早期交流、投标对话和履约阶段都能维护自身权益,避免遭受不合理待遇。第四,实施科学合理的优惠待遇。政府采购支持科技创新所提供的优惠待遇是有限度的,一方面防止采购人恶意滥用以寻求私利,另一方面也不至于走向极端以打破多元目标间的均衡,毕竟促进创新不是政府采购的唯一目标。

（三）支持科技创新的我国政府采购法律制度发展

我国支持科技创新的政府采购法律制度最早可追溯至21世纪初实施的"政府采购促进自主创新",官方用语的转变主要是为避免与《政府采购协定》非歧视原则的直接冲突,因此"促进自主创新的政府采购"与"支持科技创新的政府采购"存在制度内容上的连贯性。从《国家中长期科学和技术发展规划纲要(2006—2020年)》提出要实施促进自主创新的政府采购至今,支持科技创新的政府采购法律制度已历经初创、沉寂与重启3个阶段,2011年停止执行《自主创新产品政府采购预算管理办法》等文件与2018年《深化政府采购制度改革方案》是阶段划分的节点事件。换言之,支持科技创新的政府采购法律制度经历初创阶段(2005—2011年)、沉寂阶段(2011—2018年)、重启阶段(2018年至今)。

1. 初创阶段:2005—2011年

从经济大国向经济强国转型的难点在于创新能力薄弱,而新一轮科技革命正孕育新的重大突破,我国以时不我待的决心提出要多措并举地提高自主创新能力。2005年国务院办公厅印发的《国家中长期科学和技术发展规划纲要(2006—2020年)》要求实施促进自主创新的政府采购,次年印发《国务院关于实施〈国家中长期科学和技术发展规划纲要(2006—2020年)〉若干配套政策》(国发〔2006〕6号)就政府采购促进自主创新法律制度的建设提出若干指导意见。随后两年,科技部和财政部等相关部门就自主创新产品的认定和自主创新产品政府采购的预算管理、评审、合同管理以及首购、订购相继颁布系列规范性文件(表3-1)。值得关注的是,2007年前后政府采购促进自主创新的相关规范性文件密集出台,且基本注明依照《政府采购法》制定,但事实上《政府采购法》自2002年颁布至今从未出现过任何促进自主创新的规定,唯一可以为政

府采购促进自主创新提供法律依据的是2007年修订的《科学技术进步法》第25条关于自主创新产品政府首购订购的规定。❶

表3-1 2005—2011年政府采购促进自主创新的主要规范性文件

文件名	文号	制定机关	文件效力	主要内容
国家自主创新产品认定管理办法（试行）	国科发计字〔2006〕539号	科技部 发改委 财政部	自2011年7月10日起停止执行	1. 自主创新产品的认定规则 2. 自主创新产品在政府采购中优先购买
自主创新产品政府采购预算管理办法	财库〔2007〕29号	财政部	自2011年7月1日起停止执行	1. 自主创新产品政府采购预算的编制、执行与监督检查 2. 财政部门应优先安排自主创新产品的预算
自主创新产品政府采购评审办法	财库〔2007〕30号	财政部	自2011年7月1日起停止执行	自主创新产品政府采购评审的要求、标准与监督检查
自主创新产品政府采购合同管理办法	财库〔2007〕31号	财政部	自2011年7月1日起停止执行	自主创新产品政府采购合同的订立、履行与监督检查
自主创新产品政府首购和订购管理办法	财库〔2007〕120号	财政部	现行有效	自主创新产品的政府首购管理、订购管理与监督检查

---

❶ 2007年修订《科学技术进步法》第25条，"对境内公民、法人或者其他组织自主创新的产品、服务或者国家需要重点扶持的产品、服务，在性能、技术等指标能够满足政府采购需求的条件下，政府采购应当购买；首次投放市场的，政府采购应当率先购买。政府采购的产品尚待研究开发的，采购人应当运用招标方式确定科学技术研究开发机构、高等学校或者企业进行研究开发，并予以订购。"

自2006年起,各地也先后制定规范性文件丰富细化促进自主创新的政府采购法律制度,主要采取以下形式:(1)颁布覆盖政府采购促进自主创新全流程的综合性文件,例如《哈尔滨市政府采购自主创新产品实施办法》(哈财采〔2008〕380号);(2)颁布自主创新产品认定和政府首购订购的实施细则,例如《山西省自主创新产品认定管理办法》(晋政办发〔2007〕107号)、《北京市自主创新产品政府首购和订购实施细则(试行)》(京财采购〔2009〕370号)。

2. 沉寂阶段:2011—2018年

促进自主创新的政府采购法律制度在我国刚刚萌芽,就遭遇欧美国家、非政府组织和在华商业团体的集体发难。为早日顺利完成加入《政府采购协定》的谈判,我国对外承诺"中国的创新政策与提供政府采购优惠不挂钩"。[1]为履行上述承诺,财政部于2011年6月23日发文通知停止执行财库〔2007〕29号、财库〔2007〕30号和财库〔2007〕31号3个文件[2],科技部等也于同年7月4日决定停止执行国科发计字〔2006〕539号文件[3],但《自主创新产品政府首购和订购管理办法》并不在停止执行之列。国务院办公厅于2011年和2016年两度印发《关于深入开展创新政策与提供政府采购优惠挂钩相关文件清理工作的通知》(国办发明电〔2011〕41号)和《关于进一步开展创新政策与提供政府采购优惠挂钩相关文件清理工作的通知》(国办函〔2016〕92号),要求地方各级人民政府和有关部门开展涉及自主创新政策与提供政府采购优惠挂钩的规范性文件的清理工作,基本得到各地方政府的快速响应。简言之,从中央到地方逐步建立的促进自主创新政府采购法律制度短时间内遍地开花却又戛然而止。不过,例外情况是政府首购和订购的相关政策并未受到太大冲击,仍有不少地方政府围绕首购订购进行制度探索。

3. 重启阶段:2018年至今

2018年,国家发改委印发《关于促进首台(套)重大技术装备示范应用的意

---

[1] 2011年1月19日《中华人民共和国与美利坚合众国联合声明》。

[2] 财政部《关于停止执行〈自主创新产品政府采购预算管理办法〉等三个文件的通知》(财库〔2011〕85号。

[3] 科学技术部、国家发展改革委、财政部《关于停止执行〈国家自主创新产品认定管理办法(试行)〉的通知》(国科发计〔2011〕260号)。

见》(发改产业〔2018〕558号),提出要对首台(套)重大技术装备等创新产品采用首购、订购等方式采购,以优化首台(套)重大技术装备的采购环节为突破口发出健全优先使用创新产品的政府采购政策的先声。2018年,中央全面深化改革委员会第五次会议审议通过《深化政府采购制度改革方案》,要求"强化政府采购政策功能措施","加快形成政策功能完备的现代政府采购制度"。新一轮政府采购制度改革的帷幕揭开,"促进自主创新的政府采购"也由此向"支持创新的政府采购"再向"支持科技创新的政府采购"演进。2020年,财政部发布《政府采购法(修订草案征求意见稿)》,首次旗帜鲜明地指出政府采购应当支持创新,并围绕需求确定、方式选择、合同订立和履行等采购活动提出具体的落实机制,还明确了采购人未依法执行政府采购政策时的法律责任(表3-2)。

表3-2 2020年《政府采购法(修订草案征求意见稿)》有关政府采购支持创新的内容

条款	内容
第28条	政府采购应当有助于实现经济和社会发展目标,包括……支持创新……等
第30条	国务院政府采购监督管理部门会同国务院有关部门制定政府采购政策,通过首购订购、预留采购份额、制定采购需求标准、评审优惠、优先采购、鼓励分包等执行措施,实现政府采购政策目标
第39条第2款	合同分包应当按照技术、产品协作实际需要和支持创新、促进中小企业发展等政府采购政策要求确定
第65条	符合下列情形之一的,可以采用竞争性谈判方式采购:(三)新技术、新产品的订制、订购项目需要通过谈判确定采购目标及成本分担、成果激励机制的
第81条	符合下列情形之一的,可以采用单一来源方式采购:(五)采购原型、首项货物或者服务
第94条	政府采购合同根据合同的标的和绩效目标,可以采取以下合同定价方式:(三)绩效激励。对于技术创新、节约资源和提前交付能够更好实现经济社会效益的情形,合同当事人可以将合同价款的支付与供应商履约行为挂钩,依据供应商提供的货物、工程和服务质量、满意度或者资金节约率等支付合同价款

续表

条款	内容
第127条	采购人有下列情形之一的,责令限期改正;情节严重的,给予警告,对直接负责的主管人员和其他直接责任人员,由其行政主管部门或者有关机关给予处分,并予通报;构成犯罪的,依法追究刑事责任:(四)未依法执行政府采购政策的

2021年,财政部印发的《政府采购需求管理办法》(财库〔2021〕22号)第14条指出,"采购人应当通过确定供应商资格条件、设定评审规则等措施,落实支持创新、绿色发展、中小企业发展等政府采购政策功能",并提出在采购需求的确定与审查上落实支持创新政策要求的具体方法。同年12月,《科学技术进步法》修订,原第25条调整为现第91条,主要有以下3处变化:(1)采购对象从"自主创新或国家需要重点扶持的产品和服务"调整为"科技创新产品与服务";(2)对于首次投放市场的,要求采购人不得以商业业绩为由予以限制;(3)政府订购产品的研发机构的确定方式由招标方式放宽为竞争性方式。此时的官方用语正从"支持创新的政府采购"向"支持科技创新的政府采购"转变,2022年财政部《政府采购法(修订草案征求意见稿)》体现得淋漓尽致,第8条明确规定政府采购应当支持科技创新。词语转变在实际上逐渐明确了政府采购在创新活动中的定位,既突出科技领域才是政府采购支持创新的主战场,又淡化政府采购支持创新可能存在的歧视色彩。

2022年,财政部在2020年《政府采购法(修订草案征求意见稿)》基础上吸收之前征集的意见形成最新版本的《征求意见稿》,为政府采购支持科技创新法律制度描绘了远大图景,简言之,就是不再以创新产品认定为起点设计优先采购规则,而是以订购、首购为基础探索创新采购方式。(1)创造性地提出"创新采购"方式。依据《征求意见稿》第56条的规定,"创新采购"是独立适用的全新采购方式,与招标和竞争性谈判等并列。第64条则进一步明确了"创新采购"的概念与适用情形,强调适用"创新采购"方式应当根据国家科技创新规划有关要求并具备市场已有产品不能满足部门自身履职或提供公共服务需要的前提条件,满足前述前提条件的由采购人邀请供应商研发、生产并共担风险。

"创新采购"方式的适用具有一定门槛和特殊性,第37条体现得尤为明显,即"采购人对重大研发项目可以采用创新采购"。(2)明确"创新采购"方式的采购程序。依据《征求意见稿》第65条的规定,"创新采购"方式按照研发过程分为订购和首购两阶段,相应遵循订购程序和首购程序。订购阶段将依次遵循概念交流、研发竞争谈判、研发中期谈判与创新产品试用及评审等程序。概念交流的主要目的是为形成谈判文件,在研发竞争谈判时按竞争性谈判的相关规定与供应商谈判并细化研发方案,通过综合评分法确定三个供应商并分别签订研发合同。按照研发合同约定,采购人与供应商在研发各阶段开展中期谈判,保持密切沟通,实现双方信息的交互。研发期结束后,由供应商试用或验收成果,并确定性价比最优的创新产品为首购产品。首购阶段则是采购人与首购产品供应商签订期限不超过三年的采购合同,并可以推广使用。《征求意见稿》第66条还对研发合同应当记载的事项以及研发期限作了强制性规定。(3)制定符合科技创新活动特点的评审规则和合同订立与履行规则。认识到科技创新活动具有专业性、创造性与高风险性等特点,《征求意见稿》提出若干符合科技创新特点的评审规则以及合同订立与履行规则。首先,科技创新活动具有专业性,《征求意见稿》第48条便要求采用创新采购方式的,负责谈判和评审工作的谈判小组应当由采购人代表和政府采购评审专家共同组成,避免外行指导内行的不专业现象。其次,科技创新活动具有创造性,《征求意见稿》第47条第2款就要求采购人不得以特定项目的业绩作为评审要求。再次,科技创新活动具有高风险性,《征求意见稿》第72条便规定创新采购合同可以采用成本补偿的定价方式,供应商在研发过程中产生的可列支成本得以实报实销,研发风险则基本转嫁给采购人承担。另外,为鼓励市场主体参与创新活动,《征求意见稿》还建立了合理的收益激励机制,依据第72条规定,采购合同中可约定绩效激励条款,采购人可以根据采购对象的质量、满意度或资金节约率支付合同价款。

二、国外支持科技创新的政府采购立法

世界各国以政府采购支持科技创新的立法存在差异性,勒姆伯(Lember)等

将其分为3种类型[1]:(1)技术与产业政策,即政府为完成环境保护、产业发展乃至国防安全等特定任务实施技术采购,以生成新技术或升级技术密集型产业,例如英国远期约定采购由政府明确采购需求以引导技术创新并直接充当首个用户;(2)研究与发展政策,即政府整合社会公共需要实施商业前采购,核心目的在于实现科技知识创造,虽然由政府提出采购需求,但政府并不许诺最终采购,激励供应商参与的关键因素是研发过程中的资金资助与未来获得政府或私人订单的较大可能性,例如美国小企业创新研究计划、欧盟成员国普遍实行的商业前采购等,优势在于不受《政府采购协定》约束,但对政府整合与表达需求的能力要求较高;(3)通用政策则是用政府采购解决国家创新体系系统性问题的一种新型尝试,明确将创新视为所有政府采购决策的中心,这是对政府采购的文化革新,英国较为典型,在法律中明确将创新作为社会价值纳入强制性评审因素。

(一)美国支持科技创新的政府采购立法

以政府采购支持科技创新,美国是最早开始且最成功实践的国家之一。美国政府采购具有强烈的创新导向,是驱动核心技术创新的重要财税法工具。20世纪以来,美国政府采购开始由"普惠制"政策向"功能制"政策转型,注重支持高技术产品[2],并形成了小企业创新研究计划、研发合同制、政府首购高新技术产品等典型经验。

1. 小企业创新研究计划

1982年美国制定《小企业创新发展法》("The Small Business Innovation Development Act"),决定实施小企业创新研究(Small Business Innovation Research,SBIR)计划。SBIR计划由小企业管理局统筹协调多个联邦政府部门实施,鼓励符合规模和资格标准的国内小企业积极参与具有商业化潜力的联邦研发项目,既能充分发挥小企业满足联邦政府研发创新需求的作用,又能促进技术创新并加速创新的商业化实现。SBIR计划获得专属资金支持,《小企业创新发展

---

[1] LEMBER V, RAINER K, TARMO K, et al. Public procurement, innovation and policy: International perspectives[M]. Berlin Heidelberg: Springer Science & Business Media, 2013: 21.

[2] 周代数. 创新产品政府采购政策: 美国的经验与启示[J]. 财政科学, 2021(8).

法》要求研发预算达到1亿美元的联邦机构每年都应留出一定比例资金用于资助小企业创新研究。根据企业创新研究活动规律，SBIR计划分为技术可行性论证、技术拓展和技术转化三阶段展开实施：(1)技术可行性论证阶段由小企业申请启动，申请企业必须满足以营利为目的、在美国本土经营并拥有50%以上所有权、员工不超过500人等资格和规模要求。技术可行性论证阶段旨在论证拟议项目的科技价值、可行性和商业潜力，根据论证结果资助具有研发价值的项目，一般最高资助金额为15万美元，该阶段为期6个月。(2)技术拓展阶段则只有在技术可行性论证阶段获得资助的企业才能参加，此阶段将推动研发向纵深推进，根据上一阶段研发成果决定本阶段资助金额，一般最高资助金额为100万美元，为期2年。(3)技术转化阶段为商业化阶段，此阶段将不再提供资助，而是允许小企业通过其他渠道融资。政府并未许诺必然采购小企业研发出的最终产品，换言之，小企业创新研究成果并无现成的公共或私人市场。但是，由于政府曾深度参与研发过程中，研发产品的政府采购可能性将相当高，获得政府或其他采购人的订单的高度可能性才是小企业积极参与的关键因素。

为提高小企业研发成果被政府采购的可能性，美国还有一些特殊规定：(1)允许将SBIR计划获资助者的品牌名称列为需求；(2)鼓励选择SBIR计划获资助者作为分包商的总包商；(3)采购人认为研发成果不符合可用性与实用性等要求的，应当记录并向小企业管理局提交涵盖相关理由的决定文件。[1]

美国SBIR计划取得显著成效，推动众多小企业的创新技术商业化。据美国信息技术和创新基金会分析，SBIR计划的受资助者获得7万余项专利，建立近700家上市公司，并获得约410亿美元的风险资本投资。[2]SBIR计划成功资助过苹果、高通等公司，被全球17个国家所效仿，其中不乏英国、澳大利亚和韩国等发达国家。

---

[1] 张雨蒙,姜爱华.美国"小型企业创新研究计划"(SBIR)促进创新的做法及启示[J].招标采购管理,2020(11).

[2] ITIF. Becoming America's seed fund: why NSF's SBIR program should be a model for the rest of government[EB/OL].[2022-10-11]. https://itif.org/publications/2019/09/26/becoming-americas-seed-fund-why-nsfs-sbir-program-should-be-model-rest.

2. 研发合同制

为增长科技知识,并在实现机构和国家目标的必要范围内应用该知识,1983年《联邦采购条例》首创研发合同制(Research and Development Contracting)。研发合同由政府部门与科研单位签订,科研单位按合同要求开展研究并如期提交科研成果。研发合同制的主要概念——研究与开发,由《联邦采购条例》第35部分第1条给出严格定义:前者主要指应用研究,包括与基础研究关系密切的后续工作、寻求材料和方法等进步以及推动前沿科技发展等三种类型;后者是指在设计、开发、测试或评估新产品或新服务(不限突破式创新,包括改进现有产品或服务等渐进式创新)时应用科学知识。研发合同制作为一种特殊的政府采购形式,虽然并不许诺必然采购最终产品,但政府签订研发合同以满足自身需求为出发点,《联邦采购条例》第35部分第2条表述为"当且仅当为了联邦政府的直接利益或为联邦政府所使用而去获取产品或服务的情况下使用研发合同",并未设定政府的强制购买义务,将由成功的项目研发承担者自主向公共或私人市场开展市场推广工作。[1]为扩大科学界和工业界的参与,美国政府必须尽可能早地公开采购意向,政府还应不断搜寻有能力实施研发工作的潜在研发承担者的信息,提供研发联络点便于早期的交流合作。在签订研发合同前,潜在研发承担者必须准备明确且完整的工作说明,允许其充分发挥创造力,一般主要包括研发领域、研发目标、研发相关背景资料以及可能影响研发工作产生的因素等。

为形成积极有效的市场竞争,缔结研发合同采取公开招标的方法,即先由政府向社会公开其预先确定的研发要求,再接受投标,最后由政府筛选出合适的投标人签订研发合同。美国政府专门任命职业化采购合同官负责招标采购工作,主要完成解释采购要求、审查投标申请以及合同授予等工作:(1)采购合同官需要将采购要求解释得清楚明白,确保投标人充分了解工作细节;(2)采购合同官审查接收到的全部投标申请,但并非每一件投标申请都要耗时耗力地详细审查,而是允许根据投标人的技术能力、管理能力、报价及相关业绩经验等进行初筛,再对初筛合格的投标人进行详细审查;(3)采购合同官在获得

---

[1] 刘云.政府采购促进科技创新的政策法规与实证研究[M].北京:科学出版社,2021:16.

技术人员建议后选择恰当类型的合同,授予提出最佳想法或概念并在所涉特定科学或技术领域具有最高能力的投标人。

《联邦采购条例》第35部分中还有大量保护和促进研发活动的条款,例如关于研发合同定价方式,第35部分第6条c项认为相较于固定价格方式,采用成本补偿的定价方式与研发风险较大的现实状况更相匹配,研发承担者的试错空间更大;又如关于研发成果专利权,依据第35部分第12条的规定,研发承担者在绝大多数情况下能够获得研发成果的专利权以获取未来更多商业机会。

(二)英国支持科技创新的政府采购立法

以政府采购支持科技创新,甚至更广泛地解决采购职能现代化问题方面,英国一直是先行者,率先应用一系列机制,而成为国际典范,其中较具代表性和创新性的倡议方案包括远期约定采购、创新采购计划、小企业研究计划、公私合作协议等。[1]2021年,英国商业、能源和产业战略部发布《英国创新战略:创造未来 引领未来》,要求英国政府成为创新的主要客户,继续实施小企业研究计划等做法,并将创新作为社会价值纳入强制性评审因素。

1. 远期约定采购

远期约定采购(forward commitment procurement,FCP)的构想由环境创新咨询小组(EIAG)在2003年首先提出,旨在解决"缺乏可靠且表达明确的需求会直接导致环境创新失败"的问题。[2]远期约定采购模式得到英国商业创新和技能部的肯定与推广,2011年英国商业创新和技能部正式发布《远期约定采购:购买创新解决方案的实践路径》,为其实施提供实用指南。远期约定采购的主要内容是采购人预先向潜在供应商发布未来需求的相关信息,寻求并与响应的潜在供应商沟通协商,在潜在供应商提交的创新解决方案基础上签订采购

---

[1] LEMBER V, RAINER K, TARMO K, et al. Public procurement, innovation and policy: International perspectives[M]. Berlin Heidelberg: Springer Science & Business Media, 2013: 248-253.

[2] WHYLES G, MEERVELD V, NAUTA J. Forward commitment procurement: A practical methodology that helps to manage risk in procuring innovative goods and services[J]. Innovation: The European Journal of Social Science Research, 2015, 28(3): 293-311.

合同。一旦创新产品推向市场,产品的价格将由市场供求力量决定。远期约定采购通常经历识别(identification)、市场参与(market engagement)和采购(buying a solution)三个阶段。

远期约定采购从识别阶段开始,旨在明晰采购需求:第一步,由采购人识别存在的问题、未满足的客观需求(unmet needs)和可能的投资机会;第二步,将确定好的问题、未满足的客观需求和机会以需求(requirement)的方式表述出来,需求被描述为成果导向规格,而不进行具体的技术细节描述,这使得供应商可以提出采购人可能没有想到的创新解决方案;第三步,编制采购文件,内容一般包括未满足的客观需求、对成果的要求、采用的方法及其原因、风险和问题、时间计划表等;第四步,采购项目的批准。

远期约定采购的第二阶段是市场参与阶段,旨在向潜在供应商提供可靠需求,并在与潜在供应商的接触沟通中"获得市场整体创新能力的认知",[1]以细化和精练需求:第一步,市场探测(market sounding),采购人准备好市场探测章程、响应表及沟通计划等后通过事先信息通知正式向所有供应商传达需求,进而开展市场探测分析,评估市场反应;第二步,市场咨询(market consultation),由于市场探测工作主要是远程进行,采购人与供应商并无直接联系,因此增设市场咨询环节,采购人可以与供应商和利益相关者更详细地探讨需求和时间表,供应商也得以了解提供解决方案的可行性和潜在障碍,从而制定有效的采购战略。市场咨询可以在研讨会等公开论坛上进行,也可以以"一对一"会议形式开展,但为确保竞争公平,所有供应商都能访问在此过程中交换的任何信息。

远期约定采购的最后一个阶段是采购阶段,应遵循"有利于创新"的原则,采用竞争性谈判的采购方式确定供应商,签订采购合同并持续优化解决方案。当创新产品在合同约定的框架内能满足采购需求时,采购人应当按约采购。

2. 创新作为社会价值纳入强制性评审因素

有限的财政资金如何满足日益旺盛的公共需求是各国共同关注的问题。采购人须以"物有所值"为原则评估采购是否可行并提出改进建议,但这不意

---

[1] 王文涛,郭铁成,邸晓燕.英国"远期约定采购"政策探索[N].中国科学报,2013-06-10(8).

味着只要求最低成本,其更为关注性价比,政府需要兼具最佳价格和满足更广泛的社会、经济和环境需求的机会。基于以上考虑,2012年英国通过《公共服务(社会价值)法》["Public Services(Social Value)Act"],要求政府在签订公共服务采购合同前充分考虑采购的经济、社会和环境效益。2020年,英国政府颁布新的采购政策说明,首次明确要求中央政府采购在授予采购合同时评估社会价值,并且发生3个重要变化:(1)适用范围从所有的公共服务采购变为中央政府的所有采购;(2)评估节点从采购前后移到评标环节;(3)社会价值从《公共服务(社会价值)法》中的"考虑"(consider)要求向强制评估要求转变。

社会价值将根据投标人的定性响应而非数量进行评估,即大型供应商无法单靠规模取胜,所有投标人必须说明他们将交付的内容以及如何交付,并在评标中对这些信息进行评分。为保障中央采购部门能够有效实施社会价值评估,在公开征求意见后,内阁办公室会同数字文化媒体和体育部、各部门商业与政策团队、供应商代表机构等合作开发了社会价值模型(The Social Value Model)以明确何谓社会价值,为采购人实施投标评估提供一种清晰且系统的方法。根据此模型,社会价值作为强制性评审因素在评标中最低权重占比10%,其中创新和颠覆性技术是"提高供应链弹性与能力"项下的重要指标。若是投标人现有或计划的活动利用了颠覆性技术或者采取创新方法等,能够提供成本更低和质量更高的商品和服务,可以认为该投标具有社会价值,在争取采购合同的竞争中具有更大优势。

一般而言,政府采购对风险偏好较低,因此创新往往不是采购人主动追求的目标。将创新作为社会价值纳入强制性评审因素的主要意义就在于改变政府采购文化,使采购更加有利于创新。英国做法被认为是一项通用性的政府采购政策,既不专门面向某些特定领域,又非实施专项计划,而将创新嵌入所有政府采购决策,创新被视为政府采购决策的法定标准,这将充分发挥政府采购的创新激励潜能,有益于创造创新友好型的政府采购文化和支持环境。❶

(三)德国支持科技创新的政府采购立法

德国是欧盟成员国,其政府采购同时受德国国内法和欧盟法约束。具言

---

❶ 刘云.政府采购促进科技创新的政策法规与实证研究[M].北京:科学出版社,2021:22.

之,标准限额以上的采购项目,须按欧盟采购指令进行采购;标准限额以下的工程,遵照德国自行制定的采购办法。德国联邦经济事务和气候行动部发布大量创新公共采购指南,其中具有德国特色的是两阶段采购需求调查。此外,欧盟公共采购指令支持科技创新的一大亮点是"创新伙伴关系"采购方式的引入,德国《反对限制竞争法》将其转化为国内立法。

1. 两阶段采购需求调查

德国创新公共采购一般从需求评估开始,历经项目计划审查、设定目标和要求等9个步骤直至最终的项目总结与反思。2017年,德国联邦经济事务和气候行动部发布《创新公共采购指南》("Innovative öffentliche Beschaffung Leitfaden"),第三章详细介绍创新公共采购时采购需求调查的操作规程,采购需求调查分为初步调查和详细调查两个阶段,初步调查一般在采购的第三步"设定目标和要求"和第四步"先期了解市场信息"完成,详细调查则在采购的第五步"市场调研"完成。

采购需求初步调查的目的是至少先形成一个粗略且模糊的采购目标,便于后续与市场沟通。该采购目标是成果导向、有待定义的,而非具体的技术目标,这能为供应商提出创造性解决方案提供创意空间。采购需求的初步调查面向政府采购所涉及的全部相关方,包括供应商、最终用户甚至经验丰富的国际采购机构,从与他们的沟通中初步得出采购的目标与要求。粗略的市场调查在该阶段是受欢迎的,采购人可以熟悉市场上可行的解决方案并找寻可能的供应商。《创新公共采购指南》对开展采购需求初步调查的可行渠道提出大量建议,包括但不限于浏览供应商网站及数据库、阅读专业出版物、与行业协会和商会交流、参加专业展会和研讨会等,以更大可能地多渠道获取采购有关信息。初步调查形成结果后,采购人可以及时公开采购意向,以激发供应商的兴趣,并为供应商预留足够的反应时间。

采购需求的详细调查在采购意向公开之后进行,是在初步调查的结果上主要面向市场开展的精细化交流,以确定最终的采购需求。采购需求的详细调查是与潜在供应商密集且详细地交流,包括技术细节、潜在风险、成本估算和市场成熟度等交流的内容,交流形式既可能是公开的研讨交流,也可能是闭门会议。但是,无论详细调查采取何种形式,必须强调的是采购人与潜在供应商的早期沟通理应是透明且非歧视的,以此保障所有供应商被平等对待。基于此种考虑,德国《创新公共采购指南》规定采取闭门会议方式开展详细调查的,应当留有关于会议过程和结果的书面记录,而且会议结果不能成为排斥或偏好个别供应商的依据。此外,为保护采购人和供应商的隐私信息,双方必须承诺保密。

2. 创新伙伴关系

2014年,欧盟公布3部新版欧盟公共采购指令,其中包括《公共合同指令》(2014/24/EU),重要创新点之一是新增"创新伙伴关系"这一全新采购方式,与公开程序、限制性程序、竞争性对话等并列。依据《公共合同指令》第94条规定,欧盟各成员国须在24个月内将指令引入国家层面予以实施。德国作为欧盟成员国之一,直接在德国《反对限制竞争法》第119条采购方式规定中增加"创新伙伴关系"的表述,并于2016年修订德国《公共合同授予条例》("Vergabeverordnung",VgV),对德国政府采购中创新伙伴关系作出详细规定。

与供应商建立创新伙伴关系,意味着采购人与供应商将一同开发并持续购买创新产品或服务,而无须在研发或后续购买阶段单独启用采购程序,这将大幅减少采购成本。依据德国《公共合同授予条例》第19条规定,采购人可决定与一个伙伴或几个分别开展研究和开发活动的伙伴建立创新伙伴关系。创新伙伴关系的目的应是开发创新产品、服务或工程,并购买由此产生的产品、服务或作品,但条件是这些产品、服务或工程符合采购人与创新合作伙伴之间商定的性能水平和最高成本。

采购人首先发布载明采购需求的采购文件,吸引有兴趣的经营者提出参与请求。在采购文件中,采购人应当确定对创新产品、服务或工程的需求,而这种需求是市场上已有产品、服务或工程无法满足的。采购文件所提供的信息应当足够精确,使经营者能确定所需解决办法的性质和范围,并决定是否回应。收到参加申请的最短时限为采购文件发出之日起30天,30天的最低时限可以保证经营者有足够的反应时间。任何经营者都有权提出参与请求,但应向采购人提供相应的质量选择信息,以便采购人评估其是否适宜。在遴选候选人时,采购人应特别适用关于候选人在研究与开发以及制定和实施创新解决办法方面的能力的标准。采购人在对所提供的信息进行评估后可以邀请最少3个适当候选人参与投标。采购人应与投标人就其提交的初始投标书和随后所有投标书(最终投标书除外)进行谈判,以改进其内容,但最低要求和授标标准不得协商。在谈判过程中,采购人应当保密并确保所有投标人的平等待遇。为此,应避免任何可能有利于某些投标人而非其他投标人的信息歧视性披露。采购文件如若修改,也应及时通知所有投标人,并为他们留足充分时间,酌情修改和重新提交经修正的投标书。创新伙伴关系的订立应当通过授予合同形式进行,唯一标准是最优价格质量比,创新产品、服务或工程的预估价值与其开发所需的投资成本应当成正比。

创新伙伴关系应按照研究和创新过程的步骤顺序,分研发和供应两阶段构建。合同应设定供应商在各阶段要达到的中期目标,并在实现中期目标时分期支付报酬。根据这些中期目标,采购人可在每个阶段之后决定终止创新伙伴关系,或者在与若干伙伴建立创新伙伴关系的情况下,通过终止个别合同来减少供应商的数量,但前提是采购人已在采购文件中指明前述可能性及解除条件。采购人应确保伙伴关系的结构,特别是不同阶段的持续时间和价值,反映拟议解决办法的创新程度,以及开发市场上尚无的创新解决办法所需的研究和创新活动的顺序。

三、支持科技创新的政府采购对象

(一)支持科技创新的政府采购对象界定

除2007年财政部印发的《自主创新产品政府首购和订购管理办法》外,政府采购促进自主创新系列政策文件均已停止执行,盖因"自主"导向与《与贸易有关的知识产权协定》(TRIPS)第3条所确立的知识产权国民待遇原则不相符合。例如,2006年科学技术部、国家发展和改革委员会、财政部《国家自主创新产品认定管理办法(试行)》第4条规定,产品应当同时具备以下条件:符合法律法规与国家政策;具有自主知识产权;具有自主品牌;创新程度高;技术先进;质量可靠;有潜在的经济效益和较好的市场前景或能替代进口,具有自主知识产权、具有自主品牌以及能替代进口等3项要求均旨在突出"自主"要点,具有自主知识产权是要求申请主体在中国大陆原始取得或继受取得知识产权所有权,具有自主品牌则是对产品注册商标所有权的要求,这主要追求科技"自主",而非科技"创新",在支持科技创新的政府采购中不应予以保留。

《政府采购法》第2条所规定的采购对象只有货物、服务与工程3类,但第2条第5款明确产品属于货物的范畴,所以创新产品并非严格的法律概念,但可认为创新产品是创新性强的一种货物。《征求意见稿》完全舍弃优先采购商业化后阶段创新产品成品的支持模式,将采购向商业化前阶段延伸,着力于全新产品的研发与生产。《征求意见稿》的规定基本符合"政府技术采购"(Public Technology Procurement)的思路,即政府购买或订购尚不存在但可能在合理期限内开发的产品(包括服务与商品),以解决特定需求或社会挑战。❶尤亚拉(Uyarra)和弗拉纳根(Flanagan)认为将采购对象的创新程度限定为"尚不存在"的突破式创新过于激进。❷此外,《征求意见稿》也忽视了初次购买以外其他形式政府采购的创新影响,压缩政府采购发挥效用的空间。OECD倾向于使用"促进创新的政府采购"(Public Procurement for Innovation)而非"政府技术采购"来指代那些致力于支持科技创新的政府采购实践,具体含义为"旨在通过研发以及创新产品和服务的市场吸收来刺激创新的任何类型的政府采购实践"。OECD的观点具有可取性,充分考虑到初次购买以外其他形式政府采购的意义,也关注到改进式创新等其他形式创新的价值。政府采购在创新活动中的作用应定位于促进或激励而不局限于催生,政府采购可以在原始创新阶段、商业化阶段和产业化阶段助推创新活动。❸换言之,支持科技创新的政府采购是政府技术采购的延伸与拓展,既聚焦于特定技术的突破式创新,也重视将"创新"要素嵌入全部政府采购决策中去,充分挖掘购买性财政支出在激励创新中的潜能,致力于让一切创新源泉充分涌流。总之,支持科技创新的政府采购可

---

❶ EDQUIST C, HOMMEN L. Public technology procurement and innovation theory [M]. Boston, MA: Springer US, 2000:5-70.

❷ UYARRA E, FLANAGAN K. Understanding the innovation impacts of public procurement[J]. European Planning Studies, 2010, 18(1):123-143.

❸ 赵晔. 拓展政采支持在创新各阶段的政策空间[N]. 中国政府采购报, 2021-07-09(3).

以从以下3个方面着手:(1)优先采购已有创新产品;(2)对市场已有产品不能满足需要的,采购人订购创新产品;(3)采购研发服务。

(二)支持科技创新的政府采购对象认定

支持科技创新的政府采购对象认定工作的启动先经由创新主体的申报。依据《国家自主创新产品认定管理办法(试行)》第3条规定,有权申请自主创新产品认定的主体仅限于在中国境内具有中国法人资格的企事业单位。但是,组织形式与创新能力不具有必然联系,要求具有法人资格没有正当理由,而且依据《中小企业促进法》第32条规定,国家鼓励中小企业推进技术、产品等创新,中小企业并不当然具有法人资格,有的是以合伙或个人独资企业形式组织起来的,要求创新产品认定的申请主体必须具备法人资格,于法不符,属于以组织形式实施差别待遇的妨碍公平竞争行为,不利于创新主体的多元化,应当予以纠正。此外,地方政府制定的创新产品认定方法中关于申请主体的规定还存在两种妨碍公平竞争的做法:(1)实行地方保护。要求申请主体在采购人所在地行政区划内注册成立,例如《武汉市创新产品认定管理办法》第5条规定,"凡在武汉市地域内注册登记、具有独立法人资格的企事业单位均可申请",这严重妨碍外地经营者进入本地市场,不利于全国统一大市场的形成;(2)给申请主体设置规模、成立年限等不合理门槛,限制申请主体参与创新产品认定工作,例如《南京市创新产品评价管理办法》第8条规定,"申请单位依法在本市注册成立一年以上","申请单位上年度主营业务收入在200万元以上"。

除对申请主体提出要求外,申请认定的产品也须符合基本条件,即符合法律法规与国家政策、创新程度高、技术先进、质量可靠、有潜在经济效益及较好市场前景等。一方面,支持科技创新的政府采购对象由国家机关认定,具有浓烈的政府背书属性,从保障政府公信力的角度看,质量、技术与创新性必须过关且无权属争议;另一方面,支持科技创新的政府采购产品目录将在未来一段时间内成为政府采购、资金资助以及投融资机构决策等重要参考,应当具有潜在的经济效益和较好的市场前景。但是,创新是一个发现创造的过程,由有关部门预先制定认定标准极为困难,也不符合创新活动特点,因此认定标准的公开节点可以适当后移,即专家组在评估申请材料后形成评估结果,经有关部门审核通过后及时发布,所发布的内容既有拟推荐的创新产品,还应有对于入选创新产品的详细说明,只有给出具有说服力的解释才能让创新产品的认定过程更为权威公正。

此外,有的地方制定支持科技创新的政府采购对象认定办法,要求申请认定的产品在采购人所在地行政区划内研发或生产,例如《南京市创新产品评价管理办法》第8条规定,"产品必须在南京市行政区划范围内研发或生产",这也存在地方保护主义嫌疑。产品取得突破性或渐进性创新后申请认定为创新产品的,评估重心应落在产品上,而不论研发出该创新产品的创新主体的组织形式、经营规模、注册登记地和经营年限等。在常规政府采购中,规定供应商参与采购的必要条件是为保证供应商具备承揽相关采购所必需的财务、商业和技术能力,但在创新产品采购中,创新产品研制成功已能证明创新主体的能力,在申请认定时对创新主体提出若干与创新活动并不相干的限制并不合理。

支持科技创新的政府采购对象认定一般经历申报、初审与推荐、认定评审、审定与发布4个阶段,申请主体在申报后并不能参与初审与认定评审过程中,评审专家组仅能以申报材料为依据评判,不能完整获取创新产品信息,也无法解答有关创新产品的疑惑,可能造成评审专家组的误判。虽然政府会告知申请人需要提交何种材料,但这些材料在认定过程中究竟如何发挥作用,起到何种作用都是不得而知的。申请人在提交申请材料后只能被动等待认定结果的出炉,并不能参与幕后的认定工作中。支持科技创新的政府采购对象认定工作应当加强申请人的实质参与,可以组织申请人公开陈述和答辩,让申请人有表达的机会,一方面,申请人可以生动完整地介绍创新产品的相关信息,专家组对创新产品的可能疑惑也能当面解答,有助于专家组形成对所评估创新产品的更客观全面的认识;另一方面,申请人深度参与认定过程,可以对专家组的工作形成监督,更大可能地保证自身权益不受侵犯。

从中央到地方都可以认定自己的创新产品,就会产生不同级别、不同地区的创新产品共存的局面。❶实践中,各地一般给予国家和本省的创新产品以政府采购优惠,但不承认外省市编制的创新产品目录,这极易形成地方保护主

---

❶ 彭鸿广,骆建文.冲突、缺失与重构——自主创新产品政府采购政策探析[J].科技进步与对策,2009(13).

义,不利于外地创新产品在本地市场销售。鉴于此,我国可以采取以下两种解决思路:(1)跨区域结果互认。若是创新产品的认定标准与国家标准统一,互认范围为全国,若是认定标准是各方自主制定的地方标准,那么不同地区可以签署互认协议,互认范围为协议地区,互认的原则在于严格控制质量、技术与创新性,切实降低供应商的成本与负担;(2)全国统一认定。可以对创新产品实施分级管理,将创新产品划分为国家级、省级和地市级三个级次,不同级次的创新产品由对应级别的政府部门组织认定,例如国家级创新产品认定由科技部牵头、省级创新产品认定由省科技厅牵头,国内所有省级和地市级相关部门都有权认定,认定的省级和地市级创新产品可以在全国范围内推广应用,不同级次的创新产品享受不同的优惠待遇,但在全国范围内应当保持一致。

四、支持科技创新的政府采购需求

采购需求是采购人为实现项目目标而提出的拟采购对象及其需要满足的技术、商务要求。科学合理确定采购需求是发挥采购政策功能的重要抓手,在采购活动整体流程中具有承上启下的重要作用。采购需求管理立法工作起步较晚,立法始于2015年《政府采购法实施条例》第15条和第61条对采购需求确定的要求,目前主要法律依据是2021年财政部印发的《政府采购需求管理办法》(财库〔2021〕22号)。

(一)采购需求的编制要求

支持科技创新的政府采购需求确定的专业性较强,主要体现在技术要求方面。依据《政府采购需求管理办法》第6条规定,技术要求是指对采购标的的功能和质量要求,包括性能、材料和结构等。对于技术要求的设定,第8条和第9条分别提出要充分考虑可能影响供应商报价和项目实施风险的因素以及指标应当客观、量化等要求。在实践中,由于采购人所掌握的创新科技专业知识有限,不足以支撑起编制完整准确的采购需求,而政府采购支持科技创新意味着采购对象必然技术复杂、专业性较强,更重要的是具有首创性,采购人没有成熟范例可资借鉴,所以采购需求容易呈现两种状况:(1)技术要求过于简单宽泛,供应商无所适从,也无法合理报价,评审专家也无法判定供应商是否偏离采购需求；(2)技术要求照搬照抄，为图简单省事而照抄某一产品或服务的技术规格，或者沿用以前的参数指标，最终将采购需求写成某产品的说明书，不符合支持科技创新要求。

采购能力较弱的采购人受限于行政资源，难以形成一份科学合理的采购需求文件，我国应当由上级政府负责政府采购管理的部门提供采购需求编制指引供下级政府及其部门参考，有效提高采购需求编制的科学性且减少采购需求编制成本。依据《政府采购法》第13条规定，各级人民政府财政部门负责政府采购的监督管理，应承担起提供采购需求编制指引的责任。具言之，财政部可以就采购需求调查、采购需求及实施计划、采购需求与实施计划的一般性审查和重点性审查制定指导范本，供下级政府及其部门参考使用。技术要求的设定方法，可以由财政部会同科技部区分领域组织行业专家拟定，最好只阐述意欲实现的功能，而不指定应当采用的方法。省市级政府的财政部门可以在财政部指导范本的基础上根据地方实际情况予以细化、适当调整，并组织印发各采购人。使用指导范本的采购人可以向财政部门反馈使用意见，以便完善指导范本。

(二)采购需求的调查规程

《政府采购需求管理办法》第10条和第11条对采购需求调查的适用情形以及调查主体、对象与内容等作出规定，但属于一般性规定，并未照顾到支持科技创新的政府采购特殊需要：(1)需求调查的启动时间太宽松。第10条将时间限定在"确定采购需求前"，若采购人未及时开展需求调查，而是拖延到需求确定的最后期限前，无疑会敷衍甚至规避需求调查程序，不利于需求的科学化。(2)需求调查的方式渠道太单一。目前，需求调查无非是面向供应商的咨询、论证、问卷调查，消息来源过于单一，无法及时掌握相关行业的发展动态，需求调查容易变成供应商的宣讲会。(3)需求调查的内容不周延。依据第10条规定，需求调查主要包括产业发展动向、市场供给、历史成交信息以及运行维护等，但仅了解上述信息显然无法形成详尽合理的采购需求。

依据《政府采购需求管理办法》第11条规定，技术复杂、专业性较强的项目应当开展需求调查，我国应从以下方面加以完善：(1)分阶段开启采购需求调查。参考德国的两阶段需求调查模式,在政府拟定采购项目后面向采购所涉及的全部相关方开启初步调查,形成粗略的采购目标,在对外公布采购意向后,面向市场开展详细调查,与潜在供应商就采购需求的细节充分交流。详细调查应在公开采购意向后即行开展❶,根据采购项目的规模与专业性等确定详细调查的最低期限,甚至可以为详细调查设置最低时限。(2)拓宽需求调查渠道。我国应当尽可能地拓宽信息来源渠道,包括但不限于浏览供应商网站及数据库、阅读专业出版物、与行业协会和商会交流、参加专业展会和研讨会、与供应商公开交流或召开一对一闭门会议等。(3)丰富需求调查内容。科技创新活动具有很强的专业性,要保证政府投入的采购资金能与科技创新潜在的经济价值和社会价值成正比例,采购需求调查既应包括技术细节和最低标准,也应包括相关产业的发展情况、市场成熟度与市场前景,若从财政资金有效利用角度而言,还须了解潜在的风险以及最高采购成本。

(三)采购需求的论证与公示

《政府采购需求管理办法》对于采购需求确定过程并无强制的需求论证与公示要求。公众仅享有知情权而不享有参与权,即只能通过相关媒体了解最终的采购需求文本,却无法参与编制过程,这与政府采购需要公众参与决策并接受公众监督的公共性要求并不完全符合。专家的参与也依赖于采购人的自主选择,采购人觉得必要时才会有专家参与的机会。即便是专家参与论证,也存在论证会议时间过短,论证专家走过场的行为,实际上不能发挥提高需求文件质量的作用。采购需求确定过程中专家与普通民众的参与度较低,采购需求更容易出现不科学、不民主的问题,这在专业性较强的支持科技创新的政府采购中体现得尤为明显。

以政府采购支持科技创新,采购对象专业性强、技术复杂,采购人难以自行确定技术要求,采购项目容易引发争议,要提高采购需求确定的民主性与科学性,可适当增设需求的论证与公示要求:(1)根据采购项目的现实特点匹配不同的需求论证方式。一般而言,专业性较强、技术复杂的采购项目应当邀请专家论证,对于其中涉及公共利益或者社会关注度较高的采购项目,还应通过

---

❶ 丁敏.如何按照22号文规定做好采购需求调查[J].中国招标,2020(7).

公开征求意见的方式开展论证。组织专家论证的,采购人拟邀请的专家应是业务精通的行业专家,专家人数应为3人(含)以上单数。拟邀专家若与采购项目存在利害关系,可能影响公正论证的,应当回避。专家论证的方法除通常采用的专家会议法以外,还可尝试函询论证法。函询论证法是一种脱胎于德尔菲法的专家论证方法,具体操作规程是先由采购人向论证专家分别发放项目资料,论证专家予以初步回复。第一轮专家意见回收汇总后,采购人将载明其他专家意见(匿名)的项目资料再向论证专家分别发放,要求论证专家评估其他专家的观点。第二轮专家意见回收汇总后,采购人总结专家们形成的共识,再将载明共识的项目资料分别发放至所有专家,询问他们坚持抑或修正自己的观点并给出理由。第三轮专家意见回收后,保留所有专家共识以及遗留问题,供采购人综合处理。与专家会议法相比,反复匿名反馈的函询论证法的优势在于,既能给予专家充分的时间了解项目并不断优化观点,又能保持专家意见的独立性,避免服从权威、随声附和。(2)加强采购需求论证信息公示并接受公众反馈。举行采购需求论证的采购项目均应将论证过程、论证各方意见及论证结果等内容进行3个工作日以上的公示,公众有意见或建议的可以及时向采购人反映。

五、支持科技创新的政府采购方式

依据《政府采购法》第26条规定,政府采购可采用公开招标、邀请招标、竞争性谈判、单一来源采购、询价及其他方式。《自主创新产品政府采购评审办法》第6条和第7条规定,(1)采购自主创新产品可以适用上述明确列举的5种方式,但达到公开招标数额标准的,优先采用公开招标方式,经设区的市、自治州财政部门批准后可以采取其他方式;(2)采购经认定的自主创新技术含量高、技术规格和价格难以确定的服务,经设区的市、自治州财政部门批准后可以采取竞争性谈判等方式。

(一)订购方式

市场已有产品若不能满足采购人的需要,采购人需要向供应商定制,但研发与生产是两个具有时间次序的独立阶段。采购人单独向供应商购买研发服务,供应商只形成研发成果而不负责后续的生产。研发成果能否转化依赖于供应商对市场的预期,若是供应商判断无法形成规模化市场需求则可能不会启动生产。即便供应商启动生产,采购人还需与负责生产的供应商另行签订采购合同。换言之,研发与生产的脱节可能导致采购人的采购目标落空,即便成功采购也将两次耗时耗力地启动采购程序,程序极为烦琐。从国际经验来看,在科技创新成果进入市场之初就授予规模化的政府采购订单,有助于科技创新成果飞越"死亡之谷"。❶政府首购是指对于首次投放市场的创新产品,政府具有率先购买的义务,应将采购合同授予提供首购产品的供应商。相较于普通创新产品获得的支持,首次投放市场的创新产品能够享受力度更大的支持待遇。财政部门制定创新产品目录时应当特别标明创新产品是否首次投放市场,甚至可以另行制定专门的首购创新产品目录。若是采购人采购的货物或服务属于首购产品的,应将政府采购合同直接授予提供首购产品的供应商。对于同类首购产品达到两种或两种以上的,可以采用竞争性谈判方式实施采购。

《征求意见稿》第65条和第66条提出"创新采购"方式,以便在一次采购程序中实现创新产品的研发和生产,但存在以下不足:(1)概念交流作为订购阶段程序第一步。概念交流是采购人组成的谈判小组与所有应邀的供应商讨论交流,形成初步谈判文件。实际上,概念交流完全可以在需求调查中完成,两者在内容上存在高度重合,造成采购效率降低,延后了创新活动开启时间。(2)首购阶段对市场竞争的重视程度不够,可能产生垄断效应。一方面,首购合同的有效期最长可达3年,这比各地将首购产品有效期确定为一至两年的普遍规定都要长;另一方面,《征求意见稿》第65条第2款第2项规定经国家部委论证可推广使用的首购产品,可向其他采购人推广应用,由国家部委背书推广应用将增强采购人对首购产品的偏好,拓展首购产品的市场。长期采购与海量客户的要素叠加将为首购产品供应商带来相当大的竞争优势,市场竞争压力较小,容易滋长企业惰性,使企业缺乏持续推进技术升级的动力。同时,政府规模化持续定点采购所促成的竞争优势将破坏行业竞争平衡,不利于进一

---

❶ 沈梓鑫,贾根良.美国在颠覆式创新中如何跨越"死亡之谷"?[J].财经问题研究,2018(5).

步推进创新。(3)未规定首购产品的退出机制。创新产品经历试用、验收和评审后成为首购产品,首购产品将被直接授予政府采购合同,在长达3年的合同有效期内可以享受政策红利,但首购产品采购后缺乏全周期的跟踪评估,也未确立首购产品的退出机制,不符合采购对象优胜劣汰的竞争规律,让采购人在明知继续采购将损伤效率的情况下却无所遵循。

依据《科学技术进步法》第91条第2款规定,政府采购的产品尚待研究开发的,可以通过订购方式实施。采购人应当优先采用竞争性方式确定科技研究开发机构、高等院校或者企业进行研究开发,产品研发合格后按约定采购。换言之,市场已有产品不能满足政府采购需求,政府可以采取订购方式解决,只要创新产品试制成功并验收合格,就应按约定采购,无须将验收合格的创新产品确定为首购产品再开启首购阶段的程序。因此,"创新采购"可以简化为"订购"方式,规定为法定的采购方式之一。"订购"方式应当遵循下列程序:(1)成立谈判小组并制定谈判文件。采购人组成谈判小组后,根据前期的需求调查和论证结果制定详细的谈判文件。(2)研发竞争谈判。谈判小组邀请符合条件的供应商参与谈判,细化研发方案,采用综合评分法确定至少三名研发供应商并分别签订研发合同。(3)研发中期谈判。研发合同应设定供应商在各阶段要达到的中期目标,每一阶段开始前采购人与供应商就研发期限、阶段性成果以及成本补偿范围和限额等展开谈判。达成中期目标的,采购人如约支付研发成本费用,未达成中期目标的,研发合同终止。(4)创新产品验收与评审。研发期限届满后,采购人组织验收研发成果,通过验收的,采购人支付全部研发费用,并评审出其中性价比最优的创新产品。(5)签订采购合同。采购人与供应商签订期限不超过两年的采购合同。

(二)创新伙伴关系方式

2014年欧盟委员会发布的《公共合同指令》单独列出"创新伙伴关系"这一全新采购方式,试图改革采购方式以支持科技创新。欧盟委员会单列"创新伙伴关系"采购方式有其特定的法治背景,即在《公共合同指令》列明的6种采购方式中,仅有"创新伙伴关系"是为开发创新产品、服务或工程而特别规定的。

《政府采购法》暂无类似规定,但《征求意见稿》第37条第2款提出,在创新采购中,采购人可以与供应商建立长期合作关系,但并未规定具体的操作办法。"订购"方式是为开发创新产品、服务或工程专门规定的,与"创新伙伴关系"在目的和具体程序上存在较高的重合度,无须重复规定,创新伙伴关系可以纳入订购方式,但鼓励采购人与供应商在"订购"中建立长期合作伙伴关系,一是有利于降低采购人的采购成本与谈判成本,二是能让供应商为维持长期稳定合作而保证供应质量始终如一。当采购人采用"订购"方式时,采购人若认为有必要,可以在签订最终的采购合同时与供应商建立长期合作关系,一旦需要持续购买,只要符合性能水平和最高成本即可径行购买。建立长期合作关系时应当明确解除条件,例如丧失研发创新能力或继续合作将产生排除或限制竞争的效果。采购人还可以与性价比次优的研发供应商建立长期合作关系,以培养"第二来源"促进供应商之间的相互竞争[1],防止供应商利用垄断地位阻碍进一步创新。

六、支持科技创新的政府采购激励

以政府采购支持科技创新主要体现在激励机制的设计上,应当克服相关规定存在的零碎、滞后问题,构建评审优惠、履约支持及采购人风险补偿等激励机制。

(一)评审优惠

《自主创新产品政府采购评审办法》第13条、第14条、第15条规定了政府采购支持科技创新的评审优惠,但相关规定存在一些有待完善之处。当投标产品未入选创新产品目录,但其某个零配件或者原料曾被认定为创新产品,《自主创新产品政府采购评审办法》未明确规定该投标产品如何享受优惠。在目前已出台的创新产品目录中,不乏隔热材料、发电机组、节能电源等零配件和原料,这些产品进入政府采购市场的前提是经过深加工或与其他产品组装成成品。创新产品认定工作由科技部门组织,往往关注科技含量和技术创新问题,却忽视了采购的可操作性,不适宜单独采购的创新产品如何享受评审优惠颇为棘手。我国应当根据零配件和原料在成品中的重要程度和价值构成确

---

[1] 刘云.政府采购促进科技创新的政策法规与实证研究[M].北京:科学出版社,2021:201.

定价格扣除或加分比例。零配件和原料虽然不被单独采购,但既已进入创新产品目录就表明其具有被支持的价值,随着制造业结构升级,技术需求已不仅局限于成品而聚焦某些核心零部件,其若被深加工或者与其他产品组装成投标产品,也应给予评审优惠。优惠力度则由其在投标成品中的重要程度和所占价值决定:(1)构成投标产品的关键零配件或主要原料,应当完整适用扣除或加分比例;(2)仅是投标产品中的次要零配件或原料,为防止供应商为取得不正当的竞争优势而刻意加装零配件或添加原料,所享受的优惠比例应予以适当降低,其中基数按零配件和原料的价值占投标成品价值的比例确定。

依据《自主创新产品政府采购评审办法》第13条、第14条、第15条规定,采用最低评标价法的,自主创新产品享受5%~10%幅度不等的投标价格扣除;采用综合评分法的,自主创新产品享受4%~8%幅度不等的价格和技术评标加分;采用性价比法的,自主创新产品既享受4%~8%幅度不等的投标价格扣除,又在技术评标项下的自主创新产品评分指标中享受加分。但上述规定仅适用于财政部公布的创新产品目录中的货物和服务,至于各地方政府所认定创新产品可享受的评审优惠是否应当与财政部文件保持一致或是允许有所差异则并无规定。在实践中,中央与地方在创新产品项目评审优惠上存在差异。有的地方政府文件设置的价格扣除比例或加分比例高于财政部文件设定的最高比例,还有的地方政府文件设置的价格扣除或加分采取的是固定比例,例如《江西省自主创新产品政府采购管理办法(试行)》按照10%和8%的固定比例顶格给予价格扣除和评审加分。国家创新产品享受的优惠可能比地方自主创新产品享受的优惠还要少,而固定比例的弊端还在于未根据科技含量、创新程度区分创新产品,对所有创新产品统一安排,不利于形成激励。创新产品若分为国家级、省级和地市级,则不同级次的创新产品可以享受递减的评审优惠,但各地规定应当保持一致。另外,创新产品采购评审优惠应当采取幅度比例模式,采购人根据创新产品的级次、科技含量等因素设置差异化的价格扣除比例与加分幅度,在创新产品之间形成区分,激励供应商不断争夺创新制高点。

(二)履约支持

《自主创新产品政府采购合同管理办法》第6条第2款规定,对于支持科技创新的政府采购在履约保证金、付款期限等方面给予供应商适当支持,但并未给出详细指引。在合同履约环节,采购人能够用以激励创新的支持措施仅限于减免履约保证金和缩短尾款扣押期限,支持时间被限定在订立合同和支付尾款节点,采购人可供使用的工具太少,限制了履约环节支持科技创新效果的发挥。

在支持科技创新的政府采购合同的履行环节,应当制定更多的支持措施供采购人选用:(1)提供多元化合同定价方式。合同定价方式是指合同价款的确定方式,最常被采用的是固定价格方式,即订立合同时即确定合同价格,非经法定或约定事由不得更改。采购人若在采购时就基本可以准确估算采购成本,可选用此方式,但采购人采取订购方式采购,合同订立时就无法确定价款,合同当事人可选用成本补偿方式。成本补偿是采购人向供应商支付合同履行过程中实际产生的可列支成本,并按约定支付适当酬金的方式。[1]在实践中,适当酬金一般分为固定酬金、成本的固定比例酬金、降低成本的奖金3种形式,《征求意见稿》第72条选用固定酬金的形式,因为固定酬金既有助于供应商提前交付,又能防止合同履行成本的不当扩大,还能避免供应商偷工减料损及质量。(2)适当提高预付款比例。采购人应优先保障采购创新产品和订购的资金需求,在预付款阶段更高比例地投入资金。(3)减免收取履约保证金。履约保证金是订立采购合同时,采购人为保证采购合同顺利履约而要求供应商缴纳的,履约完成将全额退还,为减轻创新产品供应商资金压力,采购人可以减除甚至免除供应商的履约保证金。(4)缩短尾款扣押期限。合同履行完毕后,采购人并不会立即支付尾款,而是在验收合格后按照国库集中支付的程序规定交付尾款。在创新产品采购和订购中,采购人应当尽量缩短尾款扣押期限,结清所有价款。(5)订入奖金激励条款。在支付合同价款之外,若存在节约成本、技术改进等更好实现经济社会效益的情形,采购人可以根据供应商提供货物、工程和服务的质量、满意度或资金节约率额外支付一定奖金作为激励。

(三)采购人风险补偿

因为存在技术不成熟带来的质量风险或创新产品与现有工作环境局部冲

---

[1] 何红锋,郭光坤.政府采购合同定价方式制度探析[J].中国政府采购,2022(10).

突等问题,采购人订购创新产品或采购现有创新产品可能面临风险,以致在政府采购中支持科技创新的主观意愿并不强烈,往往倾向于选择已被市场验证过的常用产品。激励采购人主动执行支持科技创新的采购政策,成为支持科技创新的政府采购不容忽视的问题,相关激励方式过于单一,覆盖范围极为有限。

解决采购人风险厌恶的问题,可以从以下方面采取措施:(1)全面推行创新产品采购风险补偿金制度。例如《常州市创新产品首购和推广应用办法(试行)》第21条规定,对首购目录内产品并供自身使用的采购人,按照上年度首购首批次采购金额的8%给予风险补偿,单个采购人总风险补偿金额不超过30万元,但其适用范围上太小。无论采购现有创新产品还是订购,采购人均应享受风险补偿形式的财政补助。至于是否限于首购首用以及补偿限额的设定应当视财力情况而定,尽可能避免给政府施加过重的财政压力。(2)对采购人采购现有创新产品或订购后购买质量保险或责任保险的,可以给予保费补贴。在实践中,常见的是供应商购买保险,由财政予以保费补贴,但效果并不明显,因为供应商通常对自己产品有信心,况且即便享受财政补贴但仍缴纳较多保费将大量占用流动资金,所以投保意愿不高。采购人购买保险并将保费补贴授予采购人,可以提高保险机制介入支持科技创新的政府采购的参与度。(3)实施容错纠错,探索支持科技创新的政府采购免责机制。为激励采购人敢于采购创新产品,只要采购人已勤勉尽责,应当宽容采购人在采购中因缺乏经验、先行先试而出现的失误错误。若发生创新性风险,相关部门应当结合动机态度、客观条件、程序方法、性质程度、后果影响及挽回损失等情况,对采购人的失误进行综合分析,精准实施容错负责。

第三节 财政资助科技成果的政府介入权

在科技强国战略、创新驱动战略的背景下,近年来我国不断加大对科技成果资助的财政资金投入,2007年修订《科学技术进步法》改变了之前财政资助科技成果收归国有的规定,将财政资助科技成果的知识产权授予科研项目的承担者,希望以知识产权私有化来推动科技成果商业化,进而推动科技进步和经济社会发展。但是,有些项目承担者出于逐利性目的,怠于对财政资助科技成果进行转化或者滥用财政资助科技成果的行为屡见不鲜,不仅浪费了财政资金,也违背了《科学技术进步法》"为了全面促进科学技术进步,发挥科学技术第一生产力、创新第一动力、人才第一资源的作用,促进科技成果向现实生产力转化,推动科技创新支撑和引领经济社会发展"的立法宗旨。《科学技术进步法》第32条第2款和第3款引入政府介入权(March-in Right)制度,旨在敦促项目承担者对财政资助科技成果在合理期限内及时进行转化。

一、财政资助科技成果政府介入权概述

(一)财政资助科技成果政府介入权及其特征

作为一个法律术语,介入权在我国法律中的应用非常广泛,例如民事代理中间接代理本人的介入权;公司对于公司负责人违反法定义务所获得的收益收归公司所有的权利[1];刑事诉讼法上检察机关的介入权。上述介入权的英文大多翻译为"Interning Rights",是指在特殊情形下,赋予特定权利人对其他权利人的权利进行干预的权利,目的是平衡各个主体利益或者防止一方主体滥用权利,以达到法律上的利益平衡或公私利益平衡。[2]财政资助科技成果政府介入权是指在财政资助产生的科技成果转化过程中,政府在特定情形下行使对项目承担者的科技成果所享有的权利进行干预的权利。此种法律意义上的"政府介入权"最早出现于1979年美国参议员伯奇·拜赫(Birch Bayh)和多尔·杜尔(Robert Dole)的提案中,后被1980年美国《拜杜法》("The Bayh Dole Act")正式确立。财政资助科技成果政府介入权创设的目的在于,使财政资助形成的科技成果最终流入市场,转化为现实生产力与国家创新能力。

财政资助科技成果政府介入权是指当项目承担者怠于行使科技成果转化的权利以及公共利益需要等情形时,政府对财政资助科技成果享有以无偿或有偿形式、排他性或非排他性行使方式,许可给有条件的第三人使用的权力,具有以下法律特征:(1)政府介入权行使的主体是政府,目的在于督促科技成

---

[1] 雷兴虎.论公司的介入权[J].法学研究,1998(4).
[2] 唐素琴,李科武.介入权与政府资助项目成果转化的关系探析[J].科技与法律,2010(1).

果进行转化,不可避免地具有强制性特征,对于怠于行使科技成果转化权利的项目承担者,政府可以强制手段促进科技成果转化;(2)政府介入权行使的法定限制,权力行使需要行使事由,在满足一定条件下才可行使;(3)政府介入权行使具有多利害关系,涉及国有资产管理制度,主要包括介入权的申请主体、行使主体,涉及高校、科研院所以及科研人员、企业等第三方利益,制度价值在于实现个体利益、国家利益的保护和各方利益最优配置❶;(4)政府介入权行使具有程序正义。"正义不但要伸张,而且必须眼见着被伸张"❷,政府须对介入权行使全过程进行公开,行使主体、对象、事由以及救济要在立法中予以明确规定。

(二)财政资助科技成果政府介入权的法律性质

财政资助科技成果的政府介入权,属于介入权的下位概念,而介入权广泛地存在于公私法领域,其本身并未有明确的权利性质,因此存在法律性质的争议。

1. 基于行政管理的行政权

可以从法律规范、保护利益及权力主体等维度确认财政资助科技成果政府介入权的法律性质:(1)政府介入权被规定在《科学技术进步法》第32条第2款、第3款;(2)财政资助科技成果政府介入权保护的利益是国家与社会公共利益;(3)政府介入权行使主体是政府,法律架构主要规范政府的介入权行使;(4)政府介入权行使过程中,项目管理机构与项目承担者处于一种不均衡的法律地位。因此,财政资助科技成果政府介入权被认为是基于行政管理而产生的一种以财政资助形成的科技成果为对象的行政权,属于公权力的范畴。

若是进一步划分财政资助科技成果政府介入权的行政权类型,应当归入执行性行政权范畴。按照行政权划分通说,行政权可分为立法性行政权、执行性行政权与司法性行政权,传统执行性行政权主要分为行政处罚、行政强制与行政许可等,现代意义上的执行性行政权又包括行政协议、行政指导与行政监管

---

❶ 李石勇.财政资助科技成果政府介入权法律制度探究[J].政法论丛,2018(4).

❷ 伯尔曼.法律与宗教[M].梁治平,译.北京:三联书店,1991:48.

等。❶财政资助科技成果政府介入权因政府的行政管理产生,被认为是一种以财政资助科技成果为对象的行政强制执行权。

2. 基于财政资助的财产权

2007年修订《科学技术进步法》借鉴了美国《拜杜法》,改变了之前财政资助的科技成果收归国有的规定,将财政资助科技成果的知识产权授予项目承担者,实现了财政资助科技成果从"公共财产"到产权激励的转化路径变迁。❷利用财政性资金设立的科学技术计划项目所形成的科技成果具有国有资产属性,政府当然地具有国有资产管理的义务与责任。财政资助科技成果政府介入权是政府对财政资助产生的科技成果转化的义务与责任。财政资助科技成果形成的过程是以科学技术计划项目为载体,执行国家科学技术计划所形成科技成果,包括我国在内的诸多国家或地区通过与项目承担者签署合同,将科学技术任务交由高校、科研机构或企业完成。因此,国家与高校、研究所等科研机构签署的科学技术计划项目合同被认为是一种特殊的私法契约。❸总之,财政资助产生的科技成果实质上属于科技计划项目合同的标的,作为出资人的政府对于怠于履行科技成果转化义务的相对人享有介入权。

3. 兼具公权私权性质的复合性权利

随着经济社会发展,公私法互相交融,法域的界限开始松动,财政资助科技成果的政府介入权法律性质也应当持有包容态度。财政资助科技成果政府介入权在规范形式上、法律架构上出于对公共利益的保护以及对公权力的限制,政府介入权行使过程中政府与项目承担者的地位不对等,都体现出财政资助科技成果的公法色彩。但是,从私法角度出发,财政资助科技成果政府介入权的行使对象即利用财政性资金设立的科学技术计划项目所形成的科技成果,属于科技计划项目合同的标的,又具有意思自治的色彩,政府介入权具备财产权特征。总之,财政资助科技成果政府介入权既在形式上具有行政权特征,还在实质上具备私法领域中财产权的特征,因此财政资助科技成果政府介入权是兼具公权、私权性质的复合性权利。

---

❶ 章剑生. 现代行政法总论[M]. 二版. 北京:法律出版社,2019:20—22.

❷ 梁艳,罗栋. 财政资助职务发明形成与转化法律调整机制研究[M]. 北京:法律出版社,2022:33.

❸ 谭启平,朱涛. 论国家科技计划项目合同的私法属性及制度构建[J]. 现代法学,2013(6).

(三)财政资助科技成果政府介入权的双层补偿理论

财政资助科技成果政府介入权兼具公权私权的性质,因此政府介入权行使需要兼顾公私利益,玛丽·埃伯利(Mary Eberle)提出"双层补偿理论(The Enhanced Bi-Level Quid Pro Quo)"论证政府介入权行使的正当性。❶

1. 专利社会契约下的第一层补偿

专利社会契约是专利制度的理论基础,专利制度的实质是国家代表社会公众与专利发明人签订的一份契约,即发明人以公开技术方式来换取一定期限内对发明专利及其延伸产品的垄断权相当于向社会公众征了"一次税收",而技术公开则是发明人对社会公众的补偿,这构成专利社会契约下的第一层补偿。财政资助形成的科技成果也具有科技成果的外溢性特征,在发明人将其发明科技成果投入生产领域再最终流通到消费领域这一过程中,不可避免地存在"搭便车"和"外部性"现象。❷在"外部性"的影响下,发明人的技术优势很快会被消磨殆尽,因此财政资助产生的科技成果若不授予项目承担者专利权,不设置专利社会契约这一壁垒,难以激发项目承担者的创新热情。

2. 多元利益平衡下的第二层补偿

随着专利制度的不断发展,更多主体参与专利的价值分配当中。在财政资助科技成果的形成与转化这一长链条中,不仅囊括了国家、社会公众与发明人等专利社会契约第一层补偿下的主体,还引入了专利潜在的实施者、政府专利主管部门、发明被许可使用人以及税务机关,而多个主体之间的利益博弈造成财政资助科技成果不可避免地出现"公地悲剧"。因此,专利社会契约下第一补偿的二元利益平衡,应当升级为资助机构、项目承担者以及社会公众的三元利益平衡。在此法律关系中,资助机构将纳税人缴纳的税收资助给项目承担者,并将财政资助形成科技成果的专利权赋予项目承担者,以此激励科学技术研发。项目承担者需要及时转化科技成果,使公众尽早享受到科技成果的实施以及产业化所带来的便利,以此回应"二次税收",维护了资助机构、项目承

---

❶ EBERLE M. March-In Rights under the Bayh-Dole Act: Public access to federally funded research[J]. Marquett Intellectual Property Law Review,1999,3(1):155.

❷ 吴国平. 专利制度与技术创新的法经济学分析[J]. 技术经济与管理研究,2000(1).

担单位以及社会公众的三元利益平衡,即多元利益平衡下的第二层补偿。在第二层补偿中,财政资助科技成果的资金来源社会公众所缴纳的税款,而项目承担者享有由此产生的专利权,当项目承担者以垄断价格实施科技成果的专利权时,消费者购买专利产品相当于"二次税收"。特别是,当财政资助科技成果涉及医疗卫生等民生领域时,项目承担者以垄断价格独占市场,消费者不得不支付高昂的价格购买垄断产品,例如美国政府介入权行使纠纷的Ritonavir案,由于雅培公司的不合理提价极大增加艾滋病患者的负担,众多患者因不能支付昂贵的药费而无法得到及时治疗❶,无疑背离了财政资助科技成果形成与转化的初衷,是对社会财富的掠夺。

3. 双层补偿理论下的政府介入权的正当性

双层补偿理论从契约角度出发提供政府介入权行使的正当性。项目承担者与社会公众签订"契约"并支付对价,政府是契约双方的"中间人",社会公众需要向政府缴纳税款,政府利用社会公众缴纳的税款资助项目承担者。财政资助科技成果的政府介入权的功能是,当项目承担者出现"违约"情况或出于公共利益、国家安全的考量,政府可以代表社会公众行使介入权,确保社会公众免于遭受财政资助科技成果的不使用和不正当行使所带来的损失。因此,财政资助科技成果的政府介入权是对"二次税收"问题的积极回应,使得国家对项目承担者和社会公众之间利益平衡有可能予以适度把握。总之,依据双层补偿理论,财政资助科技成果的政府介入权在基于专利社会契约将科技成果的专利权归属项目承担者的同时,发挥财政资助科技成果的"公益属性",维持了资助机构、项目承担者、社会公众之间微妙的利益平衡。

二、财政资助科技成果政府介入权的域外立法

(一)美国《拜杜法》的相关规定

1980年《拜杜法》创设财政资助科技成果政府介入权,提升了项目承担者科技成果转化的积极性,财政资助科技成果转化率大幅提升,《拜杜法》第203条、第204条与《联邦法规》相关规定构建了一套详细而严谨的政府介入权

---

❶ 黄光辉.美国拜杜法案中的介入权制度:迷失与反思[J].湖北行政学院学报,2015(6).

制度。

依据《拜杜法》第203条规定,联邦政府有权要求项目承担者、专利受让人或者独占许可的人以非独占、部分独占或独占的方式将财政资助形成的专利许可给其他能够真正有效利用专利的人使用,其行使事由如下:(1)项目承担者或专利受让人在合理期限内未采取有效措施或在未来一段时间内预计也不会采取有效的手段应用、实施专利;(2)项目承担者、专利受让人和实施人未能合理地满足公众的健康需求、安全需求;(3)项目承担者、专利受让人或实施人未能满足联邦法律规定的"公用"目的;(4)项目承担者与政府的合约违反《拜杜法》第204条规定,或者独占专利实施权的实施者与专利受让人在使用与出售中违反了第204条规定。

《拜杜法》第204条规定"境内首先使用",当发明以独占许可方式授权给他人使用,必须同时满足许可人在美国境内进行实质生产,除非此发明在美国境内没有进行生产和制造的潜在被许可人,或者在美国境内对此发明的制造和生产缺乏商业可行性。此条规定的目的在于保证联邦资助产生的发明能够优先在美国境内使用,促进美国产业与经济的发展。❶

《拜杜法》第203条与《联邦法规》第37章第401条对财政资助科技成果政府介入权的行使程序及其救济途径作出详细规定,具体程序包括:(1)启动阶段。依照《联邦法规》规定,政府介入权的启动可以由联邦资助机构依职权主动发起,也可以由第三方申请发起,但《拜杜法》《联邦法规》并未对合格的第三方予以规定。(2)通知阶段。政府介入权行使应先以书面形式通知项目承担者与实施者,告知资助机构正在考虑行使政府介入权,通知内容包括行使政府介入权的原因、所依据的事实、许可的领域,以及合同当事人以及受让人或独占被许可人所享有的权利。项目承担者以及专利受让人或实施者应当就专利实施信息在30日内以口头形式或书面反馈意见❷,但无论是否反馈意见,联邦政府在答辩期届满后都会基于行政自由裁量权决定是否发起介入程序。(3)事实调查阶段。项目承担者以及专利受让人或实施人等以书面形式提出反对行使介入权的事实与理由,提交的材料若与原有材料发生冲突,联邦政府可以主动

---

❶ 黄光辉.美国拜杜法案中的介入权制度:迷失与反思[J].湖北行政学院学报,2015(6).

❷ 贾无志,吴希.国家科技计划成果之政府介入权初探[J].中国基础科学,2014(3).

进行事实调查并最后作出执行与否的决定。项目承担者等权利人也可以依照《联邦法规》相关规定,委托律师、提供证据或向证人质询。联邦政府就调查程序、项目承担者等权利人的答辩情况应当制作调查笔录,但未经项目承担者等权利人同意,不得公开调查笔录。(4)决定阶段。联邦政府经过事实调查,以查明的事实、相关权利人答辩及其他行政记录,在90天内作出行使政府介入权与否的裁断,并以书面形式通知双方当事人。若联邦政府决定行使政府介入权,项目承担者以及专利受让人或实施人等可以向联邦法院上诉,联邦法院有权确认、撤销、更改决定。若联邦政府决定不行使政府介入权,可以在任何时间终止政府介入权程序,但90天内未作出书面通知行使政府介入权的决定,推定调查程序终结,不行使政府介入权。

(二)日本《产业活力再生特别措施法》的相关规定

20世纪90年代,日本面临严峻经济危机,生产率低下、失业率居高,发展萎靡不振。为了发展高新技术带动经济复兴,日本于1999年通过《产业活力再生特别措施法》。[1]

《产业活力再生特别措施法》将财政资助科技成果的知识产权"下放"给项目承担者,规定政府在特殊情形下行使政府介入权,但仅有实体性规定而缺乏程序性规定。依据《产业活力再生特别措施法》,财政资助科技成果政府介入权行使包括两种情形:(1)基于国家利益、公共利益的需要,并阐明必要理由,政府可以行使介入权而无偿使用科技成果;(2)财政资助科技成果的知识产权在规定期限内没有使用且无正当理由的,政府可以将知识产权许可第三方使用,但未明确许可第三人使用方式。由于法律没有具体规定独占、部分独占抑或非独占方式许可给第三人使用,这赋予了政府行使介入权的自由裁量权,以及法律未规定政府介入权行使、救济程序,以致财政资助科技成果的政府介入权在促进大学知识转移上并未发挥显著效果。[2]

---

[1] 姜小平.从《产业活力再生特别措施法》的出台看日本技术创新与产业再生[J].科技与法律,1999(3).

[2] 宗晓华,唐阳.大学——产业知识转移政策及其有效实施条件——基于美、日、中三版《拜杜法案》的比较分析[J].科技与法律,2012(1).

三、财政资助科技成果政府介入权的行使对象

明确财政资助科技成果政府介入权的行使对象,有助于厘清政府介入权的边界及其行使方式,实现政府与项目承担者等多方主体的利益平衡。

广义上的财政资助科技成果包括三类:(1)基础研究类,成果主要表现为知识产权中的著作权,具有知识传播、理论指导的功能;(2)享有所有权的技术应用研究类,成果往往由高等院校、科研院所与企业合作申请资助,项目管理机构对科技成果享有使用权,具有鲜明的市场导向;(3)高等院校、科研院所的科研人员申请国家科学技术计划项目中的应用类研究,成果表现为发明专利权、植物新品种权、计算机软件著作权和集成电路布图设计专有权,此乃狭义上的财政资助科技成果。认定财政资助科技成果应当明确财政资助的标准,按财政资助比例的差异,财政资助科技成果又分为两类:(1)完全由财政性资金资助形成的科技成果,政府享有较为完整的介入权;(2)由财政性资金部分出资形成的科技成果,政府介入权应受到相应限制。

《科学技术进步法》仅规定政府介入权对项目承担者行使的情形,并未充分考虑财政资助成果流转到第三方且出现政府介入权行使事由的情形,这会造成政府"督导者"的角色缺位,不能充分发挥政府介入权促进科技成果转化、维护国家及公共利益的作用。因此,我国应当赋予财政资助科技成果政府介入权的追及性特征,即不论财政资助科技成果及其知识产权流转至何处,政府都可以对此项科技成果享有介入权[1],即政府介入权的行使对象包括项目承担者、受让人或者独占科技成果使用权的第三人。

四、财政资助科技成果政府介入权的行使事由

《科学技术进步法》第32条规定财政资助科技成果政府介入权行使包括两项事由:(1)第2款规定的"合理期限内没有实施且无正当理由";(2)第3款规定的"为了国家安全、国家利益与重大社会公共利益的需要",相关规定存在模

---

[1] 黄光辉.政府资助科研项目中政府介入权若干问题研究——兼评《科技进步法》相关规定[J].科技与法律,2010(1).

糊不明及涵盖不足等问题,亟待建立健全财政资助科技成果政府介入权行使事由。

(一)"合理期限内没有实施且无正当理由"事由

《科学技术进步法》并未对"合理期限"作出明确规定,部分省级科学技术进步条例尝试对合理期限予以细化,主要分为两种模式:(1)法定期限模式,例如《云南省科学技术进步条例》第12条第2款规定:"主要利用财政性资金资助的科学技术项目所形成的发明专利权、计算机软件著作权、集成电路布图设计专有权和植物新品种权,项目承担者应当依法实施,并就实施和保护情况向项目管理机构提交年度报告;具备实施条件且在1年内无正当理由没有实施的,项目管理机构可以依法组织无偿实施,也可以许可他人有偿实施或者无偿实施",又如《湖北省科学技术进步条例》第14条规定:"主要利用财政性资金资助的科学技术项目所形成的发明专利权、计算机软件著作权、集成电路布图设计权和植物新品种权,项目承担者应当依法实施,并就实施和保护情况向项目管理机构提交年度报告;具备实施条件且在一年内无正当理由没有实施的,项目管理机构可以依法无偿实施,也可以许可他人有偿实施或者无偿实施",再如《贵州省科学技术进步条例》第15条第3款规定:"项目承担者通过财政性资金实施科学技术项目取得的科学技术成果和知识产权,应当依法实施转化。3年内没有实施转化的,政府可以无偿实施转化,也可以许可他人有偿或者无偿实施转化。成果完成人在同等条件下有优先实施转化权";(2)约定期限模式,例如《浙江省科学技术进步条例》第21条规定:"利用财政性资金设立的应用类科技计划项目,应当在立项时约定项目承担者的科技成果转化义务和转化期限。项目承担者在约定期限内未实施转化且无正当理由的,项目主管部门可以将科技成果在技术市场信息网络等平台上予以发布,并可以按照有关规定以有偿或者无偿的方式许可他人实施。具体办法由省科学技术主管部门会同省有关部门制定。"合理期限的创设旨在为项目承担者留出科技成果的实施与转化时间,但不同科技成果之间差异性较大,转化与实施难度也有所区别,不宜"一刀切"地对合理期限作出法定限制。我国应当采取约定期限模式,由项目管理机构和项目承担者签订科学技术研发合同之时就合理期限予以协商确定。

《科学技术进步法》第32条第3款的"实施"不仅指财政资助科技成果以知识产权使用权或所有权转移给市场化主体,还包括其他被社会公众所获得的方式。❶美国《拜杜法》第201条对"实际应用"予以说明,即部件或产品的制造、程序或方法的使用、机械或系统的操作均被认为属于实际应用,但须确保发明正在被使用且产生效果能在合理条件下(Reasonable Terms)为公众所用。❷此外,在美国Cellpro案中,政府介入权实施与否的争议焦点在于专利技术实验是否构成"实际应用",美国卫生研究院对实际应用采取扩张解释,认为专利技术实验构成实际应用,进而拒绝了政府介入权启动申请。❸我国可以借鉴美国的经验对政府介入权行使事由的"实施"予以限缩解释,即"实施"的客观标准应为财政资助的科技成果在进行转化的过程中得到实际的生产与使用,并以合理条件为公众使用或转化为现实生产力;"实施"的主观标准是项目承担者、专利所有者或专利独占使用人是否就科技成果的实施与转化做出了"最大的努力"。

(二)"为了国家安全、国家利益与重大社会公共利益的需要"事由

《科学技术进步法》规定为了国家安全、国家利益和重大社会公共利益的需要,国家可以对财政资助科技成果行使政府介入权,但"国家安全""国家利益""重大社会公共利益"的表述较为模糊,不仅造成政府介入权缺乏可执行性,也可能造成政府自由裁量权过大,继而损害项目承担者的合法权益。国家安全、国家利益以及重大社会利益作为抽象概念且存在交叉,清晰界定是实践难题。在美国Norvir案中,雅培公司对于Norvir的不合理定价极大地增加了对弱势群体病人的负担,由于雅培公司对此专利技术形成了垄断,病人被迫选择购买高价格的药品。❹雅培公司的不合理定价对公众健康需要造成影响,侵犯

---

❶ 李石勇.财政资助科技成果政府介入权法律制度探究[J].政法论丛,2018(4).

❷ ARNO P S, DAVIS M H. Why don't we enforce existing drug price controls——The unrecognized and unenforced reasonable pricing requirements imposed upon patents deriving in whole or in part from federally funded research[J]. Tulane Law Review, 2000, 75(3): 631.

❸ 黄光辉.美国拜杜法案中的介入权制度:迷失与反思[J].湖北行政学院学报,2015(6).

❹ 黄光辉.美国拜杜法案中的介入权制度:迷失与反思[J].湖北行政学院学报,2015(6).

了社会公共利益,虽然政府介入权申请未能成功,但"合理价格"等市场因素应当被纳入重大社会公共利益事由的判断。[1]在美国Xalatan案中,瑞辉公司在美国境内的Xalatan销售价格高于加拿大,因此被申请政府介入权。[2]我国也应当把"合理价格"等市场因素考虑在内,将超出合理价格纳入影响社会公共利益事由中。至于国家安全、国家利益事由,我国应采取列举式加兜底式规定,例如当发生重大疫情、经济危机或战争等紧急情况下属于国家安全事由,而核心技术竞争等属于国家利益事由。

(三)"境内首先使用"事由

"境内首先使用"被美国《拜杜法》规定为财政资助科技成果政府介入权行使的法定事由,项目承担者或专利权人除非客观上无法在美国本土实施此项专利,财政资助产生的科技成果必须在美国进行实质生产。《科学技术进步法》第34条规定,"国家鼓励利用财政性资金设立的科学技术计划项目所形成的知识产权首先在境内使用。前款规定的知识产权向境外的组织或者个人转让,或者许可境外的组织或者个人独占实施的,应当经项目管理机构批准;法律、行政法规对批准机构另有规定的,依照其规定",以倡导性规范与强制性规范双重形式确立"境内首先使用"为财政资助科技成果转化的基本原则。财政资助科技成果的资金来源于本国税收,因此形成的科技成果理应优先惠及本国需要,基于科技成果外溢性特征,首先在本国使用,可以促进本国科技进步。我国还应当将"境内首先使用"嵌入财政资助科技成果政府介入权行使事由,即政府介入权行使作为项目承担者或专利权人未能履行财政资助科技成果的本国产业优先使用义务的法律后果加以规制,以保障纳税人的利益以及促进产业发展、科技进步。

---

[1] ARNO P S, DAVIS M H. Why don't we enforce existing drug price controls——The unrecognized and un-enforced reasonable pricing requirements imposed upon patents deriving in whole or in part from federally funded research[J]. Tulane Law Review, 2000, 75(3):631.

[2] 黄光辉.美国拜杜法案中的介入权制度:迷失与反思[J].湖北行政学院学报,2015(6).

五、财政资助科技成果政府介入权的行使程序

目前,《科学技术进步法》以及省级科学技术进步条例均对财政资助科技成果政府介入权仅有实体性规定却无程序性规定,以致迄今我国尚未出现政府介入权行使的事例。财政资助科技成果政府介入权的行使程序包括启动程序和实施程序等。

(一)政府介入权的启动程序

财政资助科技成果政府介入权的启动可以分为两种方式:(1)项目管理机构依职权启动的,必须向上级主管机关报备,并且决定启动政府介入权后15日内通知项目承担者、专利权人或独占许可人,告知其享有的权利;(2)项目管理机构依第三人申请启动的,申请人须书面提交申请启动政府介入权的初步证据,项目管理机构须将申请人信息、申请理由以及申请审核决定向上级主管机关报备,若项目管理机构审核申请后决定不启动的,及时书面通知申请人,并说明不介入理由,也同样将申请人信息、申请理由及申请审核决定向上级主管机关报备。受理第三人申请后,无法短期内做出是否启动政府介入权的决定,可以进行一定期限内的调查。调查内容包括对科技成果的生产制造程度、实施程度、推广程度等情况,调查结束后应当制作调查笔录。调查期限一般不应超过三个月,若情况特殊复杂的,也不得超过六个月。在调查结束后须及时通知申请人启动或不启动政府介入权决定,并告知理由。项目管理机构若在规定期限内未做出是否启动介入权的决定,则自动推定介入权启动程序终结,申请人有权向项目管理机构的上级机关申请复议。

此外,无论项目管理机构依职权启动或依申请启动,在正式决定启动政府介入权之前均应举行听证会,以保证政府介入权启动的公开透明性、决策科学性,避免政府介入权的不正当使用损害项目承担者的合法权益。听证会可以提高工作效率,也是对自由裁量权的限制。财政资助科技成果形成与转化涉及多方主体利益,听证会应当邀请政府介入权申请人、项目承担者、专利权人、专利实施许可人、相关领域专家及公众代表等参加。听证会上应当允许辩论、举证、质证以及专家发表意见,并制作听证笔录,项目管理机构应当根据听证

笔录、审查认定的事实和证据,依法作出决定。❶

(二)政府介入权的实施程序

国家知识产权局应当成为财政资助科技成果政府介入权的实施主体,在项目管理机构决定启动政府介入权后,应当将启动政府介入权的决定以及调查笔录、申请人信息等书面材料递交给国家知识产权局,由国家知识产权局负责实施政府介入权。国家知识产权局实施政府介入权应先明确行使方式,依据《科学技术进步法》第32条第2款、第3款,财政资助科技成果政府介入权行使方式包括国家无偿实施、许可他人有偿或无偿实施,但无论有偿抑或无偿实施均应明确为非独占性实施。财政资助科技成果政府介入权实施程序可以分为一般程序和简易程序。

在财政资助科技成果政府介入权实施的一般程序中,国家知识产权局实施政府介入权之前,应以书面形式通知项目承担者、专利权人及独占许可人,要求其在30天内提出答辩,可以提交证据表明正在进行科技成果转化或以最大努力积极进行成果转化等。答辩期限届满,项目承担者、专利权人及独占许可人未提出答辩意见的,国家知识产权局应当行使政府介入权。在答辩期限届满之前提出答辩意见反对政府介入权实施或对实施方式提出意见的,国家知识产权局对答辩意见以及所提交的证据进行审查核实,若发现项目承担者、专利权人及独占许可人递交的证据与决定启动政府介入权的证据相左,应当指定人员进行事实调查。事实调查的范围包括提交书面证明的真实性审核、提请证人作证、政府介入权的质证辩论等环节。在事实调查完成之后作出继续实施政府介入权或终止介入权实施的决定,并通知项目管理机构以及申请人。

为了国家安全、国家利益以及重大社会公共利益的需要,将科技成果以有偿或无偿许可第三人实施,由于无须项目承担者举证在合理期限内未实施科技成果,因而可以采取简易程序,即省略财政资助科技成果转化情况的事实调查步骤,仅需提交证明科技成果转化影响国家安全、国家利益及重大社会公共利益,国家知识产权局即可通知项目承担者、专利权人及独占许可人后可自行将科技成果许可给第三人实施或由国家无偿实施。

---

❶ 胡朝阳.科技进步法第20条和第21条的立法比较与完善[J].科学学研究,2011(3).

第四章 强化新质生产力收入激励的发展型财税法

第一节 高新技术企业所得税税率式优惠

企业是自主创新的主体,面临着高风险性、不确定性等科技创新的问题,并且外部存在着"市场失灵",单凭企业的力量推进新质生产力的发展是不现实的,需要发展型财税法发挥激励和帮助作用。高新技术企业作为企业科技创新中最活跃的力量,应当通过税收优惠进一步提升高新技术企业的科技创新能力,促进科技创新税收体系的完善,更好应对全球新一轮科技革命与产业变革。《中华人民共和国国民经济和社会发展第十四个五年规划和2035年远景目标纲要》第五章第一节提出,要实施更大力度的高新技术企业税收优惠等普惠性政策,税率式优惠是高新技术企业的最重要发展型财税法工具,亟待对15%的所得税税率式优惠予以理论检视和制度重构。

一、高新技术企业所得税税率式优惠概述

(一)高新技术企业所得税税率式优惠及其比较

依据《高新技术企业认定管理办法》第2条规定:"本办法所称的高新技术企业是指:在《国家重点支持的高新技术领域》内,持续进行研究开发与技术成果转化,形成企业核心自主知识产权,并以此为基础开展经营活动,在中国境内(不包括港、澳、台地区)注册的居民企业。"质言之,高新技术企业应当符合以下5个方面的要求:(1)高新技术企业的动态性;(2)高新技术企业产品(服务)范围的高新技术性;(3)高新技术企业技术投入必须达到一定比例;(4)技

术成果转化必须达到一定比例;(5)高新技术企业拥有核心自主知识产权。❶政府为了促进企业科技创新,往往采用税收优惠工具,其中企业所得税是重中之重。高新技术企业的税收优惠首先是所得税税率式优惠❷,即高新技术企业可以享受15%的所得税优惠税率。按照企业所得税税收优惠的作用方式,可以分为税率式优惠、税额式优惠、税基式优惠。

税率式优惠是指通过降低纳税人所适用的税率而实施的税收优惠。❸税额式优惠则是在税基和税率保持不变的情况下,直接减少纳税人的应纳所得税额,包括退税优惠、税收抵免等。税率式优惠和税额式优惠均是只有取得创新收益才能享受优惠,发挥事后优惠的作用,是直接税收支持工具,部分处于初创期的企业无法享受税率式优惠或税额式优惠。税额式优惠须先对某些特殊纳税人依法确定应纳所得税额后再减征一定数额或者比例,或者是征收后再返还,因而更具有变动性。与税额式优惠相比,税率式优惠侧重于对企业的支持,具有直接性和确定性,税率一旦确定就不会轻易变动,有利于稳定企业税负,刺激企业投资和经营活动。税基式优惠是降低纳税人的计税依据,通过缩小税基,在税率既定的条件下减少应纳税所得额,包括起征点、免征税、费用扣除、亏损弥补等。与税率式优惠相比,税基式优惠是间接的税收支持工具,注重对创新过程的优惠,发挥间接引导作用;税率式优惠是直接的税收支持工具,注重对创新收益的优惠,发挥直接引导作用。税基式优惠受到税率式优惠的限制,当税率式优惠的比重过大时,会对税基式优惠产生明显的挤出效应,对创新活动作用效果更明显,从而对企业科技创新的支持力度更大。

(二)高新技术企业所得税税率式优惠的意义

税收优惠给企业带来了效益,作用于企业从研发投入成果产出的科技创新活动全过程。高新技术企业的所得税税率式优惠可以增强高新技术企业的科技创新能力,引导科技创新资源向战略性新兴产业和未来产业集聚,培育和发

---

❶ 刘振.影响中国高新技术企业R&D投资水平的公司治理要素、机制和路径研究[M].北京:清华大学出版社,2016:18.

❷ 李林木,钱金保.中国式现代化新征程上的税收法治体系建设路径[J].税务研究,2023(3).

❸ 夏晶.促进企业技术创新的财税政策研究[M].北京:中国经济出版社,2021:122.

展新质生产力。

1. 增强高新技术企业科技创新能力

科技创新能力贯穿于企业的研究、开发、生产、销售全过程,是技术、人才、资金等要素聚合于企业而形成的综合能力。科技创新具有高度的复杂性,高新技术产品(服务)全过程因而存在较大不确定性。高新技术企业所得税税率式优惠能够提高企业的科技创新预期,使其有更强烈的意愿把相关资源投入到科技创新活动。高新技术企业享受所得税优惠税率后,应纳税额降低,税后盈利提高,用于研发活动的可支配资金增加,高新技术创新产品(服务)供给增加,可以弥补研发外溢带来的损失。所得税税率式优惠将持续性增加高新技术企业的研发投入,重点用于高新技术产品(服务)的自主研发,促进研发投入转为成果产出的效率水平不断提升,进而提高高新技术企业的科技创新能力。

2. 引导科技创新资源向地域产业集聚

产业结构调整是经济转型升级的重要内容之一,税收是宏观调控的主要工具之一。政府通过税收来调节经济活动中的参与者,以所得税优惠税率来影响高新技术企业,从而实现科技创新资源的优化配置,以有效应对市场失灵。所得税税率式优惠能够影响高新技术企业的盈利,进而调节产业规模和区域均衡,以及影响产业结构和经济水平。高新技术企业所得税税率式优惠作用于产业化阶段,对产业优化升级产生显著的促进作用,进一步推动经济实现智能化和高端化的转型。政府给予高新技术企业所得税的税率式优惠,鼓励其选择合适的行业或领域,促进科技创新资源流向战略性新兴产业和未来产业。所得税税率式优惠还能够帮助经济发达地区利用技术、人才等科技创新资源快速发展高新技术产业,经济基础薄弱地区也能运用所得税税率式优惠引导打造具有特色的科技创新高地。针对高新技术企业的所得税税率式优惠政策能有效引导创新资源在不同地域、不同产业间不断流动,使得高新技术产业不断发展。

3. 提高科技创新产出水平

企业是科技创新的主体,高新技术企业是战略科技力量的重要组成部分。高新技术企业的科技创新主体地位不断巩固,将具备参与全球产业竞争的能力,逐步融入全球产业链供应链。创新产出是国家生产力提升的关键要素,高新技术企业所得税税率式优惠政策作用于创新结果,引导高新技术企业创新产出成果不断增加,对研发产生更强的激励效果。所得税税率式优惠政策有利于培育一大批世界级科技创新型企业,在全球诸多创新领域中率先开展科技创新,提供高质量的高新技术产品(服务),在有限的科技投入下激励更多创新产出,提高科技创新竞争优势,进而增强国际竞争力。

(三)高新技术企业所得税税率式优惠的法律现状

为适应国内外科技经济发展的新趋势,迎接世界新技术革命的挑战,1985年《中共中央关于科学技术体制改革的决定》,揭开了科技体制改革的序幕,并强调经济建设必须依靠科学技术、科学技术工作必须面向经济建设战略的方针。1987年,中国共产党第十三次全国代表大会提出:"注重发展高技术新兴产业,带动整个国民经济向前发展。"高新技术企业从此作为科技创新的主体,为科技创新发展起到重要的推动作用。高新技术企业所得税税率式优惠是通过对高新技术企业实施15%的企业所得税税率式优惠,引导高新技术企业产业高质量发展,主要可以分为1988—2007年、2008年至今两个阶段。

1988—2007年是高新技术企业所得税税率式优惠实施的第一阶段。1988年,经国务院批准第一个国家级高新技术产业开发区成立,即北京市新技术产业开发试验区。同年,经国务院批准,北京市人民政府发布《北京市新技术产业开发试验区暂行条例》,其中第5条规定,对试验区的新技术企业,减按15%税率征收所得税,这成为高新技术企业所得税税率式优惠的前身。1991年,国务院发布了《国家高新技术产业开发区和有关政策规定》(国发〔1991〕12号),其中批准国家科委制定的《国家高新技术产业开发区高新技术企业认定条件和办法》《国家高新技术产业开发区若干政策的暂行规定》和国家税务总局制定的《国家高新技术产业开发区税收政策的规定》,由此拉开了我国高新技术企业所得税税率式优惠的序幕。依据有关规定,高新技术企业是知识密集、技术密集的经济实体,经国务院批准设立的高新技术产业开发区内被认定的高新技术企业,从被认定之日起,减按15%的税率征收所得税。换言之,高新技术企业所得税税率式优惠最初仅适用于国家高新技术产业开发区内的高新技术企业，之后才逐渐打破地域限制，扩展到国家高新技术产业开发区之外。

2008年至今是高新技术企业所得税税率式优惠实施的第二阶段。自20世纪80年代以来，随着高新技术企业不断发展，高新技术产业从无到有、由小变大，但仍面临缺少核心自主知识产权等大而不强的现实问题。国务院先后发布《国家中长期科学和技术发展规划纲要(2006—2020年)》《实施〈国家中长期科学和技术发展规划纲要(2006—2020年)〉的若干配套政策》等政策性文件，其中就税收激励提出，完善促进高新技术企业发展的税收政策，为落实此项战略部署，2008年1月1日起施行的《企业所得税法》及《企业所得税法实施条例》对高新技术企业所得税税率式优惠予以明确规定。2007年《企业所得税法》第28条第2款规定，"国家需要重点扶持的高新技术企业，减按15%的税率征收企业所得税"。同年《企业所得税法实施条例》第93条规定："企业所得税法第二十八条第二款所称国家需要重点扶持的高新技术企业，是指拥有核心自主知识产权，并同时符合下列条件的企业：(一)产品(服务)属于《国家重点支持的高新技术领域》规定的范围；(二)研究开发费用占销售收入的比例不低于规定比例；(三)高新技术产品(服务)收入占企业总收入的比例不低于规定比例；(四)科技人员占企业职工总数的比例不低于规定比例；(五)高新技术企业认定管理办法规定的其他条件。《国家重点支持的高新技术领域》和高新技术企业认定管理办法由国务院科技、财政、税务主管部门商国务院有关部门制定，报国务院批准后公布施行。"依据此项规定，2008年科技部、财政部、国家税务总局印发《高新技术企业认定管理办法》，并附《国家重点支持的高新技术领域》。2016年，为加大对科技型企业特别是中小企业的政策扶持，有力推动大众创业、万众创新，培育创造新技术、新业态和提供新供给的生力军，促进经济升级发展，科技部、财政部、国家税务总局对《高新技术企业认定管理办法》进行了修订完善。

根据科学技术部火炬高技术产业开发中心编著的《高新技术企业发展报告》所反映的2018—2019年高新技术企业税收优惠的情况，高新技术企业所得税税率式优惠已成为高新技术企业最重要的税收优惠政策之一，在各项税收优惠中比重最高，支持力度最大。全国在2019年享受高新技术企业所得税税率式优惠的企业共计87 406家,占比为39.99%,享受所得税税率式优惠减免额为2286.40亿元,占高新技术企业各类税收减免额的41.71%。[1]高新技术企业所得税税率式优惠还具有以下特征:(1)地域特征,享受所得税税率式优惠的高新技术企业集中在江苏、广东、北京、浙江、上海、深圳、山东7个省(市),主要集中在东部地区。[2](2)规模特征,大型高新技术企业享受所得税税率优惠的比例明显高于小企业,在2019年,营业收入规模处于5000万元以下的高新技术企业所得税税率式优惠减免额占全国比重达4.3%;营业收入规模处于5000万(含)至2亿元的高新技术企业所得税税率式优惠减免额占全国比重达11.72%;营业收入规模在2亿元(含)以上的高新技术企业所得税税率式优惠减免额占全国比重为83.98%。[3](3)行业特征,制造业高新技术企业在2019年享受所得税税率式优惠的企业数量最多,信息传输、软件和信息技术服务业,科学研究和技术服务业分别位列第二位和第三位,三个行业的高新技术企业所得税税率式优惠减免额占全国减免总额的89.24%。[4]

二、受惠高新技术企业认定的标准和程序

高新技术企业享受税率式税收优惠应先被认定为高新技术企业,须符合8个认定标准并经7步程序。

(一)高新技术企业的认定标准

依据2016年修订《高新技术企业认定管理办法》第11条规定,高新技术企业认定应当符合以下8项标准:(1)时间标准,即企业申请认定时须注册成立一

---

[1] 科学技术部火炬高新技术产业开发中心.高新技术企业发展报告(2020)[M].北京:科学技术文献出版社,2021:187.

[2] 科学技术部火炬高新技术产业开发中心.高新技术企业发展报告(2020)[M].北京:科学技术文献出版社,2021:188-189.

[3] 科学技术部火炬高新技术产业开发中心.高新技术企业发展报告(2020)[M].北京:科学技术文献出版社,2021:190.

[4] 科学技术部火炬高新技术产业开发中心.高新技术企业发展报告(2020)[M].北京:科学技术文献出版社,2021:192.

年以上。(2)技术标准,即企业通过自主研发、受让、受赠、并购等方式,获得对其主要产品(服务)在技术上发挥核心支持作用的知识产权的所有权。(3)产业标准,即对企业主要产品(服务)发挥核心支持作用的技术属于《国家重点支持的高新技术领域》规定的范围。(4)人员标准,即企业从事研发和相关技术创新活动的科技人员占企业当年职工总数的比例不低于10%。(5)投入标准,即企业近3个会计年度(实际经营期不满3年的按实际经营时间计算)的研究开发费用总额占同期销售收入总额的比例符合如下要求:最近1年销售收入小于5000万元(含)的企业,比例不低于5%;最近1年销售收入在5000万元至2亿元(含)的企业,比例不低于4%;最近1年销售收入在2亿元以上的企业,比例不低于3%。其中,企业在中国境内发生的研究开发费用总额占全部研究开发费用总额的比例不低于60%。(6)产出标准,近1年高新技术产品(服务)收入占企业同期总收入的比例不低于60%。(7)管理标准,即企业创新能力评价应达到相应要求。(8)法律标准,即企业申请认定前一年内未发生重大安全、重大质量事故或严重环境违法行为。在实践中,投入标准、产出标准和管理标准存在问题,亟待加以完善。

1. 投入标准

2019年修订《企业所得税法实施条例》第93条第1款第2项规定,"研究开发费用占销售收入的比例不低于规定比例",2016年修订《高新技术企业认定管理办法》第11条第5项进一步明确为,"企业近3个会计年度(实际经营期不满3年的按实际经营时间计算)的研究开发费用总额占同期销售收入总额的比例符合如下要求:最近1年销售收入小于5000万元(含)的企业,比例不低于5%;最近1年销售收入在5000万元至2亿元(含)的企业,比例不低于4%;最近1年销售收入在2亿元以上的企业,比例不低于3%。其中,企业在中国境内发生的研究开发费用总额占全部研究开发费用总额的比例不低于60%。"但是,高新技术企业所得税税率式优惠的研发费用口径要求,与研发费用加计扣除的归集口径、会计核算研发费用的归集口径存在差异,人员人工费用、直接投入费用、折旧费用与长期待摊费用、无形资产摊销费用、设计试验费用等方面存在区别,以致相关企业须分别按照不同的研发费用口径设置研发支出辅助账,增加了企业享受税收优惠的成本和涉税风险。我国应当统一研发费用归集口径,调整高新技术企业认定的研发费用范围[1],例如,降低其他相关费用占研发总费用的比例;去除高新技术企业研发费用中房屋折旧费、研发设施的改建等费用;去除高新技术企业研发费用中装备调试费用、田间试验费用的设计试验等费用。

2. 产出标准

2019年修订《企业所得税法实施条例》第93条第1款第2项规定:"高新技术产品(服务)收入占企业总收入的比例不低于规定比例。"2016年修订《高新技术企业认定管理办法》第11条第5项进一步明确为,"近一年高新技术产品(服务)收入占企业同期总收入的比例不低于60%"。依据2016年修订《高新技术企业认定管理工作指引》,高新技术产品(服务)收入是指企业通过研发和相关技术创新活动,取得的产品(服务)收入与技术性收入的总和。对企业取得上述收入发挥核心支持作用的技术应属于《国家重点支持的高新技术领域》规定的范围。其中,技术性收入包括:(1)技术转让收入。指企业技术创新成果通过技术贸易、技术转让所获得的收入;(2)技术服务收入。指企业利用自己的人力、物力和数据系统等为社会和本企业以外的用户提供技术资料、技术咨询与市场评估、工程技术项目设计、数据处理、测试分析及其他类型的服务所获得的收入;(3)接受委托研究开发收入。指企业承担社会各方面委托研究开发、中间试验及新产品开发所获得的收入。企业应正确计算高新技术产品(服务)收入,由具有资质并符合相关条件的中介机构进行专项审计或鉴证。我国应当尽快出台高新技术产品(服务)收入具体确定标准,高新技术产品(服务)不应考虑非经常性收入,总收入应当扣除偶发性收入。

3. 管理标准

2019年修订《企业所得税法实施条例》第93条第1款第5项是高新技术企业认定的兜底条款规定,第2款授权国务院科技、财政、税务主管部门商国务院有关部门制定《高新技术企业认定管理办法》,报国务院批准后公布施行。因此,2016年修订《高新技术企业认定管理办法》第11条在产业标准、投入标准、

---

[1] 周梅锋,宋哲. 后BEPS时代高新技术企业税收优惠政策再审视[J]. 国际税收,2020(6).

产出标准和人员标准之外,又增设4项标准,其中第7项管理标准规定,"企业创新能力评价应达到相应要求",较为主观抽象。2016年修订《高新技术企业认定管理工作指引》规定,企业创新能力主要从知识产权、科技成果转化能力、研究开发组织管理水平、企业成长性4项指标进行评价,各级指标均按整数打分,满分为100分,综合得分达到70分以上(不含70分)为符合认定要求。

知识产权指标分数占企业创新能力总分数的30%,包括技术先进程度、知识产权数量、知识产权获得方式等5项评价指标。为督促企业聚焦知识产权的自主研发,在知识产权获得方式评价指标中,增加自主研发所获取的知识产权分数权重,对通过受让、受赠和并购所获取的知识产权赋予较低的分数。❶此外,不同生产经营类型的企业会申请不同的知识产权,例如发明专利对设备制造业更具价值,我国可以依据《国家重点支持的高新技术领域》对申请认定的企业予以细分,明确不同领域企业在资质认定时,应具备知识产权类型,以加强与企业生产经营情况的实质关联性。

企业成长性指标占企业创新能力总分数的20%,包括净资产增长率10分、销售收入增长率10分。在不区分企业经营规模,仅简单计算增长率的情况下,这两项评价指标的应用容易造成净资产、收入规模小的企业占优势,伤害成长稳定企业的积极性。❷企业成长性指标是对高新技术企业发展能力的评价,我国应当对其评价指标予以优化和增加:(1)优化净资产增长率评价指标,将净资产增长率指标替换成净资产收益率增长率指标,公式为净资产收益率=净利润/净资产,而对于3年内净资产存在负值的小型企业,可采用净利润增长率等指标;(2)优化销售收入增长率评价指标,可参照《中小企业划型标准规定》等关于营业收入的划分标准,对于不同规模的企业进行分层设计❸;(3)增设盈利能力成长指标,高新技术企业享受所得税税率式优惠以企业盈利作为前提条件,高新技术企业的成长性亦应以企业利润可持续增长为前提;(4)增设技术收入成长指标,高新技术企业拥有核心自主知识产权,具有高技术性的特征,

---

❶ 周梅锋,宋哲.后BEPS时代高新技术企业税收优惠政策再审视[J].国际税收,2020(6).

❷ 郭建平,李希义.高新技术企业认定条件的重大变化及其影响演变[J].全球科技经济瞭望,2018(6).

❸ 王小玲.高新技术企业认定中成长性财务指标应用优化[J].中国高新科技,2021(13).

技术投入与技术成果转化须达到一定比例。❶

（二）高新技术企业的认定程序

依据2016年修订《高新技术企业认定管理办法》第12条规定，高新技术企业认定程序包括企业申请、专家评审、审查认定3个部分，参考《高新技术企业认定管理工作指引》，又具体分为以下6个步骤：(1)自我评价，即申请认定的企业进行对照有关规定，填写《申请认定企业自评表》，进行自我评价。(2)注册登记，即新申请认定企业登录"高新技术企业认定管理工作网"按要求填写《企业注册登记表》，并通过网络系统提交至认定机构。认定机构核对企业注册信息，在网络系统上确认激活后，企业可以开展后续申报工作。(3)提交材料，即新申请认定和重新认定企业登录"高新技术企业认定管理工作网"，按要求填写《高新技术企业认定申请书》，通过网络系统提交至认定机构，并向认定机构提交相关的书面材料。(4)专家评审，即认定机构收到企业申请材料后，根据企业主营产品(服务)的核心技术所属技术领域在符合评审要求的专家中，随机抽取专家组成专家组，形成专家组综合评价意见。(5)认定报备，即认定机构结合专家组评审意见，对申请企业申报材料进行综合审查（可视情况对部分企业进行实地核查），提出认定意见，确定认定高新技术企业名单，报领导小组办公室备案。(6)公示公告，经认定报备的企业名单，由领导小组办公室在"高新技术企业认定管理工作网"公示10个工作日。无异议的，予以备案，认定时间以公示时间为准，核发证书编号，并在"高新技术企业认定管理工作网"上公告企业名单，由认定机构向企业颁发统一印制的"高新技术企业证书"（加盖认定机构科技、财政、税务部门公章）；有异议的，须以书面形式实名向领导小组办公室提出，由认定机构核实处理。总之，高新技术企业的认定程序较为复杂，审批程序采取高新技术企业自上而下、政府部门层层审核的方式，材料较多，程序烦琐，耗费时间长，以致有的高新技术企业因无法承担相关成本而放弃享受所得税税率式优惠。我国应不断优化高新技术企业认定程序，在精简申请证明材料、探索备案审批机制、完善认定审查机制等方面下功夫，着力减材料、减环节、减时间，促进高新技术企业认定的申报规范化、服务便利化。

---

❶ 唐玉荣.高新技术企业认定标准存在的问题及优化[J].时代经贸，2018(15).

1. 精简申请证明材料

依据《高新技术企业认定管理办法》第12条规定,企业申请时提交下列材料:(1)高新技术企业认定申请书;(2)证明企业依法成立的相关注册登记证件;(3)知识产权相关材料、科研项目立项证明、科技成果转化、研究开发的组织管理等相关材料;(4)企业高新技术产品(服务)的关键技术和技术指标、生产批文、认证认可和相关资质证书、产品质量检验报告等相关材料;(5)企业职工和科技人员情况说明材料;(6)经具有资质的中介机构出具的企业近三个会计年度研究开发费用和近一个会计年度高新技术产品(服务)收入专项审计或鉴证报告,并附研究开发活动说明材料;(7)经具有资质的中介机构鉴证的企业近三个会计年度的财务会计报告(包括会计报表、会计报表附注和财务情况说明书);(8)近三个会计年度企业所得税年度纳税申报表。2020年科技部火炬高新技术中心印发《关于推动高新技术企业认定管理与服务便利化的通知》(国科火字〔2020〕82号)规定,按照"互联网+政务服务"理念,有序推进高新技术企业证书电子化,满足全国一体化在线政务服务平台"一网通办"的要求。我国应当基于《档案法》《电子签名法》等相关法律法规和技术标准,实现高新技术企业电子档案全生命周期管理的技术路径,保障其法律凭证价值[1],并借鉴"一网通办"经验,明确"三个一律不需提交原则"。[2]同时,《关于高新技术企业认定有关证明事项实行告知承诺制的通知》(国科发火〔2021〕362号)已对高新技术企业营业执照等企业注册登记证件和专利证书等企业知识产权证件实行告知承诺制,即企业有权选择适用告知承诺制而无须提供某些证明材料,但应承担不实承诺责任,今后应充分运用信用监管工具,不断扩大高新技术企业认定有关证明事项适用告知承诺制的范围。

2. 优化认定流程时间

依据2016年修订《高新技术企业认定管理办法》第8条,高新技术企业整个认定流程耗时大约半年之久,以致部分高新技术企业,特别是经营制度不够完

---

[1] 刘若鸿,孙全民.大数据背景下高新技术企业服务模式创新路径研究——基于内蒙古自治区的探索与实践[J].科技创业月刊,2023(5).

[2] 三个一律不需提交原则一般是指,没有法律法规依据的证明材料一律不需提交,能够通过数据共享或网络核验的材料一律不需提交,能够通过电子证照库调取的证照一律不需提交。

善或未取得技术创新成果的初创期高新技术企业,难以享受所得税税率式优惠,严重影响企业申请资格认定的积极性。我国应当进一步提升服务效能,激发市场活力,优化高新技术企业认定审批过程。例如,对于高新技术企业认定申报不设置申报批次,辽宁省在2023年不设置申报批次,采取"常年申报受理、分批集中推荐"模式,浙江省对于全省高新技术企业申报改"一次申报"为"常年申报、分批评审",甘肃省对于高新技术企业认定工作采用"无纸申报、常年受理、网络评审、精准服务"。为进一步简化高新技术企业认定的办理程序,"认定制"可以改为"备案制",即借鉴北京市高新技术企业认定的试点经验,按照便利于纳税人的原则,在人工智能等重点领域高新技术行业实行"报备即审批",由企业自行判断是否符合认定条件,向政府主管部门报备后即可享受高新技术企业所得税税率式优惠,以缩短企业等待时间。

3. 完善企业评审机制

依据2016年修订《高新技术企业认定管理办法》第12条规定,专家评审为高新技术企业认定的必经程序。因为高新技术企业认定涉及的数量众多,目前往往由本省专家参与,但省内专家与申请认定的高新技术企业互动较为密切,评审意见的独立性难以保障。我国应当建立高新技术企业认定的全国专家库,加强全国专家库的标准化建设,完善专家盲审制度,在增加专家数量的同时,有效区分专家层级,增强高新技术企业认定的随机性与精准性。同时,各地方应当在精准辅导、精准服务等方面发力,建立区域性专家评审事前指导机制,选派区域内专家提供高新技术企业认定申报的辅导服务,打造高新技术企业培育的专家帮扶新模式。

依据2016年修订《高新技术企业认定管理办法》第12条规定,认定机构结合专家组评审意见,对申请企业进行综合审查,提出认定意见并报领导小组办公室。2016年修订《高新技术企业认定管理办法》第7条则规定全国高新技术企业认定管理工作领导小组下设办公室,由科技部、财政部、税务总局相关人员组成,办公室设在科技部,负责各地区高新技术企业认定工作的备案管理,公布认定的高新技术企业名单,核发高新技术企业证书编号,由此造成认定流程较长、耗时较多。我国应当将高新技术企业认定审核权下放到省级科技行政管理部门。

三、高新技术企业享受的所得税优惠税率

《企业所得税法》第28条第2款规定,"国家需要重点扶持的高新技术企业,减按15%的税率征收企业所得税",形成单一档次的优惠税率。随着高新技术企业认定的"门槛"逐渐降低,我国应当采用"宽标准进入、多档次优惠"的税率式优惠方式,以提高所得税税率式优惠的精准度。在全球税制改革背景下,由二十国集团(G20)委托经济合作与发展组织(OECD)设计应对经济数字化税收挑战的双支柱方案,其中"支柱二"拟定全球最低企业所得税税率为15%,主要解决的是跨国公司在国际范围内利用低税率转移利润的问题。[1]我国对于"支柱二"的适用仍持谨慎态度,对于高新技术企业可以在兼顾纳税人纳税能力和国家财政收入的前提下,遵循"优税制、低税率"的税制原则,整合高新技术企业的普惠性税率式税收优惠和选择性、特惠性所得税税收优惠,借鉴国外经验,采取多档次的优惠税率,以减少税制竞争造成高新技术企业外迁和税收流失。

(一)高新技术企业所得税优惠税率与产业性税收优惠的协调

财政部、国家税务总局、国家发展改革委、工业和信息化部《关于促进集成电路产业和软件产业高质量发展企业所得税政策的公告》(财政部、国家税务总局、发展改革委、工业和信息化部公告2020年第45号)规定,"国家鼓励的重点集成电路设计企业和软件企业,自获利年度起,第一年至第五年免征企业所得税,接续年度减按10%的税率征收企业所得税",即给予重点集成电路设计企业和软件企业的10%优惠税率。我国应当对高新技术企业予以进一步类型化,将高新技术企业分为"普通高新技术企业"和"重点高新技术企业"两大类,"重点高新技术企业"可以享受较低的所得税优惠税率。[2]换言之,普通高新技术企业可适用15%所得税税率式优惠,而将产业性税收优惠整合进"重点高新技术企业",允许其适用更加优惠的税率,同时对普通高新技术企业的认定应

---

[1] 胡云松.全球最低税与国际税收竞争:有效税率和政策选择[J].国际税收,2023(11).
[2] 旁海娟.高新技术企业税收优惠政策完善路径研究[J].财会学习,2023(20).

进一步放宽标准,而对重点高新技术企业设置更严格的门槛。总之,高新技术企业所得税税率式优惠应当遵循兼顾税率下调与税率档次简并这一主线,支持核心自主知识产权的产出,不断提高企业所得税制的国际竞争力。

(二)高新技术企业所得税优惠税率与区域性税收优惠的协调

区域性税收优惠主要调节不同空间的生产要素分配,高新技术企业所得税税率式优惠应兼顾区域性所得税税率式优惠,体现税收公平,以税收优惠支持有待发展的地区。依据财政部、税务总局、国家发展改革委《关于延续西部大开发企业所得税政策的公告》(财政部、税务总局、国家发展改革委公告2020年第23号)规定,"自2021年1月1日至2030年12月31日,对设在西部地区的鼓励类产业企业减按15%的税率征收企业所得税",其中鼓励类产业企业是指以《西部地区鼓励类产业目录》中规定的产业项目为主营业务,且其主营业务收入占企业收入总额60%以上的企业。相较于高新技术企业所得税税率式税收优惠,西部大开发税率式优惠适用较为简单,以致产生"挤出效应",高新技术企业倾向使用西部大开发而非高新技术企业的税率式优惠。此外,对西部地区的鼓励类产业企业适用15%的税率式优惠,但对于中部和东部地区的欠发达地区鼓励类产业企业却无相应的税收优惠,我国应当通过高新技术企业所得税税率式优惠在促进区域之间协调。[1]

(三)高新技术企业所得税优惠税率与中小企业税收优惠的协调

依据《企业所得税法》第28条第1款:"符合条件的小型微利企业,减按20%的税率征收企业所得税。"因为高新技术企业所得税税率式优惠与小型微利企业所得税税率式优惠只能择一选取,相当一部分中小型高新技术企业因未达到高新技术企业认定条件,只能选择适用小型微利企业所得税税率式优惠。[2]高新技术企业所得税税率式优惠缺乏对企业规模的考量,以致科技型中小企业处于普惠性和特惠性政策的夹层区,难以获得税率式优惠的激励。高新技术企业所得税税率式优惠的目标是具有核心知识产权、持续研发投入的快速

---

[1] 李林木,钱金保.中国式现代化新征程上的税收法治体系建设路径[J].税务研究,2023(3).
[2] 周梅锋,宋哲.后BEPS时代高新技术企业税收优惠政策再审视[J].国际税收,2020(6).

成长企业,所以较小规模的企业占比不宜过高,但应包括中小型高新技术企业。因此,我国应当依据《中小企业划型标准规定》,根据企业从业人员、营业收入、资产总额等指标,并借鉴各地区"瞪羚企业""专精特新企业""独角兽企业"等类型化方法,明确初创期的科技型中小企业范围,进而在高新技术企业所得税税率式优惠设置中小型企业优惠的专门条款,使中小型企业自动享受税收优惠,避免对企业生产经营行为的扭曲。

四、高新技术企业所得税税率式优惠的监督

高新技术企业在享受所得税税率式优惠会引发大量违法逃税和脱法避税的现象。一些企业明知自身情况达不到高新技术企业认定的要求,但为获得所得税税率式优惠,故意提供虚假信息,若认定机构资格复核把关不严、后续监管缺乏威慑,将造成伪高新技术企业泛滥。因为高新技术企业所得税税率式优惠造成的税率差异,控股股东存在动机将在集团内将利润通过关联交易将非高新技术企业转移到高新技术企业,从而降低集团的整体税负水平。[1]我国除了进一步优化高新技术企业认定、健全所得税税率式优惠的类型化以外,还应当加强高新技术企业所得税税率式优惠的监管,通过全过程监督,有效治理高新技术企业逃避税行为。

(一)资质动态监督机制

依据《高新技术企业认定管理办法》第9条规定,"通过认定的高新技术企业,其资格自颁发证书之日起有效期为三年",换言之,我国应加强对高新技术企业所得税税率式优惠的外部监督,对高新技术企业所得税税率式采取"宽优惠、严监管"的资质动态监督机制。[2]

首先,开展高新技术企业的联合督查。依据《高新技术企业认定管理办法》第15条规定,"科技部、财政部、税务总局建立随机抽查和重点检查机制,加

---

[1] 张秋林,马振宇,刘爽,杨诗.境内"税收洼地"引发的避税问题及应对策略[J].国际税收,2021(11).

[2] 刘小瑜,温有栋,江炳官."互联网+"背景下高新技术企业的税收风险预警——基于职能优化算法的研究[J].税务研究,2018(6).

强对各地高新技术企业认定管理工作的监督检查。对存在问题的认定机构提出整改意见并限期改正,问题严重的给予通报批评,逾期不改的暂停其认定管理工作",因此各地认定机构在高新技术企业资质认定后,应成立专项检查小组,要求高新技术企业积极开展自查,同时按照销售收入或研发费用对高新技术企业进行分组分类,进行随机抽查,或者按照高新技术企业所得税税率式优惠的金额大小,确定重点核查对象,进行重点检查,必要时可采取每年按一定比例组织财务专家和技术专家进行现场核查。❶在各地认定机构进行自查自纠后,科技部、财政部、税务总局对各地认定机构认定及复核工作应及时开展联合督查,发现问题给予纠正,严重的予以通报批评。

其次,加强高新技术企业认定服务中介机构监管。依据《高新技术企业认定管理办法》第12条规定,在高新技术企业认定中,需要具有资质的中介机构出具的企业近三个会计年度研究开发费用和近一个会计年度高新技术产品(服务)收入专项审计或鉴证报告,以及对企业近三个会计年度的财务会计报告(包括会计报表、会计报表附注和财务情况说明书)的鉴证。质言之,中介机构作为第三方独立机构,对高新技术企业资质的认定或重新认定发挥重要的鉴证作用,但一些中介机构却在实践中帮助企业从事材料造假、财务操纵等违法行为。我国应当在高新技术企业资质认定和复核工作中,规范对中介机构管理,强化中介机构的主体责任。例如,2019年广东省《关于加强高新技术企业认定服务中介机构管理的公告》明确规定,实行中介机构"黑名单"管理,将存在弄虚作假的中介机构纳入"黑名单",3年内不得参与高新技术企业认定相关工作,其服务企业的认定申报材料,全省各级科技管理部门不予受理。我国可以引入审计报告专家否决制,即评审专家可以将发现的不符合要求的中介机构进行标注并上报,由认定机构联合中介机构协会对报告进行复审❷,经复审确定存在问题的,取消相关中介机构出具的专项审计或鉴证报告的资格,纳入中介机构"黑名单"。❸

---

❶ 陆啸,刘军.进一步完善高新技术企业认定管理办法的建议[J].江苏科技信息,2017(15).
❷ 张子余,张碧秋,王芳.高新技术企业认定过程中的会计信息质量研究[J].证券市场导报,2015(8).
❸ 卢自强,马岩,范辉.外部门涉税数据采集问题初探[J].税务研究,2021(8).

最后，健全高新技术企业资质复核机制。依据《高新技术企业认定管理办法》第16条规定，"对已认定的高新技术企业，有关部门在日常管理过程中发现其不符合认定条件的，应提请认定机构复核。复核后确认不符合认定条件的，由认定机构取消其高新技术企业资格，并通知税务机关追缴其不符合认定条件年度起已享受的税收优惠。"我国应当明确认定机构主动资质复核的比例，完善受理复核申请、商议启动复核、组织资格复核、综合审定意见、复核结果办理等复核流程，保证高新技术企业资质复核工作常态化实施。❶此外，依据《高新技术企业认定管理办法》第9条规定，享受所得税税率式优惠政策的高新技术企业资质认定有效期为3年，3年之后需要重新申请资质认定，我国可以充分运用信用监管工具，对于公共信用评级较高的高新技术企业予以资质延长时限的奖励。❷

(二)反逃避税信息共享机制

针对高新技术企业利用所得税税率式优惠转移利润进行逃避税，我国应当建立所得税税率式优惠的反逃避税工作体系，健全反逃避税的信息共享机制。

首先，构建高新技术企业与税务机关的事前信息交流机制。中小型企业在我国占比较大，普遍对反逃避税认识程度不高。高新技术企业在进行关联交易时，可以咨询税务机关意见，税务机关应有针对性地提前告知是否构成逃避税的风险，从源头上规制高新技术企业不合法、不合规的逃避税行为。

其次，健全跨部门的反避税信息联动机制。国家税务总局应统筹协调各级税务机关的高新技术企业数据信息管理工作，将高新技术企业申报征收、税源管控、税款征收、税收管理、税收检查、稽查评估等不同环节的税务管理工作细化分解，尤其是建立关联交易逃避税稽查制度，明确稽查流程及目标，对关联交易实施事前、事中、事后的全流程监督。科技行政机关应联合税务机关、市场监管机关、金融监管机关等，建立全国高新技术企业认定工作的信用评价体系，建立参与申请高新技术的企业、中介机构、评审专家建立信用评价记录，对于涉及逃避税案件的违法违规行为，按照规定纳入信用记录。

---

❶ 周梅锋，宋哲.后BEPS时代高新技术企业税收优惠政策再审视[J].国际税收，2020(6).
❷ 范源源，李建军.自主创新:税率优惠的作用效应与机制分析[J].财贸研究，2023(5).

最后,建设高新技术企业数据信息共享平台。利用智慧税务实现涉税涉费数据信息共享,建立税源监控、收入预测、风险预警等模型,确保高新技术企业涉税数据实时上传,进而分析与评估涉税信息,找出存在问题的税源。税务机关应当拓宽稽查范围,对关联交易链条上涉及的所有主体进行稽查,针对集团内部利润转移的关联交易类型等,按照交易金额或类型对案件分类,对同一集团企业探索一户式管理。❶

第二节 有限合伙制创投企业所得税制

当今世界,中小科创企业正成为科技创新的中流砥柱,但也面临发展困境,融资难是其遭遇的第一个难题。党的二十届三中全会提出:"完善民营企业融资支持政策制度,破解融资难、融资贵问题。"创投企业是专门进行股权投资的投资机构,逐渐成为中小科创企业的重要资金来源。党的二十届三中全会提出"鼓励和规范发展天使投资、风险投资、私募股权投资"。2006年修订《合伙企业法》引入"有限合伙企业",并予以专章规定,其也成为创投企业较为理想的组织形态。但是,我国有限合伙制创投企业所得税制尚不完善,不仅鼓励发展的所得税优惠不够健全,乃至存在制约有限合伙制创投企业的所得税规范,亟待以发展型财税法视角优化有限合伙制创投企业所得税制,为中小科创企业发展提供有力的支撑。

一、有限合伙制创投企业所得税制概述

(一)有限合伙制创投企业及收益分配

创投企业是创业投资企业的简称,2005年《创业投资企业管理暂行办法》第2条第2款规定:"前款所称创业投资,系指向创业企业进行股权投资,以期所投资创业企业发育成熟或相对成熟后主要通过股权转让获得资本增值收益的投资方式。"一般而言,创投企业具有以下特征:(1)投资对象为创业企业的

---

❶ 张秋林,马振宇,刘爽,杨诗.境内"税收洼地"引发的避税问题及应对策略[J].国际税收,2021(11).

股权,创业企业通常为中小高新技术企业,国务院办公厅转发科技部等部门《关于建立风险投资机制若干意见的通知》(国办发〔1999〕105号)指出,"要使知识有效地转化为高新技术,高新技术有效地实现产业化,需要建立一个能有效地动员和集中创业资本、促进知识向高新技术转化、加速高新技术成果商品化和产业化进程的风险投资机制";(2)经营模式是在被投资企业发展成熟后,通过股权转让获取中长期资本增值收益;(3)为投资对象除提供股权资本外,并为其提供经营管理、咨询服务等增值服务。

创投企业的组织形态包括契约型、公司型和合伙型,其中合伙型创投企业一般采取有限合伙制。❶依据《合伙企业法》,有限合伙制创投企业的合伙人可分为普通合伙人(General Partner,GP)和有限合伙人(Limited Partners,LP):前者承担无限责任,一般以自身专业知识、管理能力和相关经验负责选择投资项目以及管理项目;后者承担有限责任,是创投企业的主要资金来源,往往保留投资财产的收益权,在创投企业经营过程中角色与其他投资活动并无差别。此外,有限合伙创投企业会设立基金管理人,负责对私募创投基金的运营管理,其可以为普通合伙人,也可以在企业架构中二者分离。

创投企业收益主要是股权转让和股息红利。普通合伙人和有限合伙人会按一定顺序分配收益,通常先100%返还有限合伙人对单一项目的出资额,其次返还普通合伙人的出资额,最后才对超出出资额的投资净收益进行分配。普通合伙人或基金管理人的收益主要来自以下三项:(1)出资额对应的股息红利所得和股权转让所得,但此部分收益往往较少;(2)管理费,即有限合伙人支付的委托其管理基金的费用,按照行业惯例是以年为单位提取有限合伙人认缴出资额的2%;(3)附带权益,亦称超额收益,即按照约定比例(通常20%)分得的超出门槛收益率即约定年度内投资回报率的投资净收益❷,但若年度内投资回报率未达到门槛收益率,则普通合伙人或基金管理人无权参与附带权益的分配。附带权益可以促进普通合伙人或基金管理人履行勤勉和尽职管理义务,其分配方式通常包括以下三种:(1)项目完成即分配,但此种分配方式应用

---

❶ 杨松,等.民营金融机构规范发展的法律保障研究[M].沈阳:辽宁大学出版社,2022:358.

❷ 刘雪滢.有限合伙制私募股权投资基金普通合伙人"附带收益"的税目研究[J].山西财政税务专科学校学报,2014(6).

较少,因为创业投资属于中长期投资,若对项目的前期盈利已支付附带权益,但项目后续发生亏损导致整体投资回报率未达门槛收益率,处理较为困难;(2)项目完成分配但损失结转,每次项目完成即对附带权益进行结算,但若后续存在损失则用已结算的附带权益予以结转,用本次项目盈利和以往项目亏损相抵或者双方约定回拨机制(Clawback Mechanism)在清盘时整体上未达到"门槛利率"返还已分配的收益乃至管理费;(3)清盘时统一分配,有限合伙制创投企业按照一定顺序对整体附带权益进行结算。

(二)有限合伙制创投企业的一般所得税规定

《国务院关于个人独资企业和合伙企业征收所得税问题的通知》(国发〔2000〕16号)规定:"自2000年1月1日起,对个人独资企业和合伙企业停止征收企业所得税,其投资者的生产经营所得,比照个体工商户的生产、经营所得征收个人所得税。"随后财政部、国家税务总局印发《关于个人独资企业和合伙企业投资者征收个人所得税的规定》(财税〔2000〕91号)予以细化,粗略构建我国合伙企业税收法律制度,主要包括纳税义务人、计税依据、税目、税率、应纳税所得额、核定征收及亏损弥补等。

1. 利息、股息、红利所得的征收

依据国家税务总局《关于〈关于个人独资企业和合伙企业投资者征收个人所得税的规定〉执行口径的通知》(国税函〔2001〕84号),合伙企业对外投资分回的利息或者股息、红利,不并入企业的收入,单独作为投资者个人取得的利息、股息、红利所得,按"利息、股息、红利所得"应税项目计算缴纳个人所得税。2006年修订《合伙企业法》第6条规定,"合伙企业的生产经营所得和其他所得,按照国家有关税收规定,由合伙人分别缴纳所得税",以法律形式规定合伙企业"先分后税"税制。此外,2006年修订《合伙企业法》不仅增设有限合伙企业这一组织形态,还允许法人作为合伙企业的合伙人。依据《企业所得税法》第26条规定符合条件的居民企业之间的股息、红利所得为免税收入,但依据《企业所得税法》第1条第2款,合伙企业不属于《企业所得税法》的居民企业,因而法人合伙人的股息、红利所得不属于《企业所得税法》免税收入,也不能适用国税函〔2001〕84号文,须就其归属的应纳税所得缴纳企业所得税。财政部、国家税务总局《关于合伙企业合伙人所得税问题的通知》(财税〔2008〕159号)规定,"合伙企业的合伙人是法人和其他组织的,合伙人在计算其缴纳企业所得税时,不得用合伙企业的亏损抵减其盈利",阻断了有限合伙制创投企业的亏损穿透。

2. 股权转让所得的征收

对于有限合伙制创投企业合伙人的股权转让所得,依据国家税务总局《关于个人终止投资经营收回款项征收个人所得税问题的公告》(国家税务总局公告2011年第41号)规定,股权转让收入属于个人所得税应税收入,应按照"财产转让所得"项目缴纳个人所得税。2014年国家税务总局《股权转让所得个人所得税管理办法(试行)》第2条规定,股权是指自然人股东投资于在中国境内成立的企业或组织(以下统称被投资企业,不包括个人独资企业和合伙企业)的股权或股份。质言之,个人合伙人间接投资于有限合伙制创投企业分得的股权转让所得不能适用"股权转让所得"税目的20%税率,而是被认定为经营所得,适用5%~35%超额累进税率。

3. 附带权益的所得税征收

附带权益的性质至今尚未明确,目前税务处理方式分别体现了附带收益性质的两种观点:(1)在基金层面将附带权益作为费用处理,分配给个人后被视为工资薪金所得或劳动报酬所得;(2)若是普通合伙人和基金管理人身份合一,附带权益作为权益变动分配给普通合伙人,法人为普通合伙人的,所得计征企业所得税,或者合伙企业为普通合伙人的,所得继续分配至个人合伙人,适用个人所得税"经营所得"计征个人所得税。

(三)有限合伙制创投企业的特殊所得税规定

我国有限合伙制创投企业的所得税制除了有限合伙制企业的一般所得税规定以外,还包括创投企业的所得税优惠规定。

1. 有限合伙制创投企业的投资抵扣所得税优惠(表4-1)

2007年,财政部、国家税务总局出台《关于促进创业投资企业发展有关税收政策的通知》(财税〔2007〕31号)规定创投企业所得税投资抵扣,并且回溯2006年1月1日起实施。财政部、国家税务总局出台《关于促进创业投资企业发展有关税收政策的通知》(财税〔2007〕31号)规定,创投企业采取股权投资方式投资于未上市中小高新技术企业2年以上(含2年),可按其对中小高新技术企业投资额的70%抵扣该创投企业的应纳税所得额,当年不足抵扣的,可在以后纳税年度逐年延续抵扣。所得税投资抵扣应当符合对投资主体和投资对象的要求。2007年《企业所得税法》第31条规定,"创业投资企业从事国家需要重点扶持和鼓励的创业投资,可以按投资额的一定比例抵扣应纳税所得额",创投企业所得税投资抵扣入法。同年《企业所得税法实施条例》第97条规定,"企业所得税法第三十一条所称抵扣应纳税所得额,是指创业投资企业采取股权投资方式投资于未上市的中小高新技术企业2年以上的,可以按照其投资额的70%在股权持有满2年的当年抵扣该创业投资企业的应纳税所得额;当年不足抵扣的,可以在以后纳税年度结转抵扣。"根据《企业所得税法》及其实施条例,国家税务总局下发《关于实施创业投资企业所得税优惠问题的通知》(国税发〔2009〕87号),基本延续财政部、国家税务总局出台《关于促进创业投资企业发展有关税收政策的通知》(财税〔2007〕31号)的规定,主要的变化为:(1)增加外商投资创业企业为所得税投资抵扣主体;(2)投资对象删除关于当年研发费用及技术性收入与高新技术产品销售收入占比要求,而是比较含糊的"财政部、国家税务总局规定的其他条件";(3)更新高新技术企业认定的规范依据,即应按照科技部、财政部、国家税务总局《关于印发〈高新技术企业认定管理办法〉的通知》(国科发火〔2008〕172号)和《关于印发〈高新技术企业认定管理工作指引〉的通知》(国科发火〔2008〕362号)的规定予以认定;(4)补充规定,"中小企业接受创业投资之后,经认定符合高新技术企业标准的,应自其被认定为高新技术企业的年度起,计算创业投资企业的投资期限。该期限内中小企业接受创业投资后,企业规模超过中小企业标准,但仍符合高新技术企业标准的,不影响创业投资企业享受有关税收优惠";(5)对投资抵扣的原审核公布管理改为资料备案管理。

苏州工业园区、中关村国家自主创新示范区等尝试将公司型创投企业的投资抵扣所得税优惠适用于合伙型创投企业的法人合伙人。财政部、国家税务总局《关于将国家自主创新示范区有关税收试点政策推广到全国范围实施的通知》(财税〔2015〕116号)后将相关做法向全国推广。《国家税务总局关于有限合伙制创业投资企业法人合伙人企业所得税有关问题的公告》(国家税务总局公告2015年第81号)进一步明确法人合伙人企业所得税投资抵扣的方法。《关于创业投资企业和天使投资个人有关税收试点政策的通知》(财税〔2017〕38号)个人合伙人也享受投资抵扣优惠。2017年国家税务总局《关于创业投资企业和天使投资个人税收试点政策有关问题的公告》(国家税务总局公告2017年第20号)对所得税投资抵扣优惠予以更为详细的规定。基于试点实践的成功，财政部、国家税务总局发布明确法人合伙人和个人合伙人均可以适用投资抵扣，在一定程度上解决了有限合伙制创投企业中法人合伙人和个人合伙人税负不平衡的问题，但规定法人合伙人可抵扣的是"从合伙企业分得的所得"，而个人合伙人可以抵扣的是"从合伙创投企业分得的经营所得"，即股息红利所得仍不计入合伙企业收入，而是直接适用20%税率缴纳投资者个人所得税。此外，国家税务总局《关于创业投资企业和天使投资个人有关税收政策的通知》(财税〔2018〕55号)还强调仅直接投资可以适用投资抵扣优惠，即排除了合伙人通过"嵌套结构"间接投资适用此项优惠。❶国家税务总局《关于创业投资企业和天使投资个人税收政策有关问题的公告》(国家税务总局公告2018年第43号)对《关于创业投资企业和天使投资个人有关税收政策的通知》(财税〔2018〕55号)进一步补充说明，"满2年""出资比例"、法人合伙人合并计算可抵扣投资额等被予以明确。财政部、国家税务总局于2022年、2023年发布两个《关于延续执行创业投资企业和天使投资个人投资初创科技型企业有关政策条件的公告》(财政部、国家税务总局公告2022年第6号、2023年第17号)先后将投资抵扣所得税优惠延续至2023年12月31日、2027年12月31日。

表4-1　有限合伙制创投企业享受投资抵扣的所得税优惠

抵扣要素	法人合伙人	个人合伙人
可抵扣的应纳税所得额	法人合伙人从有限合伙制创投企业分得的所得	个人合伙人从合伙创投企业分得的经营所得

---

❶ "嵌套结构"是指有限合伙企业作为合伙人投资于顶层有限合伙制创投企业的结构，参见薛薇、魏世杰．全球科技创新税收政策研究[M]．北京：中国财政经济出版社，2023：271．

续表

抵扣要素	法人合伙人	个人合伙人
可抵扣比例	70%	70%
合并计算	法人合伙人投资于多个符合条件的合伙创投企业,可合并计算其可抵扣的投资额和分得的所得	—
结转抵扣规定	当年不足抵扣的,可以在以后纳税年度结转抵扣	当年不足抵扣的,可以在以后纳税年度结转抵扣

2. 有限合伙制创投企业的选择所得核算优惠(表4-2)

财政部、国家税务总局、国家发展改革委、中国证监会规定,创投企业可以选择按单一投资基金核算或者按创投企业年度所得整体核算两种方式之一,对其个人合伙人来源于创投企业的所得计算个人所得税应纳税额。单一投资基金核算方式允许股权转让所得和股息、红利所得适用20%税率,但不得扣除基金管理人的管理费和业绩报酬。一个纳税年度内的投资项目的股权转让所得和损失可以相互抵减计算创投企业的应纳税所得额,个人合伙人再按照比例计算个人的应纳税所得额。若是符合《关于创业投资企业个人合伙人所得税政策问题的通知》(财税〔2019〕8号)规定的条件,有限合伙制创投企业可以同时享受投资抵扣和单一投资基金核算方式的优惠,但当期不足抵扣的不得向后结转。股息红利所得以个人合伙人可分得的份额全额计算应纳税所得额。创投企业年度所得整体核算方式与所得税制相同,但个人合伙人年度核算亏损的允许向之后的纳税年度结转。

表4-2 有限合伙制创投企业个人合伙人所得核算方式比较

核算要点	单一投资基金核算		企业年度所得整体核算
	股权转让所得	股息、红利所得	
单个项目的股权转让所得	单个项目的股权转让所得=年度股权转让收入-对应股权原值-转让环节合理费用	以所投资项目分配的股息、红利收入的全额计算	个人合伙人分得的所得(纳税年度收入总额-成本、费用和损失)

核算要点	单一投资基金核算		企业年度所得整体核算
	股权转让所得	股息、红利所得	
年度股权转让所得	年度股权转让所得＝一个纳税年度内不同投资项目的所得-损失	个人合伙人分得的股息、红利所得由创投企业按次代扣代缴个人所得税	股息、红利所得是否应用国税函〔2001〕84号未明确规定
适用税率	20%	20%	5%~35%超额累进税率
费用扣除	除允许扣除的成本、费用外,投资基金管理人的管理费、业绩报酬等其他支出,不得在核算时扣除		个人合伙人无综合所得的,可依法减除基本减除费用、专项扣除、专项附加扣除以及国务院确定的其他扣除
结转抵扣规定	年度股权转让所得余额小于零的,亏损不能跨年结转		年度核算亏损的,准予按有关规定向后结转
选择更改	选择后3年内不能变更		
与财税〔2018〕55号的衔接	可以同时适用,但当期不足抵扣的,不得向以后年度结转		可以同时适用,年度核算亏损的,准予按有关规定向以后年度结转

(四)有限合伙制创投企业所得税征收的地方实践

我国有限合伙制创投企业所得税制相关法律规范并不完善,各地尝试对于个人合伙人取得创投企业的投资收益予以不同税目和税率的所得税待遇(表4-3)。

各地关于个人合伙人取得创投企业投资收益的所得税待遇可分为三类:(1)不区分有限合伙人和普通合伙人,对所有合伙人的股息、红利所得和股权转让所得均适用20%税率;(2)区分普通合伙人和有限合伙人,而对个人普通合伙人的所得适用5%~35%税率,有限合伙人的所得适用20%税率;(3)对合伙人的所得分类处理,属于资本收益适用20%税率,属于劳动收益适用5%~35%税率。2018年,国家税务总局纠正了各地关于个人合伙人取得创投企业的股权转让所得适用20%税率的规定。

表4-3 各地个人合伙人取得创投企业投资收益的所得税待遇

所得类型	税目（税率）	有限合伙人	普通合伙人
个人合伙人取得股息红利所得	按"利息、股息、红利"缴纳个税（20%税率）	北京（2009）、天津（2009）、广东横琴新区（2012）、上海（2008）、广东东莞（2012）、安徽宣城（2011）、山西晋城（2012）、陕西铜川（2012）、湖北武汉（2011）、湖南长沙（2011）、云南（2011）、重庆（2012）、新疆（2010）、新疆喀什（2014）	北京（2009）、天津（2009）、广东横琴新区（2012）、安徽宣城（2011）、陕西铜川（2012）、湖北武汉（2011）、新疆（2010）、新疆喀什（2014）
	按"个体工商户的生产、经营所得"缴纳个税（5%~35%超额累进税率）	无	上海（2008）、广东东莞（2012）、山西晋城（2012）、湖南长沙（2011）、云南（2011）
个人合伙人取得股权转让所得	按"财产转让所得"缴纳个税（20%税率）	北京（2009）、天津（2009）、广东横琴新区（2012）、陕西铜川（2012）、湖北武汉（2011）、新疆（2010）、新疆喀什（2014）	北京（2009）、天津（2009）、广东横琴新区（2012）、安徽宣城（2011）、陕西铜川（2012）、湖北武汉（2011）、新疆（2010）、新疆喀什（2014）
	按"利息、股息、红利"缴纳个税（20%税率）	上海（2008）、广东东莞（2012）、安徽宣城（2011）、山西晋城（2012）、湖南长沙（2011）、云南（2011）、重庆（2012）	无
	按"个体工商户的生产、经营所得"缴纳（5%~35%超额累进税率）	无	上海（2008）、广东东莞（2012）、山西晋城（2012）、湖南长沙（2011）、云南（2011）

二、有限合伙制创投企业的所得税法地位

关于合伙企业的税法地位存在"集合论""实体论""准实体论"三种学说，集合论（Aggregate theory）是流经原则（Flow-through Principle）在合伙企业的体现，将合伙企业视为合伙人依据契约被联结在一起而形成的集合体[1]，并非独立的实体，不具备独立的财产和行为能力，因而所得和费用经由企业这一"导管理论"分配至合伙人后再进行征税。与集合论相对应的是实体论（Entity Theory），则承认合伙企业具有独立性。准实体论是实体论和集合论的结合，即合伙企业统一进行收入、成本、亏损的核算，但在所得分配至合伙人环节进行征税。合伙企业所得税制因不同学说存在较大差别。例如，美国合伙法虽然对合伙组织倾向于采取实体论[2]，但美国的《国内收入法典》采取集合论，将S型公司（Small Business Corporation）、独资企业（Sole Proprietorship, SP）、合伙企业（包括普通合伙、有限合伙和有限责任合伙）和有限责任公司（Limited Liability Company, LLC）视为"通过实体"（Pass-thru Entity）而无须缴纳公司所得税。[3]此外，在Cantrell & Cochrane, Ltd. v. C.I.R.案中[4]，税务上诉委员会（Board of Tax Appeals）认为合伙企业仅是合伙人的集合，不具有法律实体资格；在Donroy, Ltd. v. United States案中[5]，判决认定合伙企业是个体联合，并认为不管普通合伙人，还是有限合伙人，对合伙企业的财产和利润都享有权益。美国的《国内收入法典》对于合伙企业的所得和利得，由合伙人分别缴税，这是集合论的体现，但第6221节规定，除另有规定外，任何合伙项目的税务处理以及与调整合伙项目有关的任何罚款、附加税或额外金额的适用性均应在合伙企业一级确定，以及合伙企业以合伙人提供财产份额为权益基值，作为收入分配及损失、费用扣除的限额，又将合伙企业视为独立实体。

---

[1] 张牧君.合伙企业所得税制度的困境和出路——从创业投资企业个人合伙人所得税争议切入[J].政治与法律,2020(3).

[2] 崔威.外商投资境内合伙企业的税法分析[J].环球法律评论,2009(6).

[3] 薛薇,魏世杰.全球科技创新税收政策研究[M].北京:中国财政经济出版社,2023:236.

[4] Cantrell & Cochrane, Ltd. v. C.I.R., 19 B.T.A. 16, 22–25(1930).

[5] Donroy, Ltd. v. United States, 301 F2d 200(9th Cir. 1962).

(一)集合论和准实体论之争议

在我国,有限合伙制创投企业所得税制的税法基础是集合论抑或准实体论存在争议,主要涉及"先分后税"合伙企业所得税制以及单一投资基金核算方式。

"先分后税"合伙企业所得税制被认为符合集合论[1],进而应当进一步贯彻流经原则,将经营所得同损失一并导向合伙人。[2]但是,此种观点与我国《民法典》规定并不完全一致,合伙企业是非法人组织,依据《民法典》第102条第1款规定,"非法人组织是不具有法人资格,但是能够依法以自己的名义从事民事活动的组织",第104条规定,"非法人组织的财产不足以清偿债务的,其出资人或者设立人承担无限责任。法律另有规定的,依照其规定。"申言之,非法人组织并非单纯的集合体,在人格和财产方面也具有一定独立性,因此非法人组织的财产和其成员的财产之间存在"财产区隔"[3],有限合伙制创投企业所得和合伙人所得在税法上应当被视为不同性质的所得而享有不同的税收待遇。

《关于创业投资企业个人合伙人所得税政策问题的通知》(财税〔2019〕8号)规定有限合伙制创投企业可以选择单一投资基金核算方式,将创投企业所得穿透至合伙人,合伙人按股权转让所得和股息红利所得的20%税率缴纳个人所得税,这也被认为是集合论的体现。但是,此规范性文件仅允许所得的性质穿透,未规定亏损、费用等穿透,且保留企业年度所得整体核算供选择。因此,单一投资基金核算方式仅是降低有限合伙制创投企业整体税负的所得税优惠,并不构成我国合伙企业所得税制对集合论的承认。

(二)基于准实体论的有限合伙创投企业所得税地位

根据集合论,有限合伙制创投企业仅起到导管作用,须将收入、亏损和费用导向合伙人,合伙人通过创投企业取得的所得性质不应发生改变,即所得的性质能否穿透是重要的判断标准。但是,我国相关税法规范对于所得性质能否穿透的规定与集合论不完全一致。国家税务总局《关于〈关于个人独资企业

---

[1] 任超.我国合伙企业所得税制的完善[J].法学,2008(9).

[2] 薛薇,魏世杰.全球科技创新税收政策研究[M].北京:中国财政经济出版社,2023:274-275.

[3] 张新宝,汪榆森.《民法总则》规定的"非法人组织"基本问题的探讨[J].比较法研究,2018(3).

和合伙企业投资者征收个人所得税的规定〉执行口径的通知》(国税函〔2001〕84号)规定合伙企业对外投资取得的利息、股息、红利所得,单独作为投资者个人所得按照"利息、股息、红利"税目进行纳税,即股息红利所得的性质可以穿透至个人合伙人。却规定创投企业的股权转让所得(扣减成本、费用以及损失后的净收入)应比照个人所得税法的"个体工商户的生产经营所得"项目进行纳税,即不允许股权转让所得的性质穿透至合伙人。目前,我国税法规范在整体上呈现以所得性质不穿透为原则、穿透至合伙人为例外:(1)股权转让所得是有限合伙制创投企业的主要收入。2021年数据显示,1059家创业投资机构披露的取得投资收入情况中,股权转让收入的金额在创业投资机构所有收入中占比最高,其中374家创业投资机构获得的股权转让收入占全部投资相关收入62.81%,股息红利收入占比为13.84%。[1](2)若是以所得性质穿透为原则,不仅个人合伙人的股息红利所得性质应当穿透,法人合伙人的股息红利所得性质也应穿透,并且法人通过创投企业与直接投资取得的股息红利所得应享受相同的税收待遇。依据《企业所得税法》第26条规定符合条件的居民企业之间的股息、红利所得为免税收入,但有限合伙制创投企业的法人合伙人取得的股息红利所得却无法享受此项税收优惠,可见股息红利所得的性质可以穿透至个人合伙人仅是例外规定。(3)依据财政部、国家税务总局《关于个人独资企业和合伙企业投资者征收个人所得税的规定》(财税〔2000〕91号)中的规定,有限合伙制创投企业负有在合伙企业层面上确定收益总额,自行扣减成本、费用、损失,再按照比例分配给合伙人的责任。财政部、国家税务总局《关于合伙企业合伙人所得税问题的通知》(财税〔2018〕159号)也规定法人合伙人不得用合伙企业亏损抵减自己的盈利。由此可见,成本、费用、损失、亏损均不能穿透至合伙人,且合伙企业负有计算报告义务,合伙人无须计算应纳税所得。这佐证了有限合伙制创投企业并非单纯的集合体,具有一定独立实体的特征。总之,我国有限合伙制创投企业所得税制虽有集合论的外壳,但内核仍为准实体论。

我国有限合伙制创投企业所得税制的构建应当兼顾公平和效率,充分发挥其对科技型企业的作用,有限合伙制创投企业应当依据准实体论确立所得税

---

[1] 刘冬梅,等.中国创业投资发展报告2022[M].北京:科学技术文献出版社,2022:48.

法律地位。为避免双重征税,虽然有限合伙制创投企业存在经营活动,但不构成纳税实体,不缴纳企业所得税,仅在纳税申报时,由其负责应纳税所得的汇算和分配,而不是按集体论的观点,收入、成本和费用的性质均直接穿透,由合伙人自行申报和计算应纳税所得。这种做法可以降低合规成本、与之对应的税务机关审核成本,以及提高税收征管效率。由于有限合伙制创投企业高度体现合伙人的意思自治,创投企业的治理结构、利润分配、运营管理等由合伙协议决定,而合伙协议又由合伙人制定,造成税务机关所得税征收的难度,应当强化创投企业的信息报告义务,健全责任机制,确保创投企业报送的收益分配、权益基值等信息的准确性。有限合伙制创投企业的主管税务机关应当加强对创投企业汇报信息的审核,并以分摊表形式分送至各合伙人及合伙人的主管税务机关,便于合伙人纳税。❶我国应当充分利用现代信息技术,通过税收征管信息化,构建合伙企业涉税信息数据库,与自然人税收管理系统实现数据共享,进而降低税收征管成本,提高征纳效率。❷

三、有限合伙制创投企业合伙人的税收待遇

(一)普通合伙人和有限合伙人的税收待遇

《合伙企业法》第2条第3款规定,"有限合伙企业由普通合伙人和有限合伙人组成,普通合伙人对合伙企业债务承担无限连带责任,有限合伙人以其认缴的出资额为限对合伙企业债务承担责任",但我国有限合伙制创投企业所得税制仅区分个人合伙人和法人合伙人予以不同税务处理,虽然有助于税收征管的简便高效,却与合伙人法律地位差异缺乏衔接。依据《合伙企业法》第67条、第68条规定,有限合伙企业由普通合伙人执行合伙事务负有经营责任,其承担无限责任,而有限合伙人负责出资并不参与经营,且仅负有限责任。有的观点认为,有限责任是有限合伙人的特权,因而需要为之付出更多的对价,例

---

❶ 魏志梅.合伙企业所得税制研究[J].税务研究,2014(4).
❷ 王葛杨.合伙制私募股权投资基金税收问题探析[J].国际税收,2023(6).

如承担较多的税负,[1]但有限责任乃是满足投资者控制风险需求而生的法律设计,并不是直接产生税收利益的特权。[2]换言之,普通合伙人和有限合伙人取得所得的经济实质并不相同,却享有相同的税收待遇,不符合税收公平的要求。

鉴于此,我国应当按照所得的经济实质对有限合伙制创投企业的有限合伙人和普通合伙人税收待遇予以区别对待,允许有限合伙人所得性质穿透,但隔断普通合伙人所得性质穿透。具言之,借鉴《关于创业投资企业个人合伙人所得税政策问题的通知》(财税〔2019〕8号)中的单一投资基金核算方法,对于个人有限合伙人的个人股息红利所得由创投企业按次代扣代缴个人所得税,股息红利和股权转让所得均按照个人所得税法相应税目以20%税率纳税,对于法人有限合伙人则应允许适用企业间投资的相关税收优惠。但是,由于有限合伙制创投企业中亏损核算较为复杂,将亏损穿透至个人有限合伙人允许用以抵扣其他应税收入,可能造成较大的税基侵蚀,因此不宜将亏损穿透至合伙人,可由创投企业核算,仅在创投企业内部结转。普通有限合伙人的管理费和以服务方式核算的附带权益不宜作为有限合伙人取得所得的费用或成本加以扣除,但在汇算普通合伙人的应纳税所得时予以扣除。

(二)普通合伙人附带权益的税务待遇

附带权益是普通合伙人或基金管理人主要收入来源,其性质认定存在两种学说:(1)劳动所得说。[3]在有限合伙制创投企业中,所有权和经营权分离,有限合伙人出资,普通合伙人出力,附带权益是有限合伙人给予普通合伙人的激励,这与限制性股票类似。财政部、国家税务总局《关于个人股票期权所得征收个人所得税问题的通知》(财税〔2005〕35号)规定,员工行权日以授予价与购买日公平市场价的差额按照"工资薪金所得"税目3%~45%超额累进税率纳税。

---

[1] KORNHAUSER M E. Corporate regulation and the origins of the corporate income tax[J]. Indiana Law Review,1990,66(1):53.

[2] 林烺.私募股权基金所得课税问题研究[M].北京:法律出版社,2017:114-115.

[3] GERGEN M P. Pooling or exchange: the taxation of joint ventures between labor and capital[J]. Tax Law Review,1988,44:519.

附带权益应当与限制性股票享受相同的税收待遇。(2)资本所得说。普通合伙人以人力资本出资,当人力资本作为生产要素投入创投企业经营中,人力资本所有者有权获得一定补偿。❶在有限合伙制创投企业经营中,以专业知识选择投资目标、分配资金,决定购入和转让的时机,以及提供增值服务,这个过程中既存在有限合伙人的资本投入,也有普通合伙人人力资本的投入,二者难以明确区分,因此普通合伙人的人力资本与有限合伙人的资本均属享有利润权益的基础。❷因此,普通合伙人应与有限合伙人一样按照资本所得税率纳税。由于附带权益存在性质争议,在所得税实践中存在20%、3%~45%、5%~35%等不同税目及税率的适用。我国应当基于准实体论,将有限合伙制创投企业中的附带权益认定为经营所得,进而适用5%~35%的超额累进税率,其最高边际税率低于限制性股票所得的最高边际税率,有助于普通合伙人或基金管理人积极参与风险性较高的有限合伙制创投企业经营。❸此外,若对附带权益适用20%的较低税率,法人型基金管理人可能利用关联人为普通合伙人参与分红,从而将管理费和附带权益的最高边际税率从45%降为20%,逃避税将扭曲所得的性质。

附带权益还受门槛收益率及其回拨机制的影响。附带权益无论采取项目完成即分配,还是项目完成分配但损失结转,均可能出现创投企业经营前期业绩报酬较好,普通合伙人或基金管理人已分得附带权益,但后期发生了亏损,造成整体上无法满足门槛收益率,以致有限合伙人主张取回已支付的附带权益。双方约定的回拨机制会使附带权益的税务处理变得较为复杂,因为涉及普通合伙人退回已纳税的附带权益。❹清盘时统一分配虽避免了回拨机制引发的问题,但会导致普通合伙人长期无法获得收益,以及一次性结算适用累进

---

❶ FLEISCHER V. Two and twenty: taxing partnership profits in private equity funds[J]. New York University Law Review,2008,83(1):1.

❷ 附带权益本质为一种"利润权益",与之相对的概念是"资本权益",资本权益是持有者取得利润和资本的双重权利,而利润权益仅是分享利润的权利,且只有利润达到某个门槛(通常为8%)才享有此项权利。David A Weisbach,The Taxation of Carried Interests in Private Equity,Virginia Law Review,2008,94(3).

❸ 茹涛.创业投资中资本利得税的国际比较[J].世界经济情况,2007(11).

❹ 张娟,张琳琳,宋丹.有限合伙制私募股权投资所得税相关问题浅探[J].税务研究,2014(5).

税率提高问题。权责发生制和收付实现制是所得实现时点的两种判断方法：前者是以收款权利或付款义务的发生作为所得实现时间；后者是以现金款项的收付作为所得实现时间。若是对附带权益采取权责发生制，每一纳税年度均须对附带权益的份额予以确认，不仅工作量巨大，而且难以准确衡量最终的收益。❶因此，对于具有高风险、长期性的创业投资，收付实现制更为适用，即附带权益应于投资收益现实分配时予以征税，即清盘时统一分配附带权益的估值才最准确。但是，有限合伙制创投企业采取的项目完成分配或项目完成分配但损失结转的，需要针对回拨机制确定专门的税务处理方法，允许前期已缴纳附带权益的所得税，但后期整体亏损并未实际分得附带权益的纳税人申请退税或结转抵扣。

四、有限合伙制创投企业的亏损结转

创投企业经营模式为"投资—退出—再投资"，投资思路是低买高卖赚取资本收益，高风险和高收益并存，但不是每一个投资项目均能带来盈利，需要以少数项目盈利覆盖多数项目亏损。创投企业通常会投资多个项目，以求整体上盈利；有限合伙人也会投资多个创投企业，以分散风险。有限合伙人作为创投企业的重要资金来源，对税负等成本因素较为敏感，是做出投资选择的重要标准，因而相关所得税优惠能够间接地调整社会资本的流向。有限合伙制创投企业经营面临高风险，亏损普遍存在，降低税率无法减轻企业亏损时的税负，亏损结转因此成为实际降低创投企业税负的重要所得税优惠。目前，有限合伙制创投企业的亏损仅能向后结转，结转期限为5年。由于未分配的利润仍须纳税，合伙人在有限合伙制创投企业盈利但未分配的年度，依法缴纳税款，但后续出现大额亏损导致合伙人未实际取得利益，则会出现合伙人缴纳税款和实际收入不符的情形。❷依据《关于创业投资企业个人合伙人所得税政策问题的通知》（财税〔2019〕8号）规定，有限合伙制企业选择单一投资基金核算方式，年度股权转让所得为全年所有投资项目所得减去亏损，但亏损不能向后结

---

❶ 林烺.私募股权基金所得课税问题研究[M].北京：法律出版社,2017:94.

❷ 王潇,王胜锋.合伙制私募股权投资基金所得税问题研析[J].税务研究,2018(11).

转,且选择的核算方式在3年以内不得变更,投资人面临较高的税负和风险。总之,我国有限合伙制创投企业的亏损结转方式和期限存在较多问题,诸如亏损弥补向后结转期限较短,允许向前结转与创投企业的经营模式不相匹配,这些制约了亏损弥补对有限合伙制创投企业的风险覆盖。[1]

亏损结转帮助高风险高收益的创投企业分担风险,政府允许投资者以亏损结转分担风险,如同投资者的合伙人一样,分享投资者的收益,分担投资者的损失。[2]党的二十届三中全会提出,"发展耐心资本",我国应当适当地延长亏损结转的期限,从而有效分担有限合伙制创投企业风险,鼓励长期投资。

亏损可以向后结转,也可以向前结转,还可以采取向后和向前的混合结转,向后结转能够有效减轻亏损较大的纳税人税收负担,向前结转可以有效分担盈亏具有周期性、利润波动较大的纳税人风险。我国对有限合伙制创投企业可以采取亏损向前结转,对合伙人盈利时所缴纳的所得税在一定限额内予以退还。因为有限合伙制创投企业具有高风险特征,对于有限合伙人的股息红利所得为按次计征所得税,可能出现前期投资状况良好,有限合伙人已就股息红利所得缴纳所得税,但后期投资出现亏损却无法结转的情形。此外,有限合伙制创投企业的亏损向前结转也可以解决回拨机制带来的附带权益纳税问题,对于回拨机制造成普通合伙人先纳税、后向有限合伙人返还收益的情形,可以向前结转亏损,全部或部分返还已缴纳的所得税。但是,有限合伙制创投企业亏损向前结转应当予以限制:(1)适用范围仅限于对中小科技型初创企业的投资,以最大限度发挥创投企业支持科技创新的作用;(2)限额设置可以参考合伙人权益基值规则,退还额度限制为一定比例合伙人权益基值;(3)结转年限不宜过长,可以根据风险程度灵活调整。

---

[1] 吉黎.亏损结转政策的影响效应、国际经验及启示[J].税务研究,2020(3).
[2] DOMAR E D, MUSGRAVE R A. Proportional income taxation and risk-taking[J]. The Quarterly Journal of Economics, 1944, 58(3):388-422.

参考文献

著　作

[1] EDQUIST C, HOMMEN L. Public technology procurement and innovation theory [M]. Boston, MA: Springer US, 2000.

[2] LEMBER V, RAINER K, TARMO K, et al. Public procurement, innovation and policy: International perspectives [M]. Berlin Heidelberg: Springer Science & Business Media, 2013.

[3] SAGAFI-NEJAD T, MOXON R W, PERLMUTTER H V. Controlling international technology transfer: Issues, perspectives, and policy implications [M]. Amsterdam: Elsevier, 2013.

[4] SCHENK A, OLDMAN O. Value added tax: A comparative approach in theory and practice [M]. Cambridge: Cambridge University Press, 2015.

[5] 阿玛尔·毕海德. 新企业的起源与演进 [M]. 魏如山, 马志英, 译. 北京: 中国人民大学出版社, 2018.

[6] 白志远. 政府采购政策研究 [M]. 武汉: 武汉大学出版社, 2016.

[7] 彼得·斯坦, 约翰·香德. 西方社会的法律价值 [M]. 王献平, 译. 北京: 中国人民公安大学出版社, 1990.

[8] 伯尔曼. 法律与宗教 [M]. 梁治平, 译. 北京: 三联书店, 1991.

[9] 财政部国库司, 等.《中华人民共和国政府采购法实施条例》释义 [M]. 北京: 中国财政经济出版社, 2015.

[10] 陈清秀. 税法各论 [M]. 北京: 法律出版社, 2016.

[11] 樊轶侠. 科技财政: 从理论演进到政策优化 [M]. 北京: 中国金融出版社, 2017.

[12] 何国杰. 风险投资引导基金研究: 促进广东省风险投资基金发展的政策支持

与制度保障研究[M].广州:中山大学出版社,2010.

[13]胡卫.自主创新的理论基础与财政政策工具研究[M].北京:经济科学出版社,2008.

[14]扈纪华.《中华人民共和国政府采购法》释义及实用指南[M].北京:中国民主法制出版社,2002.

[15]金子宏.日本税法[M].战宪斌,郑林根,等译.北京:法律出版社,2004.

[16]靳景玉,曾胜,张理平.风险投资引导基金运作机制研究[M].成都:西南财经大学出版社,2012.

[17]经济合作与发展组织,欧盟统计署.奥斯陆手册:创新数据的采集和解释指南[M].三版.高昌林,等译.北京:科学技术文献出版社,2011.

[18]科学技术部火炬高新技术产业开发中心.高新技术企业发展报告(2020)[M].北京:科学技术文献出版社,2021.

[19]雷良海.财政科技支出:理论与实践[M].北京:中国财政经济出版社,2013.

[20]李红润.创业投资引导基金参股协议研究[M].北京:中国政法大学出版社,2013.

[21]李吉栋.创业投资引导基金的理论与实践[M].北京:冶金工业出版社,2011.

[22]李建良.创业投资引导基金参股子基金的管理评价方法[M].北京:社会科学文献出版社,2016.

[23]李建良.创业投资引导基金的联合投资[M].北京:社会科学文献出版社,2016.

[24]李建良.创业投资引导基金的引导模式[M].北京:社会科学文献出版社,2016.

[25]李建良.企业有效成长阶梯:"瓶颈"剖析及解决之道[M].北京:企业管理出版社,2003.

[26]李万寿.创业资本引导基金:机理、制度与中国视野[M].北京:中国财政经济出版社,2006.

[27]梁艳,罗栋.财政资助职务发明形成与转化法律调整机制研究[M].北京:法律出版社,2022.

[28]林烺.私募股权基金所得课税问题研究[M].北京:法律出版社,2017.

[29]刘冬梅,等.中国创业投资发展报告2022[M].北京:科学技术文献出版社,2022.

[30]刘剑文,熊伟.财政税收法[M].八版.北京:法律出版社,2017.

[31]刘剑文,等.财税法总论[M].北京:北京大学出版社,2016.

[32]刘醒亚,高静娟,刘守清,等.财政学通论[M].沈阳:辽宁大学出版社,1989.

[33]刘云.政府采购促进科技创新的政策法规与实证研究[M].北京:科学出版社,2021.

[34]刘振.影响中国高新技术企业R&D投资水平的公司治理要素、机制和路径研究[M].北京:清华大学出版社,2016.

[35]鲁育宗.产业投资基金导论:国际经验与中国发展战略选择[M].上海:复旦大学出版社,2008.

[36]马治国,翟晓舟,周方.科技创新与科技成果转化:促进科技成果转化地方性立法研究[M].北京:知识产权出版社,2019.

[37]玛丽安娜·马祖卡托.创新型政府:构建公共与私人部门共生共赢关系[M].李磊,束东新,程单剑,译.北京:中信出版社,2019.

[38]聂颖.中国支持科技创新的财政政策研究[M].北京:中国社会科学出版社,2013.

[39]山田太门.财政学的本质[M].宋健敏,译.上海:上海财经大学出版社,2020.

[40]宋雅琴.中国加入WTO《政府采购协议》问题研究:站在国家利益的角度重新审视国际制度[M].北京:经济科学出版社,2011.

[41]苏·艾茹史密斯.WTO中的政府采购[M].曹富国,译.北京:经济科学出版社,2016.

[42]夏晶.促进企业技术创新的财税政策研究[M].北京:中国经济出版社,2021.

[43]熊维勤,张春勋.财政科技政策与企业技术创新[M].北京:经济科学出版社,2017.

[44]熊维勤.创业引导基金运作中的激励机制研究[M].北京:经济科学出版社,2013.

[45]许秀芳.国际技术转让所得课税法律问题[M].北京:北京大学出版社,2007.

[46]薛薇,魏世杰.全球科技创新税收政策研究[M].北京:中国财政经济出版社,2023.

[47]薛薇.科技创新税收政策国内外实践研究[M].北京:经济管理出版社,2013.

[48]闫海.公共预算过程、机构与权力:一个法政治学研究范式[M].北京:法律出版社,2012.

[49]闫海,等.个人所得税的良法善治论[M].北京:人民出版社,2023.

[50]闫海.税收征收管理的法理与制度[M].北京:法律出版社,2011.

[51]杨华.上市公司股权激励理论、法规与实务[M].北京:中国经济出版社,2009.

[52]杨松,等.民营金融机构规范发展的法律保障研究[M].沈阳:辽宁大学出版社,2022.

[53]约瑟夫·熊彼特.经济发展理论[M].郭武军,吕阳,译.北京:华夏出版社,2015.

[54]翟继光,倪卫杰.增值税留抵退税政策解读与风险防控[M].上海:立信会计出版社,2023.

[55]张明喜.科技财政:理论与实践[M].北京:经济管理出版社,2016.

[56]张守文.经济法原理[M].北京:北京大学出版社,2013.

[57]章剑生.现代行政法总论[M].二版.北京:法律出版社,2019.

[58]中共中央文献研究室.习近平关于科技创新论述摘编[M].北京:中央文献出版社,2016.

论　　文

[1]ALON-BECK A. The coalition model, a private-public strategic innovation policy model for encouraging entrepreneurship and economic growth in the era of new economic challenges[J]. Washington University Global Studies Law Review, 2018, 17(2): 267.

[2]ARNO P S, DAVIS M H. Why don't we enforce existing drug price controls——The unrecognized and unenforced reasonable pricing requirements imposed upon

patents deriving in whole or in part from federally funded research[J]. Tulane Law Review,2000,75(3):631.

[3]BOLTON,PHOEBE.The use of government procurement as an instrument of policy[J]. South African Law Journal,2004,121(3):619-635.

[4]BOWMAN B A. SBICs: pioneers in organized venture capital[J]. Bus. Law., 1970,26:1793.

[5]BREZNITZ D,ORNSTON D. The revolutionary power of peripheral agencies: explaining radical policy innovation in Finland and Israel[J]. Comparative Political Studies,2013,46(10):1219-1245.

[6]CHAIFETZ L R. The promised land: an examination of the israeli high-tech industry[J]. University of Pennsylvania Journal of International Economic Law,2002, 23(2):385.

[7]CUMMING J D,MACLNTOSH G J. Crowding out private equity: Canadian evidence[J]. Journal of Business Venturing,2005,21(5):569-609.

[8]De Luca A,Hausch J. Patent box regimes——A vehicle for innovation and sustainable economic growth[J]. Canadian Tax Journal,2017,65(1):39.

[9]DOMAR E D,MUSGRAVE R A. Proportional income taxation and risk-taking[J]. The Quarterly Journal of Economics,1944,58(3):388-422.

[10]EBERLE M. March-In Rights under the Bayh-Dole Act: Public access to federally funded research [J]. Marquett Intellectual Property Law Review, 1999, 3 (1):155.

[11]EDLER J,GEORGHIOU L. Public procurement and innovation——Resurrecting the demand side[J]. Research Policy,2007,36(7):949-963.

[12]FLEISCHER V. Two and twenty: taxing partnership profits in private equity funds [J]. New York University Law Review,2008,83(1):1.

[13]GERGEN M P. Pooling or exchange: the taxation of joint ventures between labor and capital[J]. Tax Law Review,1988,44:519.

[14]HORNSBY J S,KURATKO D F. Human resource management in US small busi-

nesses: a replication and extension[J]. Journal of developmental entrepreneurship,2003,8(1):73.

[15] KATTEL R,LEMBER V. Public procurement as an industrial policy tool:an option for developing countries?[J]. Journal of Public Procurement,2010,10(3): 368-404.

[16] KORNHAUSER M E. Corporate regulation and the origins of the corporate income tax[J]. Indiana Law Review,1990,66(1):53.

[17] Lin L. Engineering a venture capital market:lessons from China[J]. Columbia Journal of Asian Law,2016,30(1):160.

[18] UYARRA E,FLANAGAN K. Understanding the innovation impacts of public procurement[J]. European Planning Studies,2010,18(1):123-143.

[19] WEISBACH D A. The taxation of carried interests in private equity[J]. Virginia Law Review,2008,94(3):715.

[20] WHYLES G,MEERVELD V,NAUTA J. Forward commitment procurement:a practical methodology that helps to manage risk in procuring innovative goods and services[J]. Innovation:The European Journal of Social Science Research,2015, 28(3):293-311.

[21]陈宝明.我国技术入股面临的主要障碍与解决途径[J].科技与法律,2012(6).

[22]陈劲,阳银娟.协同创新的理论基础与内涵[J].科学学研究,2012(2).

[23]陈镜先.全球最低税改革对中国税收优惠制度的影响与应对[J].国际法研究, 2023(5).

[24]陈培永."法律上层建筑"与"经济基础"关系的再思考[J].社会科学家, 2021(2).

[25]陈少英,赵菁.非货币性资产出资所得税纳税期限探究[J].财税研究, 2019(5).

[26]陈远燕,张鑫媛,薛峰.知识产权税收激励的国际借鉴与启示——基于符合BEPS行动计划的新专利盒制度[J].国际税收,2018(10).

[27]崔军,花培严.增值税留抵退税分类管理:政策逻辑与优化建议[J].税务研究,

2023(2).

[28]崔威.外商投资境内合伙企业的税法分析[J].环球法律评论,2009(6).

[29]崔晓静,陈镜先.全球最低税改革的规则创新与中国应对[J].学术论坛,2022(4).

[30]董凡,关永红.完善我国企业知识产权转化的税收优惠制度探析——以国际减税趋势下欧洲"专利盒"制度为鉴[J].经济问题,2018(5).

[31]董为民.政府采购与科技创新[J].经济研究参考,2010(46).

[32]杜莉,姚瑶,梁庆睿.推动高质量创新的科技税收制度调整:基于BEPS第5项行动计划的分析与思考[J].财经智库,2020(5).

[33]樊轶侠,郝晓婧.股权激励个人所得税政策优化:国际比较的视角[J].财政科学,2022(4).

[34]樊轶侠,徐捷.发达国家所得税研发激励政策的新趋势及启示[J].经济纵横,2021(1).

[35]范金,赵彤,周应恒.企业研发费用税前加计扣除政策:依据及对策[J].科研管理,2011(5).

[36]范源源,李建军.自主创新:税率优惠的作用效应与机制分析[J].财贸研究,2023(5).

[37]方维慰.中国高水平科技自立自强的目标内涵与实现路径[J].南京社会科学,2022(7).

[38]高金平,胥峰.资本交易税收政策与征管问题探讨[J].税务研究,2013(8).

[39]高培勇.论国家治理现代化框架下的财政基础理论建设[J].中国社会科学,2014(12).

[40]郭铁成.中小企业创新中的市场失灵问题之解——"创新券"政策运行机制与工具构成[J].人民论坛·学术前沿,2013(24).

[41]何红锋,郭光坤.政府采购合同定价方式制度探析[J].中国政府采购,2022(10).

[42]何杨,廖鎏曦.全球最低税改革及其对中国的影响[J].改革,2023(10).

[43]何一平.政府采购基本功能为什么必须优先于政策功能[J].中国政府采购,

2014(9).

[44]贺艳,许云.国内外技术转移问题研究新进展[J].中共中央党校学报,2014(6).

[45]胡朝阳.科技进步法第20条和第21条的立法比较与完善[J].科学学研究,2011(3).

[46]胡怡建,周静虹.我国大规模、实质性减税降费的历史动因、现实逻辑和未来路径[J].税务研究,2022(7).

[47]胡云松.全球最低税与国际税收竞争:有效税率和政策选择[J].国际税收,2023(11).

[48]黄光辉.美国拜杜法案中的介入权制度:迷失与反思[J].湖北行政学院学报,2015(6).

[49]黄光辉.政府资助科研项目中政府介入权若干问题研究——兼评《科技进步法》相关规定[J].科技与法律,2010(1).

[50]黄群慧,盛方富.新质生产力系统:要素特质、结构承载与功能取向[J].改革,2024(2).

[51]吉黎.亏损结转政策的影响效应、国际经验及启示[J].税务研究,2020(3).

[52]贾康,刘薇.论支持科技创新的税收政策[J].税务研究,2015(1).

[53]贾无志,吴希.国家科技计划成果之政府介入权初探[J].中国基础科学,2014(3).

[54]江保国.论联合国公共采购示范法中的社会经济政策优先制度[J].河南财经政法大学学报,2013(6).

[55]江永清.创新券:发达国家购买服务支持创新创业的重要举措[J].中国行政管理,2017(12).

[56]姜小平.从《产业活力再生特别措施法》的出台看日本技术创新与产业再生[J].科技与法律,1999(3).

[57]蒋悟真.科研项目经费治理的税法激励探析[J].法学论坛,2020(6).

[58]鞠铭.从国际经验看我国研发活动企业所得税优惠政策的完善[J].税务研究,2017(12).

[59]康拉德·特雷,池澄.应对有害税收竞争议程的发展BEPS第5项行动计划的回顾与展望[J].国际税收,2021(4).

[60]李建军,杨帆,陈盈润.数字经济时代增值税地区间横向分配机制研究[J].税务研究,2022(6).

[61]李健,杨雯钧.增值税留抵退税省级分担机制问题研究[J].中国财政,2022(6).

[62]李瑾.日本科技创新决策机制和政策体系及启示[J].中国机构改革与管理,2021(4).

[63]李林木,钱金保.中国式现代化新征程上的税收法治体系建设路径[J].税务研究,2023(3).

[64]李乔彧.BEPS背景下"专利盒"税制的跨国协调:国际标准与中国应对[J].税务与经济,2017(4).

[65]李清如,高阳.2021年度日本税制改革述评:疫情冲击下的经济复苏与增长[J].税务研究,2021(5).

[66]李善民,梁星韵.创投机构响应政策还是迎合政策？——基于政府引导基金激励下的投资视角[J].证券市场导报,2020(9).

[67]李石勇.财政资助科技成果政府介入权法律制度探究[J].政法论丛,2018(4).

[68]李香菊,王洋.完善我国激励企业科技创新的税收政策研究[J].税务研究,2021年(7).

[69]刘剑文,侯卓.发展型财税法的理念跃迁与制度构造[J].中国社会科学,2023(5).

[70]刘剑文,侯卓.论预算公开的制度性突破与实现路径[J].税务研究,2014(11).

[71]刘剑文,王桦宇.公共财产权的概念及其法治逻辑[J].中国社会科学,2014(8).

[72]刘剑文.财政监督制度变革的法治进路——基于财政绩效的观察[J].中国法律评论,2021(3).

[73]刘骏,付春.现行股权激励计划的个人所得税政策探析[J].税务研究,2016(10).

[74] 刘明慧,李秋.财税政策何以驱动新质生产力发展?[J].上海经济研究,2024(3).

[75] 刘小瑜,温有栋,江炳官."互联网+"背景下高新技术企业的税收风险预警——基于职能优化算法的研究[J].税务研究,2018(6).

[76] 刘怡,张宁川.消费地原则与增值税收入地区间横向分享[J].税务研究,2016(12).

[77] 卢自强,马岩,范辉.外部门涉税数据采集问题初探[J].税务研究,2021(8).

[78] 罗祥,谢丹.基于政府管理视角的科技创新券政策研究[J].科技管理研究,2020(18).

[79] 马乐.OECD税收情报自动交换新标准的发展与局限[J].暨南学报(哲学社会科学版),2015(5).

[80] 马逸璇.论企业注销留抵税额的法律属性与规范改进[J].税务与经济,2022(4).

[81] 倪晓杰,胡京慧,陶凌峰,等.科技创新券在新技术、新产业、新业态、新模式上的应用[J].中国科技论坛,2017(11).

[82] 倪鑫煜.公共采购体制中的"次级政策"——兼论GPA例外规则[J].时代法学,2012(3).

[83] 彭海艳,罗秦.个人资本利得课税的理论逻辑、国际经验及对中国的启示[J].国际税收,2022(5).

[84] 彭鸿广,骆建文.冲突、缺失与重构——自主创新产品政府采购政策探析[J].科技进步与对策,2009(13).

[85] 邱昭继.法律的社会关系本体论——马克思恩格斯法律本质观的再解读[J].学习与探索,2022(11).

[86] 任超.我国合伙企业所得税制的完善[J].法学,2008(9).

[87] 茹涛.创业投资中资本利得税的国际比较[J].世界经济情况,2007(11).

[88] 上官鸣,丁小雯.关于股权激励和技术入股有关所得税政策分析[J].上海管理科学,2013(3).

[89] 沈梓鑫,贾根良.美国在颠覆式创新中如何跨越"死亡之谷"?[J].财经问题研

究,2018(5).

[90]石琳娜,陈劲.基于知识协同的产学研协同创新稳定性研究[J].科学学与科学技术管理,2023(9).

[91]舒国燕.经济全球化下我国税收制度的弊端、原因分析与政策调整[J].湖北财经高等专科学校学报,2004(1).

[92]宋河发,张思重.自主创新政府采购政策系统构建与发展研究[J].科学学研究,2014(11).

[93]宋孝先,张博,刘金涛.研发费用税前加计扣除政策对企业R&D支出的挤入挤出效应——一个政策工具比较的视角[J].科技管理研究,2020(3).

[94]孙柏瑛.公共性:政府财政活动的价值基础[J].中国行政管理,2001(1).

[95]孙伯龙.增值税留抵退税的财政分担机制改革研究[J].宏观经济研究,2023(11).

[96]谭启平,朱涛.论国家科技计划项目合同的私法属性及制度构建[J].现代法学,2013(6).

[97]谭启平.习近平科技创新重要论述的法治化意义[J].东方法学,2024(2).

[98]唐素琴,李科武.介入权与政府资助项目成果转化的关系探析[J].科技与法律,2010(1).

[99]唐玉荣.高新技术企业认定标准存在的问题及优化[J].时代经贸,2018(15).

[100]滕文标.增值税留抵退税政策的理论基础与完善机制[J].税收经济研究,2022(5).

[101]汪虎生.大规模增值税留抵退税的制度面向与法律优化[J].财政科学,2022(12).

[102]王安安.美国SBIC的投资策略研究[J].财贸经济,2001(4).

[103]王葛杨.合伙制私募股权投资基金税收问题探析[J].国际税收,2023(6).

[104]王宏起,李佳,李玥,等.基于创新券的区域科技资源共享平台激励机制研究[J].情报杂志,2017(9).

[105]王鸿貌,杨丽薇.欧洲十二国专利盒制度的比较与借鉴[J].知识产权,2016(1).

[106]王乔,黄瑶妮,张东升.支持科技成果转化的财税政策研究[J].当代财经,2019(7).

[107]王韧,吴瑶,黄明焕,等.国外政府支持中小企业创新的制度研究——以荷兰创新奖券制度为例[J].科技管理研究,2008(10).

[108]王婷婷.我国增值税收入地区分享不均衡问题的再思考[J].当代财经,2021(5).

[109]王潇,王胜铎.合伙制私募股权投资基金所得税问题研析[J].税务研究,2018(11).

[110]王小广.发挥好企业科技创新主体作用[J].人民论坛,2024(2).

[111]王影航.专利盒税制的法治原则与现实构造[J].科技与法律,2019(4).

[112]王咏红,郑加强,朱长会.爱尔兰创新券分析及基于需求创新券探讨[J].科技与经济,2009(5).

[113]魏志梅.合伙企业所得税制研究[J].税务研究,2014(4).

[114]翁武耀.论增值税抵扣权的行使——基于中欧增值税法的比较研究[J].国际商务,2015(5).

[115]吴国平.专利制度与技术创新的法经济学分析[J].技术经济与管理研究,2000(1).

[116]项保华.民营科技企业内部分配关系试探[J].科研管理,1995(1).

[117]肖北庚.政府采购法制现代转型之逻辑基点与制度重构[J].湖南师范大学社会科学学报,2020(1).

[118]肖冰,何丽敏,许可."创新之策"或"避税之道"——英国"专利盒"政策实践与启示[J].科研管理,2021(1).

[119]肖久灵,汪建康.新加坡政府支持中小微企业的科技创新政策研究[J].中国科技论坛,2013(11).

[120]辛连珠,王自荣,陈爱明.完善改进股权激励企业所得税政策[J].中国税务,2016(12).

[121]徐侠,姬敏.创新券项目实施效果的动态评估框架构建[J].中国科技论坛,2015(9).

[122]徐阳光.破产程序中的税法问题研究[J].中国法学,2018(2).

[123]薛薇,王晓冬.研发费用加计扣除政策研究[J].国际税收,2022(8).

[124]薛薇,魏世杰,李峰.企业技术转让所得税优惠政策的中欧比较[J].中国科技论坛,2015(5).

[125]杨志安,邱国庆.数据开放、社会参与和政府预算监督[J].青海社会科学,2017(6).

[126]尹淑平,季建辉.中英研发支出税收优惠政策比较分析[J].国际税收,2018(8).

[127]尹西明,陈劲,王华峰,刘冬梅.强化科技创新引领 加快发展新质生产力[J].科学学与科学技术管理,2024(2).

[128]俞杰,万陈梦.增值税留抵退税、融资约束与企业全要素生产率[J].财政科学,2022(1).

[129]袁永.国内外科技创新券制度分析及对策建议研究[J].决策咨询,2016(3).

[130]湛中乐.政府采购法基本原则探析[J].时代法学,2009(4).

[131]张富强,蚁佳纯.欧洲国家专利盒创新税制对我国的借鉴[J].贵州社会科学,2016(11).

[132]张娟,张琳琳,宋丹.有限合伙制私募股权投资所得税相关问题浅探[J].税务研究,2014(5).

[133]张牧君.合伙企业所得税制度的困境和出路——从创业投资企业个人合伙人所得税争议切入[J].政治与法律,2020(3).

[134]张秋林,马振宇,刘爽,杨诗.境内"税收洼地"引发的避税问题及应对策略[J].国际税收,2021(11).

[135]张新宝,汪榆淼.《民法总则》规定的"非法人组织"基本问题的探讨[J].比较法研究,2018(3).

[136]张玉强.创新券对科技资源配置的优化研究——基于体系、机制和效果的视角[J].科技管理研究,2015(23).

[137]赵捷,张杰军,汤世国.科技成果转化中的技术入股问题研究[J].科学学研究,2011(10).

[138] 赵树高,周兵,刘楠楠.我国企业所得税与个人所得税重复征税问题研析[J].海南大学学报(人文社会科学版),2020(3).

[139] 赵志娟,俞云峰,陈盼.长三角科技创新券通用通兑协同推进机制与发展对策[J].科技管理研究,2022(23).

[140] 周代数.创新产品政府采购政策:美国的经验与启示[J].财政科学,2021(8).

[141] 周梅锋,宋哲.后BEPS时代高新技术企业税收优惠政策再审视[J].国际税收,2020(6).

[142] 朱江涛.增值税留抵退税政策探析与建议[J].税务研究,2022(8).

[143] 朱为群,李佳坤.激励科技创新的"专利盒"优惠税制的发展特征及启示[J].税务研究,2019(11).

[144] 朱志刚,高梦莹.论直接税与间接税的合理搭配[J].税务研究,2013(6).

[145] 宗晓华,唐阳.大学——产业知识转移政策及其有效实施条件——基于美、日、中三版《拜杜法案》的比较分析[J].科技与法律,2012(1).

任务分工

绪　论　　　　闫　海　张楠楠
第一章　第一节　闫　海　杨新柳
第一章　第二节　闫　海　张洪彬
第一章　第三节　张楠楠　王　敏
第二章　第一节　闫　海　王美词
第二章　第二节　张楠楠　梁新嫒
第三章　第一节　戚　霁　周禹丞
第三章　第二节　闫　海　肖　虎
第三章　第三节　闫　海　张志鑫
第四章　第一节　张楠楠　刘子晴
第四章　第二节　闫　海　薛子辰

统　稿　闫　海　张楠楠
校　稿　崔　洛　周平平　梁新嫒　侯柏卉　景惠宣　戚　霁